한 권으로 배우는 인공지능 수학 첫걸음

처음 만나는 AI 수학 with 파이썬

2ND

Python 코드로
이해하는
AI 수학

저자 아즈마 유키나가 / 역자 유세라

YoungJin.com Y. 영진닷컴
SE SHOEISHA

처음 만나는 AI 수학 with 파이썬_2ND

ISBN : 978-89-314-8227-0

독자님의 의견을 받습니다.

이 책을 구입한 독자님은 영진닷컴의 가장 중요한 비평가이자 조언가입니다. 저희 책의 장점과 문제점이 무엇인지, 어떤 책이 출판되기를 바라는지, 책을 더욱 알차게 꾸밀 수 있는 아이디어가 있으면 이메일, 또는 우편으로 연락주시기 바랍니다. 의견을 주실 때에는 책 제목 및 독자님의 성함과 연락처(전화번호나 이메일)를 꼭 남겨 주시기 바랍니다. 독자님의 의견에 대해 바로 답변을 드리고, 또 독자님의 의견을 다음 책에 충분히 반영하도록 늘 노력하겠습니다.

이메일 : support@youngjin.com
주　소 : (우)08512 서울특별시 금천구 디지털로9길 32 갑을그레이트밸리 B동 10층
(주)영진닷컴 기획1팀

파본이나 잘못된 도서는 구입하신 곳에서 교환해 드립니다.

STAFF

저자 아즈마 유키나가 | **역자** 유세라
기획 기획1팀 | **총괄** 김태경 | **진행** 김용기 | **디자인·편집** 김유진
영업 박준용, 임용수, 김도현, 이윤철 | **마케팅** 이승희, 김근주, 조민영, 김민지, 김진희, 이현아
제작 황장협 | **인쇄** 예림

이 책에 대하여

저자의 말

이 책은 누구에게나 열린 AI 수학책입니다.

AI에 대해서 배우고 싶지만 수학에 문턱의 높이를 느끼는 분에게 특히 추천합니다.

Python 코드를 작성하면서 하나하나 차근차근 AI에 필요한 수학을 배워 나갑시다.

이 책으로 조금이라도 많은 분에게 AI를 배울 기회를 제공할 수 있다면 기쁠 것입니다.

아즈마 유키나가

대상 독자

이 책은 기계학습, 심층학습이라는 AI 개발에 필요한 수학의 기본 지식에 대해서 기초부터 배우는 책입니다. 다음과 같은 지식을 갖고 있으면 더욱 깊게 이해할 수 있습니다.

- 기초적인 컴퓨터의 조작
- 기초적인 Python 프로그래밍 경험

샘플의 동작 환경과 예제 프로그래밍

이 책의 각 장 샘플은 다음 환경에서 문제없이 동작합니다.

실행 환경

항목	내용
OS	macOS Sequoia 15.1/Windows 11
CPU	macOS:2.9GHz Intel Core i7, Windows:3.7GHz Intel Core i7
메모리	macOS:16GB 2133MHz LPDDR3, Windows:16GB
GPU	없음
Python	3.13.5
Numpy	2.3.1
matplotlib	3.10.0

다운로드

이 책의 예제 샘플 코드는 다음의 사이트에서 다운로드할 수 있습니다.

- 영진닷컴 홈페이지의 부록 CD 다운로드 페이지

  URL: https://www.youngjin.com/reader/pds/pds.asp

  깃허브 다운로드: https://github.com/Youngjin-com/AiMathWithPython2nd

- 주의

  샘플 코드에 관한 권리는 저자, 출판사가 소유합니다. 허가 없이 배포하거나 웹 사이트에 게재할 수 없습니다.

역자의 말

이 책의 1판은 2020년에 출간되었습니다. 이미 그 이전부터 딥러닝과 컴퓨터 비전은 다양한 서비스에 활용되고 있었지만, 이후 몇 년 사이에는 생성형 AI와 대규모 언어 모델(LLM)이 등장하고 널리 쓰이기 시작하면서, AI는 더 이상 일부 전문가의 영역이 아니라 누구나 일상에서 접하고 활용하는 도구가 되었습니다.

잘 만들어진 프레임워크를 활용하면, 복잡한 이론을 모두 알지 못해도 인공지능이 동작하는 전체적인 흐름을 파악하는 데에는 큰 도움이 됩니다. 하지만 그 안을 한 걸음 더 깊이 들여다보고 싶다면, 결국 수학적 개념을 빼놓을 수 없습니다.

수학 수식 하나를 대할 때도 단순히 외워서 쓰는 것이 아니라, 그 안에 담긴 개념을 이해하고 직접 증명해 보면 훨씬 깊이 있는 이해에 도달할 수 있습니다. 이 책은 바로 그런 관점에서, 독자를 수학을 통해 AI의 세계로 들어가는 길로 안내합니다.

물론 '수학'이라는 단어에 막연한 거부감을 느끼는 분도 있을 것입니다. 이 책은 학문으로서의 수학 자체를 목표로 삼기보다는, AI 알고리즘을 이해하기 위한 실용적인 도구로서의 수학에 초점을 맞추고 있습니다.

이를 위해 Python을 사용해 수식을 실제 프로그램으로 구현하고, 그래프로 시각화하는 과정을 통해 선형대수, 미분, 확률, 통계를 직관적으로 이해할 수 있도록 구성했습니다. 설명 또한 하나하나 친절하게 풀어 쓰여 있어, 초보자도 부담 없이 접근할 수 있을 것입니다.

AI의 수학적 기반과 원리를 제대로 이해하고 싶은 모든 분들께 이 책이 작은 발판이 되기를 바랍니다. 끝으로, 1판에 이어 2판이 세상에 나올 수 있도록 애써주신 영진닷컴 관계자분들께 감사의 말씀을 전합니다.

2025년 12월

유세라

0장 도입

1장 학습 준비를 하자

2장 Python의 기초

3장 수학의 기초

4장 선형대수

5장 미분

6장 확률·통계

7장 수학을 기계학습에 응용

0장 도입

사람과 AI 혹은 지구와 AI가 상생하는 미래는 그다지 멀지 않을 것 같습니다. 비즈니스, 예술, 생명과학 나아가 우주 탐색에 이르기까지 여러 분야에서 AI가 활용되기 시작하여 우리의 생활 속에도 이미 AI가 녹아들기 시작하고 있습니다. 그 배경에는 컴퓨터의 계산 속도 향상과 인터넷에 의한 데이터의 집적도 있으나 전 세계의 연구자에 의해 끊임없이 계속된 알고리즘의 연구로 인한 부분도 큽니다.

그러나 많은 사람들에게 있어서 AI 알고리즘은 문턱이 높습니다. AI 알고리즘을 이해하기 위해서는 선형대수, 미분, 확률, 통계 등의 수학을 기반으로 프로그래밍 언어를 사용해서 소스코드를 작성해야 합니다.

다양한 AI 프레임워크가 등장한 덕분에 이러한 알고리즘을 이해하지 않아도 AI를 이용할 수는 있지만 AI를 진정으로 이해하기 위해서는 수학과 프로그래밍 언어를 이용해서 알고리즘을 기초부터 이해해야 합니다.

이 책은 이러한 AI를 배우기 위한 장벽을 조금이라도 낮추기 위해 AI 수학을 프로그래밍 언어 Python과 함께 기초부터 설명합니다. 손을 움직이며 경험 기반으로 배우므로 AI를 배우고 싶은데 수학에 문턱의 높이를 느끼는 분들께 특히 추천합니다.

먼저 이 책의 특징, AI의 개요, AI 수학의 개요, 그리고 이 책의 사용법에 대해서 설명합니다.

0.1 이 책의 특징

이 책은 누구에게나 열린 인공지능(AI)용 수학책입니다. 선형대수, 미분, 확률 · 통계를 기초부터 하나하나 차근차근 자세하게 설명하므로 인공지능에 필요한 수학을 무리 없이 착실히 익힐 수 있습니다.

이 책의 가장 큰 특징은 AI를 위한 수학을 코드를 작성하면서 배우는 것입니다. 프로그래밍 언어 Python의 코드를 작성하고, 손을 움직이면서 수학을 학습합니다. 이로써 수식의 의미를 경험을 통해 이해할 수 있습니다. Python에 관해서는 하나의 장에서 이 책에 필요한 범위만을 설명하므로 프로그래밍 경험이 없는 분도 이 책을 통해 문제없이 AI 수학을 배울 수 있습니다.

또한, 초보자에게 친절한 것도 이 책의 특징입니다. 다루는 수학의 난이도는 완만하게 상승하므로 무리 없이 차근차근 AI에 필요한 수학 지식과 감각을 익힐 수 있습니다.

이 책에서는 종이와 연필이 아닌 문서 처리 시스템인 LaTeX 코드로 수식을 기술합니다. 이로써 복제 가능하고 보기 좋은 수식을 손쉽게 기술할 수 있습니다. LaTeX의 사용법에 대해서는 3장에서 하나의 절을 할애해 차근차근 설명합니다. 또한 수학 개념의 검증에는 Python 코드를 이용합니다. 코드를 작성해서 결과를 검증함으로써 수식의 의미를 더욱 효율적으로 파악할 수 있습니다.

이 책에서 이용하는 개발환경, Anaconda와 Jupyter Notebook은 간단하게 다운로드, 설치할 수 있습니다. 환경 구축의 문턱이 낮기 때문에 프로그래밍 경험이 없는 분도 문제없이 배울 수 있습니다.

이 책을 통해 AI를 본격적으로 배우기 위한 준비를 할 수 있습니다. AI를 배우기 위한 장벽을 낮추고, 가능한 한 많은 분이 AI 학습의 혜택을 받을 수 있게 하는 것이 이 책의 목적입니다. 이 책을 다 읽은 분은 학습 의욕이 자극돼 더 나아가 AI와 수학을 더 깊이 배우고 싶어지진 않을까요?

0.2 이 책을 통해 할 수 있는 것

이 책을 마지막까지 읽은 분은 다음을 익힐 수 있습니다.

- AI를 학습하기 위한 수학적 밑바탕을 익힙니다.
- 수식을 코드로 나타낼 수 있습니다.
- 선형대수의 수식을 이해하고, Python 코드로 연산할 수 있습니다.
- 미분의 지식을 익히고, 수식의 의미를 이해할 수 있습니다.
- 확률 · 통계로 데이터 경향을 파악하거나 세계를 확률로서 파악할 수 있습니다.

또한, 이 책을 읽어 나감에 있어 다음을 주의하세요.

- Python 문법 설명은 이 책에서 필요한 범위에 한합니다. Python을 체계적으로 배우고 싶은 분은 다른 책을 참고하세요.
- 이 책에서 다루는 수학의 범위는 AI에 유용한 분야로 한정합니다.
- 이 책의 설명은 엄밀성보다도 AI로의 유용성을 중시합니다.

0.3 이 책의 대상

이 책의 대상은 예를 들어 다음과 같은 분입니다.

- 수학이 AI나 기계학습을 공부할 때의 장벽인 분
- AI를 비즈니스에서 다뤄야 하는 분
- 수학을 다시 배우고 싶은 분
- 문과, 엔지니어가 아닌 분으로 수학 지식에 자신이 없는 분
- 코드를 작성하면서 수학을 배우고 싶은 분

중학교 정도의 수학 지식이 있으면 됩니다.

0.4 인공지능(AI)

이 책은 인공지능용 수학에 대해서 설명하는데 과연 인공지능이란 무엇일까요? 인공지능(Artificial Intelligence, AI)이란 말 그대로 인공적으로 만들어진 지능을 말합니다. 그럼, 애당초 지능이란 무엇일까요? 지능은 다양하게 정의할 수 있는데 환경과의 상호작용에 의한 적응, 사물의 추상화, 타인과의 커뮤니케이션 등 다양한 뇌가 가진 지적 능력이라고 생각할 수 있습니다.

이러한 「지능」이 생물을 떠나 인공적인 컴퓨터 속에 재현되게 하려고 합니다. 또한 범용성이라는 의미에서는 사람의 지능에는 한참 못 미치지만 지수함수적으로 향상하는 컴퓨터의 연산 능력을 배경으로 인공지능은 지금도 계속해서 발전하고 있습니다.

이미 체스나 바둑, 의료용의 이미지 해석 등 몇 가지 분야에서 인공지능은 사람을 웃도는 성능을 발휘하기 시작하고 있습니다. 사람의 뇌와 같은 극히 범용성 높은 지능을 실현하는 것은 아직 어렵지만 이미 몇 가지의 영역에서 인공지능은 사람을 대신하고 있습니다. 인공지능과 앞으로 어떻게 잘 동조해 나갈 것인가는 인류가 안고 있는 큰 테마임에 틀림없을 것입니다. 특히, 급속히 발전하고 있는 생성 AI 기술은 머지않아 사람과 견주어도 손색없는 AI(범용 인공지능, AGI)의 실현으로 이어질 수도 있습니다.

인공지능은 Artificial Intelligence(AI)의 번역으로 1956년 다트머스 회의에서 처음 이 단어가 사용되었습니다. 인공지능의 정의는 사람에 따라 다소의 차이가 있는데 대략적으로 다음과 같은 정의 방식을 생각할 수 있습니다.

- 스스로 생각할 수 있는 힘을 갖추고 있는 컴퓨터 프로그램
- 컴퓨터에 의한 지적인 정보 처리 시스템
- 생물의 지능, 또는 그 연장선상에 있는 것을 재현하는 기술

인공지능에는 「강한 AI」(Strong AI)와 「약한 AI」(Weak AI)라는 개념이 있습니다. 강한 AI는 「범용 인공지능」(Artificial General Intelligence, AGI)이라고도 불리며, 사람의 지능에 육박하는 인공지능입니다. 예를 들면, 도라에몽, 우주소년 아톰 등 상상 속의 AI는 강한 AI에 해당됩니다.

약한 AI는 「특화형 인공지능」(Applied AI, Narrow AI)이라고도 불리며, 한정적인 문제 해결이나 추론을 수행하기 위한 인공지능입니다. 예를 들어, 최근 몇 년 주목을 받고 있는 이미지 인식, 자율 주행, 게임용 인공지능은 모두 약한 AI에 해당됩니다.

현재 지구상에서 실현되고 있는 것은 약한 AI뿐, 강한 AI는 실현되고 있지 않습니다.

그러나 딥러닝 등의 AI 기술을 이용함으로써 극히 부분적이나마 사람의 지능 일부가 재현되고 있습니다. 또한, 최근 약진하고 있는 생성 AI는 문장 생성이나 이미지 생성 등의 다양한 분야에서 사람에 필적하거나 혹은 사람을 뛰어넘는 능력을 발휘하고 있습니다.

기계학습(Machine Learning)은 인공지능 분야 중 하나로, 사람에게 갖춰진 학습 능력과 비슷한 기능을 컴퓨터로 재현하려는 기술을 말합니다. 기계학습은 다양한 테크놀로지계의 기업이 근래 특히 힘을 쏟고 있는 분야로 예를 들어, 검색 엔진, 스팸 검출, 마켓 예측, DNA 해석, 음성이나 문자 등의 패턴 인식, 의료, 로봇 등 폭넓은 분야에서 응용되고 있습니다.

기계학습에는 다양한 방법이 있는데 응용할 분야의 특성에 맞춰 기계학습의 방법도 적절하게 선택해야 합니다.

기계학습의 방법은 이제까지 다양한 것이 고안됐습니다. 최근 몇 년간 다양한 분야에서 높은 성능을 보여 주목받는 딥러닝은 기계학습의 하나인 뉴럴 네트워크를 기반으로 합니다.

이상과 같이 인공지능 기술의 발전 아래, 사람이 만들어낸 지능이 전 세계에 더욱 큰 영향을 줄 미래가 올 것임에 틀림없을 것입니다.

0.5 인공지능용 수학

수학을 활용함으로써 인공지능에 필요한 처리를 간단하고 아름다운 수식으로 정리할 수 있습니다.

인공지능에 필요한 수학의 분야는 치우쳐져 있으므로 이 책에서는 특정의 수학 영역만 설명합니다. 이 책에서 다루는 수학은 벡터, 행렬, 텐서 등을 다루는 선형대수, 상미분, 편미분, 연쇄법칙 등을 다루는 미분, 표준편차나 정규분포, 우도 등을 다루는 확률 · 통계입니다.

그럼 각 분야에 대해서 개요를 설명합니다.

먼저 선형대수입니다. 선형대수는 다차원의 구조를 가진 수치의 나열을 다루는 수학 분야의 하나입니다. 그러한 다차원의 구조에는 스칼라, 벡터, 행렬, 텐서가 있습니다. 선형대수로부터 매우 많은 수치에 대한 처리를 간결한 수치로 작성할 수 있습니다. 또한 Python 외부 패키지인 NumPy를 사용하면 간단하게 선형대수의 수식을 코드로 나타낼 수 있습니다.

다음으로 미분의 개요를 설명합니다. 미분은 한마디로 함수의 변화 비율을 말합니다. 예를 들어, 움직이는 물체의 위치를 시간으로 미분하면 그 물체의 속도가 됩니다.

인공지능에 있어서는 다변수함수, 합성함수 등 조금 복잡한 함수를 미분해야 합니다. 어렵게 느껴질 수도 있으나 이 책에서는 그것들을 하나하나 차근차근 설명해 나갑니다.

미분은 이미지로 파악하는 것이 중요하므로 머릿속에 미분의 이미지를 그릴 수 있게 합시다.

또한 인공지능에 있어서는 확률 · 통계 분야도 중요합니다. 확률은 세계를「일어나기 쉬움의 정도」로 파악합니다. 그리고 통계는 데이터의 경향이나 특징을 다양한 지표로 파악합니다.

이를 통해 데이터의 전체상을 파악, 데이터로부터 미래를 예측할 수 있게 됩니다.

확률 · 통계 분야도 수식을 프로그램 코드로 나타내, 그래프를 그리면 잘 이해할 수 있습니다.

이 책에서는 가능한 한 수식을 코드로 나타냅니다. 이것은 인간이 수학을 표기하기 위한 수식이라는 언어를 사람과 컴퓨터가 소통하기 위한 프로그래밍 언어로 변환한다는 의미합니다.

이로써 수식의 계산을 손쉽게 시행착오를 할 수 있게 됩니다. 수식에 의거한 계산을 손계산으로 하는 건 힘들지만 코드를 사용하면 한순간에 결과를 얻을 수 있습니다. 다양한 조건에서 수식에 의거한 계산을 수행함으로써 수식의 의미를 효율적으로 이해할 수 있습니다.

이 책에서 코드의 기술에 사용하는 프로그래밍 언어는 Python입니다. Python은 인공지능의 분야에서 주로 사용되지만 문턱은 그리 높지 않습니다. 간단한 표기로 다양한 수식을 구현할 수 있습니다.

또한, Python에는 NumPy라는 외부 패키지를 사용하여 간결한 표기로 고속 연산을 수행할 수 있습니다. 그리고 matplotlib라는 외부 패키지로 결과를 그래프로 가시화할 수 있습니다.

이상과 같이 코드를 사용하는 것은 수학을 이해하는데 매우 도움이 됩니다. 프로그래밍 언어 Python을 사용해 함께 AI용 수학을 배워 나갑시다.

0.6 이 책의 사용법

이 책은 가능한 한 많은 분이 AI용 수학을 익히도록 프로그래밍으로 손을 움직이면서 하나하나 차근차근 배울 수 있게 설계되어 있습니다. 또한 다루는 프로그래밍 코드는 고도의 추상화보다 직감적으로 이해하기 쉬운 코드를 중시합니다. 변수명이나 주석에도 주의를 기울여, 가능한 간단하고 가독성 높은 코드를 목표로 하고 있습니다.

이 책은 일단 읽어 나가는 것만으로 학습이 진행되도록 되어 있지만, 가능한 Python 코드를 동작하면서 읽어 나가는 것이 바람직합니다. 이 책에서 사용하는 코드는 웹 사이트에서 다운로드할 수 있지만 이 코드를 기반으로 직접 시행착오를 반복해 보는 것도 추천합니다. 실제로 스스로 수식을 코드로 나타냄으로써 수학의 이해와 함께 수학에 대한 흥미가 한층 더 솟아날 것입니다.

이 책에서는 개발 환경으로 쓰이는 Anaconda와 Jupyter Notebook을 사용하기 위한 설치 방법에 대해서는 1장에서 설명합니다. 이 책에서 사용하는 Python의 코드는 Jupyter Notebook 형식의 파일로 다운로드할 수 있습니다. 이 파일을 사용해서 설명하는 코드를 직접 실행할 수도 있고, 연습에 몰두할 수도 있습니다.

또한, 이 파일에는 LaTeX 형식으로 수식을 작성할 수 있습니다. 마음만 먹으면 종이와 연필을 일체 쓰지 않고 수학을 학습할 수도 있습니다.

이 책은 누구나 배울 수 있게 조금씩 차근차근 설명하고 있으나, 한 번의 설명으로는 알 수 없는 어려운 개념이 있을 수도 있습니다. 그럴 때는 절대 서두르지 말고 시간을 들여 조금씩 이해하도록 합시다. 페이지를 진행함에 따라 내용이 조금씩 어려워지는데, 이해하기 어렵다고 느낄 때는 앞 장으로 돌아가 복습하길 추천합니다.

전문가만이 아니라 모든 사람에게 있어 AI를 배우는 것은 큰 의미가 있습니다. 호기심이나 탐구심에 맡기고 부담 없이 시행착오를 반복하고, 시행착오를 기반으로 수학적 사고방식을 익혀 나갑시다.

1장 학습 준비를 하자

이 장에서는 학습 준비로 주로 개발 환경의 구축과 그 사용법에 대해서 설명합니다. 개발 환경으로 Anaconda를 설치하고, Jupyter Notebook에서 Python 코드를 동작시킵니다. 또한, 샘플 다운로드와 이를 사용한 학습 방법에 대해서도 설명합니다.

1.1 Anaconda 설치

이 절에서는 Anaconda의 설치 방법을 설명합니다. Anaconda를 사용함으로써 Python으로 기계학습을 시작하기 위한 문턱이 크게 낮아집니다.

Anaconda는 여러 가지 수치 계산, 기계학습용 외부 패키지를 미리 내장하고 있는 Python의 디스트리뷰션입니다. 이를 이용해 간단하게 Python으로 코딩을 실시할 수 있는 환경을 만들 수 있습니다.

1.1.1 Anaconda 다운로드

Anaconda에는 Windows용, macOS용, Linux용이 있습니다. 다음의 Anaconda 다운로드 사이트(Free Download)에 접속합니다.

- Anaconda 다운로드 사이트(Free Download)

  URL https://www.anaconda.com/download

무료로 다운로드하려면 이메일 주소를 등록해야 합니다.

우선, 다운로드 페이지에서 「Sign Up」을 클릭하고(그림1.1❶), 다음 화면의 「Sign Up with Email」을 클릭합니다(그림1.1❷).

Sign Up 페이지에서 「Email」과 「Password」를 입력하고(그림1.1❸), 「Sign Up with Email」을 클릭합니다(그림1.1❹). 그러면 등록한 이메일로 확인 이메일을 보냅니다(그림1.1❺). 등록한 이메일 주소로 확인 이메일이 오면, 「Verify Email」를 클릭합니다(그림1.1❻).

「First Name」과 「Last Name」을 입력하고(그림1.1❼), 「Next」를 클릭합니다(그림1.1❽).

흐름에 따라 「Next」를 클릭합니다(그림1.1❾). 그러면 인스톨러를 다운로드할 수 있는 페이지가 표시됩니다. 이 책에서는 「Windows 64-Bit Graphiccal Installer」를 클릭합니다(그림1.1❿).

사용 중인 PC의 OS 종류나 CPU의 64비트/32비트 차이에 따라 인스톨러는 자동적으로 판별됩니다. 또한, 각 OS 항목에서 인스톨러를 선택하여 다운로드할 수도 있습니다(그림1.1⓫).

Windows의 경우는 exe 파일, macOS의 경우는 pkg 파일, 리눅스의 경우는 쉘 스크립트가 다운로드됩니다(이 책에서는 Anaconda3-2024.10-1의 버전을 이용합니다).

MEMO

Anaconda의 과거 버전을 가져오는 방법

지금까지 출시된 Anaconda 버전은 다음 사이트에서 다운로드할 수 있습니다.

URL https://repo.anaconda.com/archive/

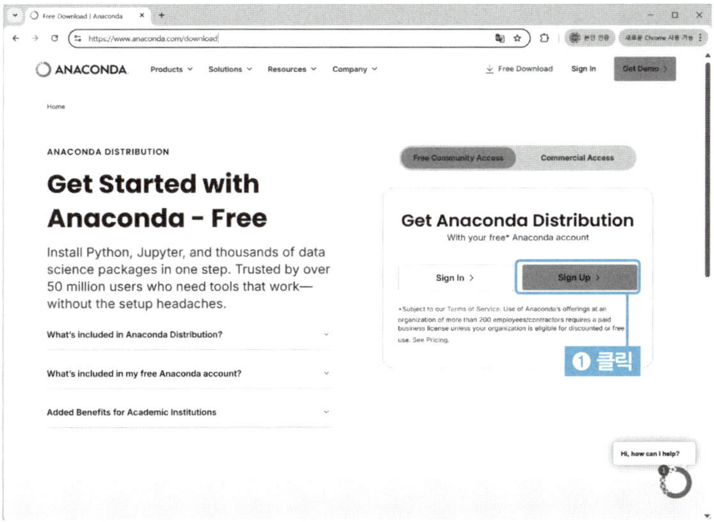

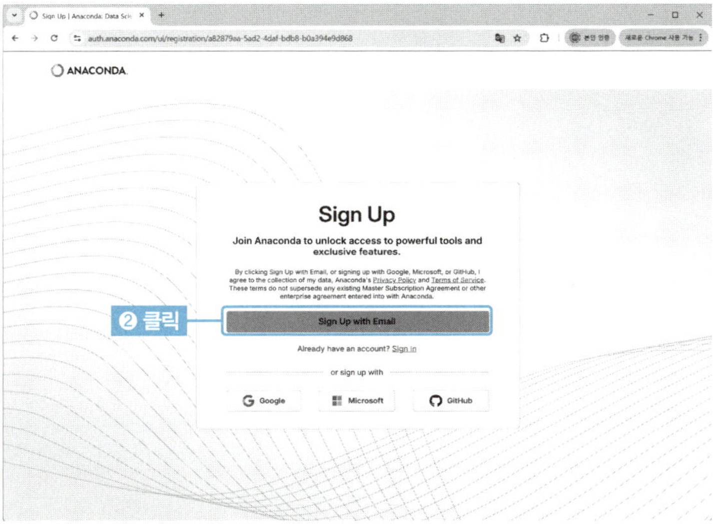

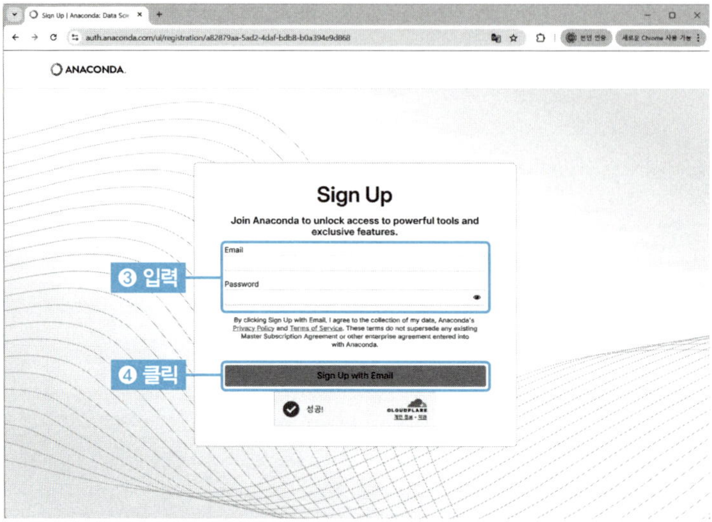
Sign Up | Anaconda: Data Sci
auth.anaconda.com/ui/registration/a82879aa-5ad2-4daf-bdb8-b0a394e9d868
ANACONDA.
Sign Up
Join Anaconda to unlock access to powerful tools and exclusive features.
Email
Password
❸ 입력
By clicking Sign Up with Email, I agree to the collection of my data, Anaconda's Privacy Policy and Terms of Service. These terms do not supersede any existing Master Subscription Agreement or other enterprise agreement entered into with Anaconda.
Sign Up with Email
❹ 클릭
성공!
CLOUDFLARE

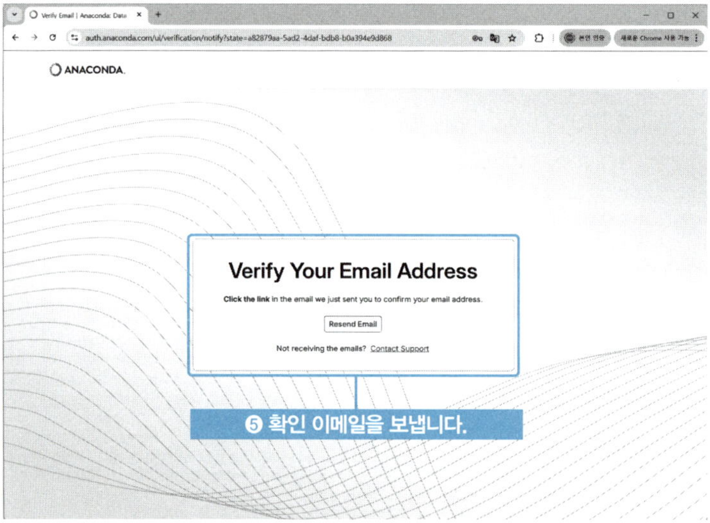
Verify Email | Anaconda: Data
auth.anaconda.com/ui/verification/notify?state=a82879aa-5ad2-4daf-bdb8-b0a394e9d868
ANACONDA.
Verify Your Email Address
Click the link in the email we just sent you to confirm your email address.
Resend Email
Not receiving the emails? Contact Support
❺ 확인 이메일을 보냅니다.

Anaconda email verification
Anaconda <no-reply@anaconda.com>
ANACONDA
Welcome to Anaconda
To get started, please verify your email.
Verify Email
We do this as a security precaution to verify your credentials. If you did not sign up for Anaconda, you can safely ignore this email.
Questions? Contact us at usercare@anaconda.com
© Copyright 2025 Anaconda, Inc. All Rights Reserved.
⑥ 등록한 이메일 주소로 확인 이메일이 오면, Verify Email을 클릭합니다.

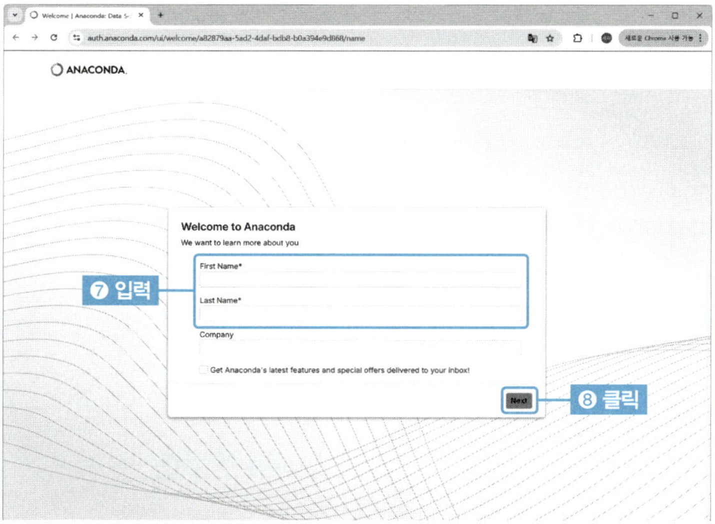
ANACONDA
Welcome to Anaconda
We want to learn more about you
First Name*
Last Name*
Company
Get Anaconda's latest features and special offers delivered to your inbox!
⑦ 입력
⑧ 클릭

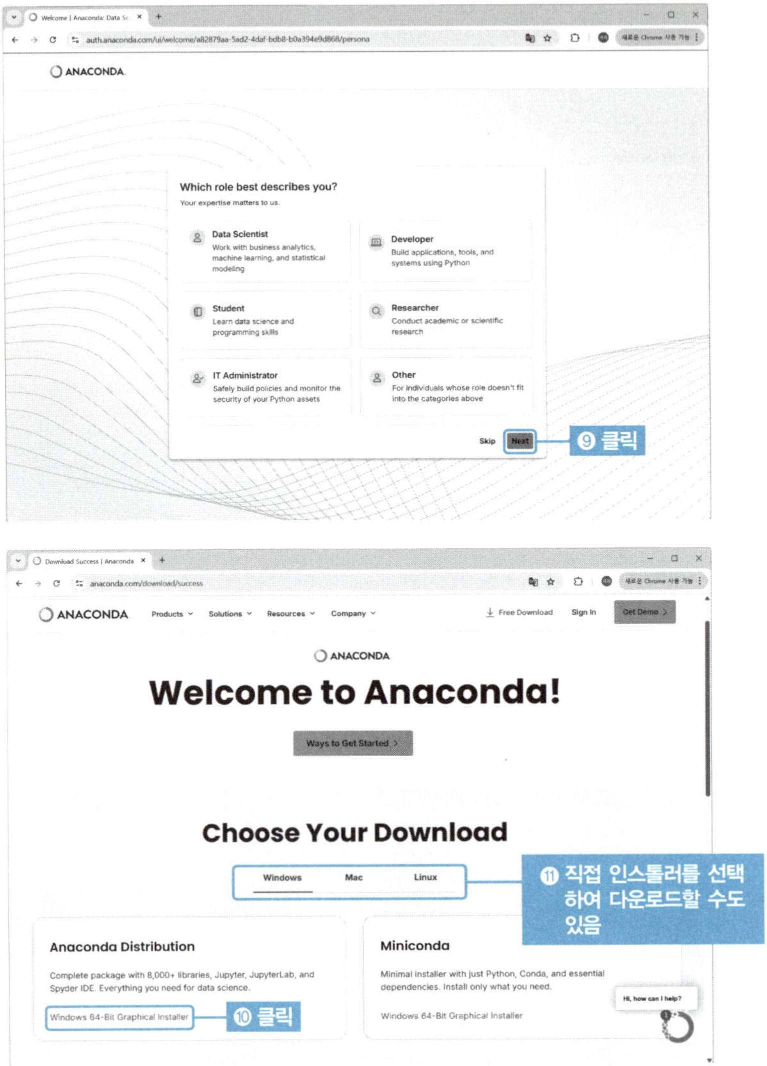

그림1.1 Anaconda 다운로드

1-1-2 Anaconda 설치

Windows, macOS인 경우는 다운로드한 인스톨러 파일을 더블클릭해서 인스톨러의 지시에 따라 설치를 실시합시다. 설정은 모두 기본 설정 그대로 해도 됩니다(순서는 생략합니다).

Linux인 경우, 터미널을 기동해서 해당 디렉터리로 이동하고, 쉘 스크립트를 실행합니다. 다음은 64비트판 Ubuntu인 경우의 설치 순서입니다.

• [터미널]

```
$ bash ./Anaconda3-(버전일자)-Linux-x86_64.sh
```

위 내용에 의해 대화형 인스톨러가 기동하므로 이에 따라 설치를 실시합시다. 설치 종료 후, 만일을 위해 다음의 경로를 전역 환경변수로 등록해 둡시다.

• [터미널]

```
$ export PATH=/home/사용자명/anaconda3/bin:$PATH
```

이상으로 설치는 종료입니다. 동시에 Python 관련 파일, Anaconda Navigator라는 데스크톱 앱이 설치됩니다.

1-1-3 Anaconda Navigator의 실행

다음으로 Anaconda Navigator를 실행합시다. Windows는 시작메뉴에서 「모두」→「Anaconda3」→「Anaconda Navigator」를 클릭합니다. macOS인 경우는 「애플리케이션」 폴더에서 「Anaconda-Navigator.app」를 실행합니다. Linux의 경우는 터미널로부터 다음의 명령으로 Anaconda Navigator를 실행합니다.

• [터미널]

```
$ anaconda-navigator
```

실행하면 그림1.2와 같이 Anaconda Navigator의 홈 화면에 표시됩니다.

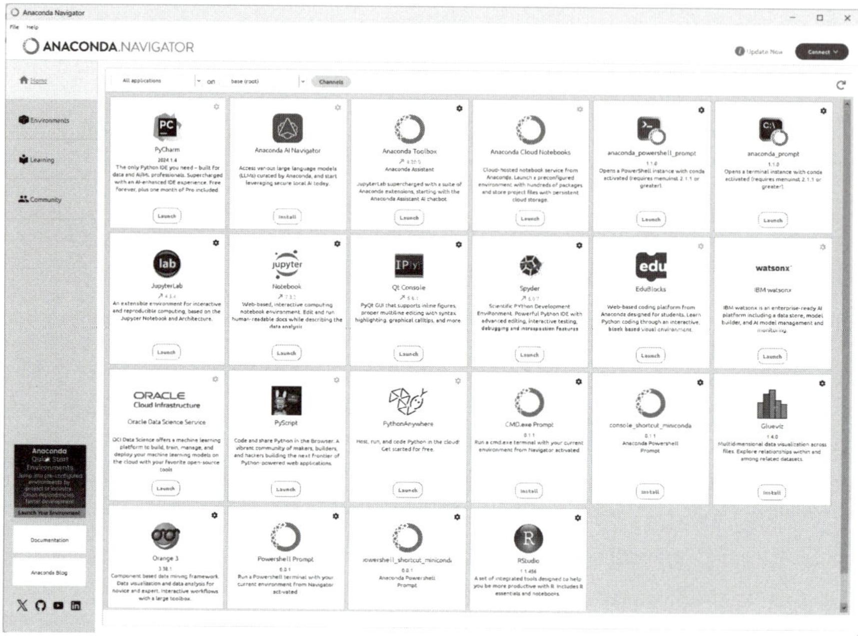

그림1.2 Anaconda Navigator

Jupyter Notebook은 이 화면에서 실행할 수 있습니다.

1-1-4 NumPy와 matplotlib의 설치 확인

이 책에 기재된 코드를 실행하기 위해서는 NumPy, matplotlib 패키지가 설치되어야 합니다.

먼저 이러한 패키지가 설치되어 있는지를 확인합시다. Anaconda에는 기본으로 설치되어 있는 경우도 있습니다.

Anaconda Navigator의 홈 화면에서 Environments를 클릭합니다(그림1.3).

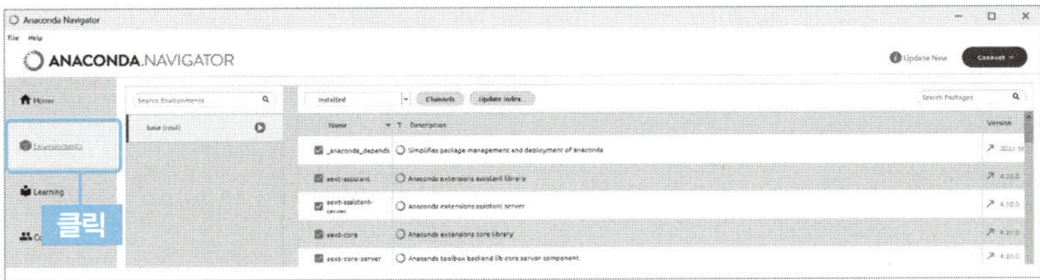

그림1.3 Environments의 화면

이 화면의 중앙 위쪽에 풀다운 메뉴가 있으므로 여기에서 Installed가 아닌 「Not installed」를 선택합니다(그림1.4①). 그리고 오른쪽의 검색창에 「numpy」라고 입력하고 검색합니다②.

NumPy가 설치되어 있으면 아무것도 표시되지 않습니다. 만약 NumPy가 설치되어 있지 않은 경우, 검색 결과에 「numpy」가 표시됩니다③.

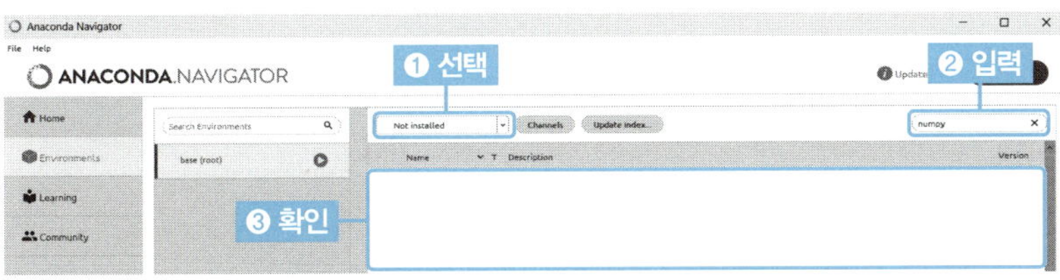

그림1.4 NumPy가 설치되어 있는 경우

검색 결과에 numpy가 표시된 경우, 즉 NumPy가 설치되지 않는 경우는 numpy의 왼쪽 체크박스에 체크를 넣고(그림1.5①). 오른쪽 아래의 「Apply」 버튼을 클릭합시다②. 새로운 윈도가 표시되므로 이 윈도의 「Apply」 버튼이 클릭 가능한 상태가 된 다음, 클릭해서 NumPy 설치를 실행합니다.

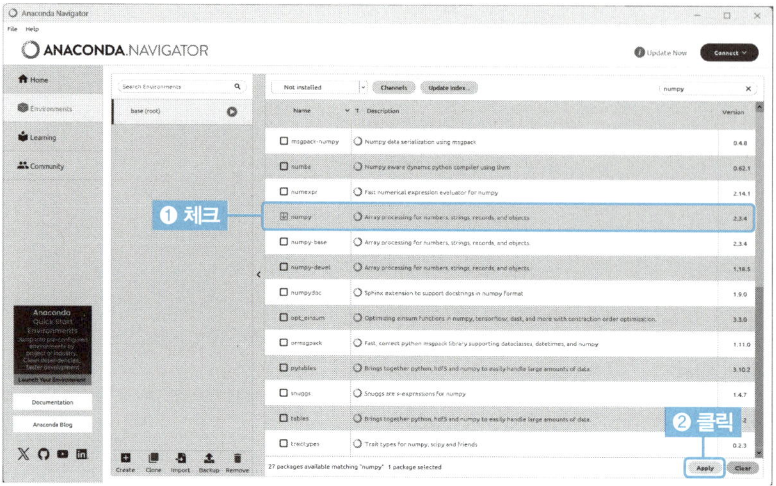

그림1.5 NumPy가 설치되지 않은 경우

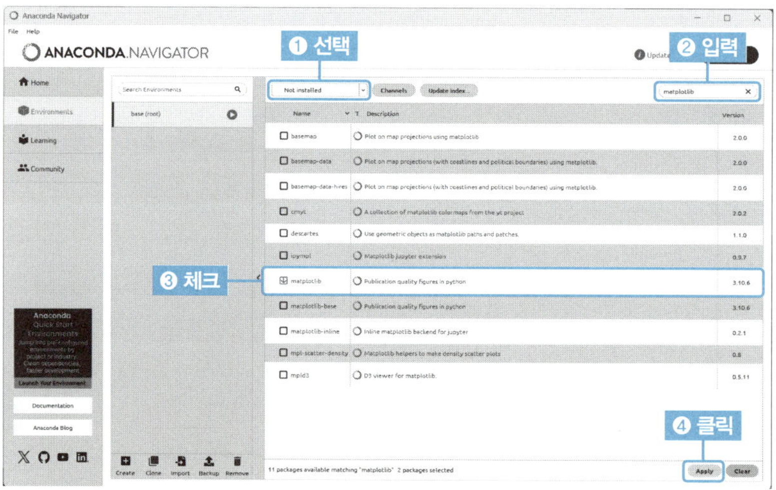

그림1.6 matplotlib이 설치되지 않은 경우

matplotlib에 관해서도 동시에 「matplotlib」라고 입력하고 검색합니다(그림1.6 ❶❷). 검색 결과에 표시된 경우는 설치를 실행합니다(❸❹).

1.2 Jupyter Notebook의 사용 방법

Anaconda에는 Jupyter Notebook라는 브라우저상에서 동작하는 Python의 실행 환경이 포함되어 있습니다. Jupyter Notebook은 Python의 코드와 그 실행 결과, 문장, 수식 등을 하나의 노트북 파일로 합칠 수 있습니다. 또한 실행 결과를 그래프로서 간단하게 실행할 수 있습니다. 이 책에서 설명하는 Python 샘플 코드는 이 Jupyter Notebook 형식으로 저장되어 있습니다.

1.2.1 Jupyter Notebook의 실행

그럼 Jupyter Notebook을 실행합시다. Anaconda Navigator의 톱 화면을 아래로 스크롤하면 그림1.7과 같이 Jupyter Notebook의 「Launch」 버튼이 있으므로 이 버튼을 클릭합니다. 버튼이 「Install」인 경우는 Jupyter Notebook이 설치되어 있지 않은 것이므로 버튼을 클릭해서 설치를 실행합시다.

그림1.7 Jupyter Notebook의 실행

「Launch」 버튼으로 인해 웹 브라우저가 자동적으로 실행되고, 그림1.8 화면이 표시됩니다.

그림1.8 Jupyter Notebook 대시보드

이 화면을 「대시보드」라고 부릅니다. 이 화면에서는 폴더 이동, 작성, 노트북 파일의 작성 등을 할 수 있습니다. 실행 시에는 자신의 환경의 홈 폴더 내용이 표시됩니다.

1-2-2 Jupyter Notebook을 사용해 본다

Jupyter Notebook은 브라우저에서 동작하므로 조작 방법은 자신의 환경에 영향을 받지 않습니다. 일단 Jupyter Notebook에 적응하기 위해 Python의 간단한 프로그램을 동작해 봅시다.

처음으로 노트북을 작성합니다. 노트북을 작성하는 폴더로 이동하고 대시보드의 오른쪽 위에 있는 「New」 메뉴에서(그림1.9❶), 「Python3(ipykernel)」을 선택합니다❷.

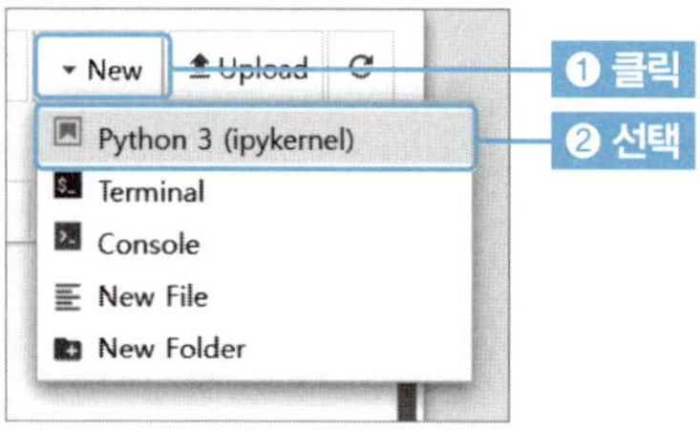

그림1.9 노트북의 신규 작성

이상과 같이 노트북이 새롭게 작성돼 브라우저의 새로운 탭에 표시됩니다(그림1.10). 이 노트북은 .ipynb라는 확장자를 가진 파일입니다.

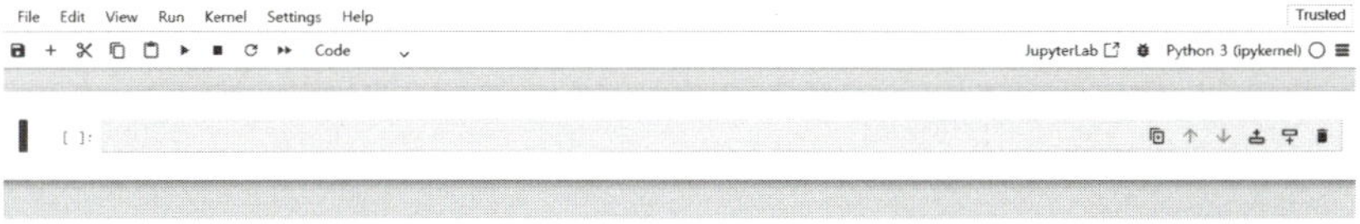

그림1.10 새로운 노트북

노트북 화면의 위쪽에는 메뉴, 툴바 등이 배치되어 있으며, 노트북에 대한 여러 가지 조작을 할 수 있습니다. 노트북 작성 직후는 노트북 이름이 「Untitled」인데, 이 이름을 클릭하거나 메뉴에서 「File」→「Rename」을 선택하면 이름을 변경할 수 있습니다. 「my_notebook」 등 원하는 이름으로 변경합시다.

Python 코드는 노트북의 「셀」이라 부르는 장소에 기술합니다. 셀은 화면에 표시되어 있은 공백의 직사각형입니다.

시험 삼아 셀에 다음의 Python 코드를 작성해 봅시다.

In

```
print("Hello World")
```

코드 기술 후에 Shift + Enter 키(macOS는 Shift +Return 키)를 누릅시다. 셀 아래에 결과가 표시될 것입니다(그림1.11).

Out

```
Hello World
```

그림1.11 셀에 Python 코드를 적는다

Jupyter Notebook에서 첫 Python의 코드를 실행할 수 있었습니다. 또한, Shift + Enter 키로 실행하면 셀이 가장 아래에 위치할 때는 새로운 셀이 아래에 자동으로 추가됩니다. 그리고 한 개 아래의 셀이 선택 상태가 됩니다. Ctrl + Enter 키로 실행하면 셀이 가장 아래에 있어도 새로운 셀이 아래에 추가되지 않습니다. 이 경우, 같은 셀들이 선택된 채로 있게 됩니다.

뒷 장에서 설명하겠지만 모듈 matplotlib을 사용해서 셀의 아래에 그래프를 표시할 수도 있습니다.

1-2-3 코드와 마크다운의 전환

셀의 타입은「코드」와「마크다운」이 있습니다. 기본값으로 셀의 타입은「코드」인데「코드」가 아닌 경우는 메뉴의「Select the cell type」을 클릭하여(그림1.12),「Code」를 선택하면(그림1.12) 셀의 모드를「코드」로 변경할 수 있습니다.「코드」셀에서는 앞에서 설명한 예처럼 Python 코드를 적어서 실행할 수 있습니다.

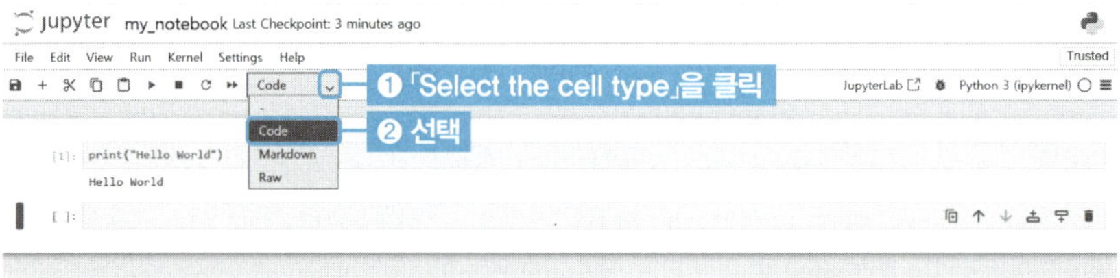

그림1.12「Select the cell type」에서「Code」를 선택

또한,「Select the cell type」을 클릭하여,「Markdown」을 선택하면 셀의 타입을「마크다운」으로 변경할 수 있습니다.「마크다운」의 셀에서는 Markdown 형식으로 문장, LaTeX 형식으로 수식을 기술할 수 있습니다. 이 타입의 셀에서는 Python 코드를 실행할 수 없지만 실행하면 외관이 정리된 문장, 수식이 표시됩니다(그림1.13).

그림1.13「Code」타입의 셀(위)「Markdown」타입의 셀(아래)

Markdown 형식으로는 기본적으로 보통의 방법으로 문장을 기술할 수 있지만, 줄바꿈을 할 때는 엔터를 두 번 나열해야 하는 점에 주의해야 합니다.

Markdown 형식에는 색인, 항목별로 쓰기 등 여러 가지 기법이 있는데 자세하게 알고 싶은 분은 각자 살펴봅시다. LaTeX 형식에 대해서는 3장에서 자세하게 설명합니다.

1.2.4 노트북의 저장과 종료

노트북은 자동 저장되는 설정으로 되어 있는 경우가 많은데 메뉴의 「File」→「Save and Checkpoint」로 수동으로 저장할 수도 있습니다.

노트북은 노트북을 표시하고 있는 브라우저 탭을 닫아도 종료하지 않습니다. 노트북을 종료하는 경우는 메뉴에서 「File」→「Close and Shut Down Notebook」를 선택합시다. 이로써 노트북이 종료하고 탭이 자동으로 닫힙니다.

위의 절차를 거치지 않고 탭을 닫았을 때는 대시보드의 「Running」 탭에서(그림1.14 ❶), 「Shutdown」을 클릭하면 ❷ 노트북을 종료할 수 있습니다.

그림1.14 대시보드의 「Running」 탭

종료한 노트북을 다시 열 때는 대시보드에서 그 노트북을 더블 클릭합니다.

1.3 샘플 다운로드와 이 책의 학습 방법

이 책에서 사용하는 샘플 다운로드 방법, 이 책으로 학습하는 방법에 대해서 설명합니다.

1-3-1 샘플 다운로드

이 책에서 사용하는 샘플은 영진닷컴 홈페이지에서 다운로드할 수 있습니다.

- 샘플 데이터의 다운로드 사이트

  URL https://www.youngjin.com/reader/pds/pds.asp

파일을 다운로드하여 압축을 풀고, 내용을 살펴봅시다. 각 장마다 폴더 구분된 샘플을 확인할 수 있습니다. 샘플은 이전 절에서 설명한 Jupyter Notebook의 노트북 형식으로 되어 있으며, Jupyter Notebook의 대시보드로부터 열어서 사용합니다.

1-3-2 이 책의 학습 방법

이 책에서의 각 절은 강의 형식으로 되어 있습니다. 강의의 대부분은 설명과 연결된 연습으로 구성되어 있습니다. 기본적으로 각 절마다 Jupyter Notebook의 노트북이 있으며, 그 안에서 설명과 연습을 완결합니다. 노트북에는 원하는 만큼 메모, 수식을 작성하고, 가볍게 자신의 코드를 작성해 시험할 수 있습니다.

이 책은 이런 강의의 연속으로 구성되어 있으며, 강의의 난이도는 장을 더해가며 천천히 올라갑니다. 어렵게 느껴지는 강의가 있으면 필요에 따라 이전 강의로 돌아가서 복습하면 이해에 도움이 될 거라 생각됩니다. 또한, 충분히 사전 지식이 있다고 판단된 장이나 절은 건너뛰어도 됩니다. 이 책에서는 수식을 코드로 해서 실행하므로 가볍게 시행착오를 거듭할 수 있습니다. 호기심과 탐구심을 소중하게 생각하고, 체험 기반으로 수학의 원리를 익힙시다. 이 책은 누구나 배울 수 있게 조금씩 차근차근 설명을 하려고 노력하고 있으나 한 번의 설명으로는 이해할 수 없는 어려운 개념도 있을 거라 생각합니다.

그럴 때는 결코 서두르지 말고, 시간을 들여 조금씩 이해하도록 합시다. AI용 수학은 손을 움직이면서 시간을 들여서 배우면 절대 어렵지 않습니다.

그럼 Python과 수학의 기초부터 시작해 봅시다.

2장 Python의 기초

이 책에서는 AI용 수학을 프로그래밍 언어 Python을 사용해 배웁니다. 그러기 위한 사전 준비로서 이 장에서는 Python을 기초부터 설명합니다. 이 장에서 다루는 내용은 Python의 기초적인 문법, 수치 계산 라이브러리 NumPy, 그래프 표시용 라이브러리 matplotlib입니다. 이 장은 이 책에서 이용하는 Python 문법, Numpy, matplotlib의 기능을 설명하고 있으므로 다음 장으로 나아간 후에도 필요에 따라 필요한 부분을 다시 읽길 추천합니다.

2.1 Python의 기초

이 책을 읽어 나가는데 필요한 Python의 문법을 배웁니다. Python은 다루기 쉽고, 인공지능, 수학과의 궁합이 좋은 프로그래밍 언어입니다.

Python이 익숙한 분은 이 절을 건너뛰어도 됩니다.

2-1-1 Python

Python은 간단하고 가독성이 높은 비교적 다루기 쉬운 프로그래밍 언어입니다. 오픈소스로 누구나 무료로 다운로드할 수 있어 전 세계에서 널리 사용되고 있습니다. 다른 언어와 비교하면 수치 계산과 데이터 해석에 강점이 있고, 전문 프로그래머가 아니더라도 손쉽게 코드를 작성할 수 있어 현재 인공지능의 개발에서 표준이 되고 있습니다.

Python은 문법이 간결해서 처음 프로그래밍에 임하는 분에게도 추천할 수 있습니다. 또한 Python은 객체 지향에 대응하고 있으며 고도로 추상화된 코드를 작성할 수도 있습니다.

그러나 이 책에서는 기본적으로 객체 지향은 사용하지 않고, Python의 기본적인 문법만으로 수학을 배웁니다. 객체 지향 등 더 높은 수준의 개념을 배우고 싶다면 다른 책을 참고하세요.

2-1-2 변수

Python에서는 **변수**에 정수, 소수, 문자열 등의 다양한 **값**을 넣을 수 있습니다(대입).

변수에 값을 넣을 때는 구문2.1처럼 =를 사용해 기술합니다.

구문2.1

```
변수 = 값
```

ATTENTION

=에 대해서

Python에서의 = 역할은 수학에서의 = 역할과 비슷하면서도 다릅니다.
Python에서의 =는 왼쪽의 변수에 오른쪽의 값을 넣는다(대입한다)는 의미입니다. 수학에서의 =는 왼쪽과 오른쪽이 같다는 의미입니다.

ATTENTION

값에 대해서

프로그래밍에서의 「값」이라는 단어는 수치만을 나타내는 것은 아닙니다. 문자열 등의 수치가 아닌 것도 변수에 대입할 수 있으면 「값」이라고 부릅니다.

예를 들어, 변수 **abcd**에 **1234**라는 정수의 값을 대입하는 경우, 다음과 같이 기술합니다.

```
abcd = 1234
```

다음에 **=**을 사용해서 변수에 값을 대입하는 예를 몇 가지 나타냅니다. 변수명에는 숫자, _(언더바)를 사용할 수도 있습니다.

리스트2.1의 셀에서는 변수에 정수, 소수, 문자열을 대입합니다. 문자열은 문자를 ""로 감싼 것으로, Python에서 문장을 다룰 때는 종종 변수에 문자열을 대입합니다.

리스트2.1 여러 가지 변수

In

```
a = 123  # 변수 a에 정수 123을 대입
b_123 = 123.456  # 변수 b_123에 소수 123.456을 대입
hello_world = "Hello World!"
# 변수 hello_world에 문자열 "Hello World!"를 대입
```

뒤에 작성한 문자는 주석으로 다룹니다. 주석은 프로그램으로써 인식되지 않으므로 코드 안에 메모를 작성하고 싶을 때는 주석을 사용합니다.

ATTENTION

변수명

변수명에서는 대문자, 소문자를 다른 문자로서 다뤄야 합니다. 예를 들어, **abcd**와 **ABCD**는 다른 변수로서 Python에 인식됩니다.

2.1.3 값 표시와 변수의 저장

print()를 사용해서 변수에 저장된 값을 표시할 수 있습니다. 리스트2.2는 변수 **a**에 **123**이라는 값을 저장하고, **print()**를 사용해 그 값을 표시하는 코드입니다.

리스트2.2 값 표시의 예

In

```
a = 123
print(a)
```

Out

```
123
```

변수 **a**에 저장된 값이 셀의 아래에 표시됐습니다.

또한 리스트2.3과 같이 여러 개의 값을 **,**(콤마)로 구분해서 값을 한데 모아서 표시할 수 있습니다.

리스트2.3 값을 한데 모아서 표시하는 예

In

```
print(123, 123.456, "Hello World!")
```

Out

```
123 123.456 Hello World!
```

또한, 셀을 실행하면 그 셀 안의 변수는 다른 셀에 공유됩니다. 리스트2.4의 셀에서는 변수 **b**에 대입을 실시하고 있으나, 이 셀을 실행하면 다른 셀에서 이 변수 **b**를 사용할 수 있습니다.

리스트2.4 변수의 대입

In

```
b = 456
```

다른 셀에서 변수 b에 저장된 값을 표시합시다(리스트2.5).

리스트2.5 변수에 저장된 값을 표시

In

```
print(b)
```

Out

```
456
```

값이 표시됐습니다. 위와 같이 실행을 마친 셀의 변수는 노트북 내에서 공유됩니다.

2-1-4 연산자

연산자를 사용해서 여러 가지 연산을 실시할 수 있습니다.

리스트2.6의 셀에서는 **+**(덧셈), −(뺄셈), *****(곱셈), ******(거듭제곱) 연산자를 사용합니다. 연산에 따라 연산의 결과를 변수에 저장하고, **print()**로 각각 값을 표시합니다.

리스트2.6 여러 가지 Python의 연산자

In

```
a = 3
b = 4

c = a + b  # 덧셈
print("덧셈:", c)

d = a - b  # 뺄셈
print("뺄셈:", d)

e = a * b  # 곱셈
print("곱셈:", e)
```

```
f = a ** b  # 거듭제곱(a의 b제곱)
print("거듭제곱:", f)
```

Out

```
덧셈: 7
뺄셈: -1
곱셈: 12
거듭제곱: 81
```

나눗셈에 관해서는, 결과가 소수가 되는 나눗셈과 정수가 되는 나눗셈이 있습니다(리스트2.7). **/** 연산자를 사용하면 결과는 소수가 되고, **//** 연산자를 사용하면 결과는 정수가 됩니다. 또한, **%** 연산자를 사용하면 정수로 나눈 나머지를 구할 수 있습니다.

리스트2.7 나눗셈 연산자

In

```
g = a / b  # 결과는 소수
print("나눗셈(소수): ", g)

h = a // b  # 결과는 정수
print("나눗셈(정수): ", h)

i = a % b  # 나머지
print("나머지: ", i)
```

Out

```
나눗셈(소수):  0.75
나눗셈(정수):  0
나머지:  3
```

또한, **+=** 등의 연산자를 사용해서 변수에 저장된 값에 대해서 연산을 실시할 수 있습니다(리스트2.8).

리스트2.8 변수 자신에게 연산을 실시한다

In

```
j = 5
j += 3  # 3을 더한다. j = j + 3과 같다
print("3을 더한다: ", j)

k = 5
k -= 3  # 3을 뺀다. k = k - 3과 같다
print("3을 뺀다: ", k)
```

Out

```
3을 더한다:  8
3을 뺀다:  2
```

Python에는 이 밖에도 여러 가지 연산자가 있으므로 관심이 있는 분은 한번 찾아 보세요.

2.1.5 큰 수, 작은 수의 표시

큰 수, 작은 수는 **e**를 사용해서 표기할 수 있습니다. **e**의 왼쪽에 소수, 오른쪽에 정수가 있는 표기는 **e**의 왼쪽의 소수에 **e**의 오른쪽 횟수만큼 10을 곱한 수를 표시합니다. **e**의 오른쪽이 마이너스인 경우는 그 횟수만큼 10으로 나눈 수를 나타냅니다(리스트2.9).

리스트2.9 큰 수, 작은 수의 표기

In

```
a = 1.2e5  # 120000
print(a)

b = 1.2e-4  # 0.00012
print(b)
```

Out

```
120000.0
0.00012
```

2.1.6 리스트

리스트로 여러 개의 값을 한데 모아서 하나의 변수로 다룰 수 있습니다. 리스트는 값(요소) 전체를 **[]**로 감싸고, 각 요소는 **,**로 구분합니다(리스트2.10).

리스트2.10 리스트에 여러 개의 값을 한데 모은다

In

```
a = [1, 2, 3, 4]
print(a)
```

Out

```
[1, 2, 3, 4]
```

리스트명의 바로 뒤에 **[인덱스]**를 붙이면 리스트의 요소를 꺼낼 수 있습니다. 인덱스는 요소의 맨 앞부터 0, 1, 2, 3, ...순서로 셉니다(리스트2.11).

리스트2.11 리스트의 요소를 인덱스로 꺼낸다

In

```
b = [4, 5, 6, 7]
print(b[2])
# 맨 앞부터 0, 1, 2, 3,...이라고 인덱스를 붙인 경우, 인덱스가 2인 요소
```

Out

```
6
```

append()로 리스트에 요소를 추가할 수 있습니다. 추가된 요소는 리스트의 가장 마지막에 배치됩니다(리스트2.12).

리스트2.12 리스트에 요소를 추가한다

In

```
c = [1, 2, 3, 4, 5]
c.append(6)  # 리스트에 6을 추가
print(c)
```

Out
```
[1, 2, 3, 4, 5, 6]
```

리스트 안에 리스트를 넣어, 2중 리스트를 만들 수 있습니다(리스트2.13).

리스트2.13 리스트 안에 리스트를 넣는다

In
```
d = [[1, 2, 3], [4, 5, 6]]
print(d)
```

Out
```
[[1, 2, 3], [4, 5, 6]]
```

또한, 리스트에 대해 * 연산자로 정수를 곱하면 전체 요소가 여러 번 나열된 새로운 리스트를 만들 수 있습니다(리스트2.14).

리스트2.14 리스트의 전체 요소를 여러 번 나열한 새로운 리스트를 만든다

In
```
e = [1, 2]
print(e * 3)  # 리스트 e의 전체 요소를 세 번 나열한 새로운 리스트
```

Out
```
[1, 2, 1, 2, 1, 2]
```

리스트로 인공지능에 필요한 데이터를 효율적으로 다룰 수 있습니다. 실제로는 리스트의 데이터는 2.2절에서 설명하는 NumPy의 배열 형식 등으로 변환한 후 사용하는 경우가 많습니다.

2.1.7 튜플

튜플은 리스트와 같이 여러 개의 값을 한데 모아서 다룰 때에 이용하지만 요소의 추가, 삭제, 교체 등은 할 수 없습니다. 튜플은 값(요소) 전체를 ()로 감싸고, 각 요소는 ,로 구분합니다. 요소를 변경하지 않을 때는 리스트보다 튜플을 사용하는 편이 좋습니다(리스트2.15).

리스트2.15 튜플 요소에 액세스

In

```
a = (1, 2, 3, 4, 5)  # 튜플의 작성
b = a[2]  # 인덱스가 2인 요소를 취득
print(b)
```

Out

```
3
```

요소가 하나인 튜플은 요소의 바로 뒤에 ,가 필요합니다(리스트2.16).

리스트2.16 요소가 하나인 튜플

In

```
c = (3,)
print(c)
```

Out

```
(3,)
```

또한, 리스트, 튜플의 요소는 리스트2.17처럼 한데 모아서 변수에 대입할 수 있습니다.

리스트2.17 리스트, 튜플의 요소를 한데 모아서 변수에 대입한다

In

```
d = [1, 2, 3]
d_1, d_2, d_3 = d
print(d_1, d_2, d_3)

e = (4, 5, 6)
e_1, e_2, e_3 = e
print(e_1, e_2, e_3)
```

Out

```
1 2 3
4 5 6
```

튜플은 2장 2-1-10에서 설명하는 **함수**와 데이터를 주고 받을 때 자주 사용됩니다.

2.1.8 if 문

if 문은 조건 분기를 위해 사용합니다. if 문은 구문2.2와 같은 형식을 취합니다.

구문2.2

```
if 조건식:
    처리1
else:
    처리2
```

이 경우, 조건식을 만족하면 처리1, 만족하지 않으면 처리2가 실행됩니다.

리스트2.18의 코드에서는 if 조건을 만족하면(**a**가 3보다 크다면) 그 뒤의 블록 처리가 시행됩니다. 블록은 행의 맨 앞 인덴트로 표시합니다. Python에서 인덴트는 공백 4개로 표시하는 경우가 많습니다.

if 조건을 만족하지 않으면(**a**가 3보다 크지 않으면), **else** 뒤의 블록 처리가 시행됩니다(리스트2.18).

리스트2.18 if 문에 의한 조건분기

In

```
a = 5

if a > 3:  # a가 3보다 크면
    print(a + 2)  # 인덴트를 맨 앞에 삽입한다
else:  # a > 3를 만족하지 않으면
    print(a - 2)
```

Out

```
7
```

a가 3보다 크면 **a**에 2를 더한 값을 표시, **a**가 3보다 크지 않으면 **a**에서 2를 뺀 값을 표시합니다. **a**의 값은 5로 3보다 크기 때문에 위의 코드를 실행하면 5에 2를 더한 7이 표시됩니다.

리스트2.18에서는 비교하기 위해서 > 연산자를 사용했습니다. 이러한 비교 연산자에는

위의 >(크다), < (작다), >=(이상), <=(이하), ==(같다), !=(같지 않다)가 있습니다.

리스트2.19의 예에서는 비교 연산자로서 ==를 사용하여 값이 같은지 아닌지를 비교합니다.

리스트2.19 == 연산자에 의한 비교

In

```
b = 7
if b == 7:  # b가 7과 같으면
    print(b + 2)
else:  # b == 7을 만족하지 않으면
    print(b - 2)
```

Out

```
9
```

이상과 같이 if 문을 사용함으로써 조건에 따라 다른 처리를 시행할 수 있습니다.

2.1.9 for 문

for 문으로 처리를 반복 시행할 수 있습니다. for 문을 리스트와 함께 사용할 때는 기본적으로 구문2.3의 형식과 같습니다.

구문2.3

```
for 변수 in 리스트:
    처리
```

이 경우, 리스트의 요소 수만큼 반복 처리가 이뤄지는데 그때에 변수에 들어간 리스트의 요소를 이용할 수 있습니다.

리스트2.20은 for 문과 리스트를 사용한 루프의 예입니다. 반복 실시될 처리는 if 문과 마찬가지로 행의 맨 앞에 인덴트를 붙여 기술합니다. 이 코드에서는 리스트의 요소 수가 3이므로 블록 내의 처리가 3회 진행됩니다. 그때에 리스트 내의 각 요소가 순서대로 변수 a에 들어갑니다.

리스트2.20 for 문과 리스트를 사용한 루프

In

```
for a in [4, 7, 10]:  # 리스트의 각 요소가 변수 a에 들어간다
    print(a + 1)  # 루프에서 실행하는 처리에는 인덴트를 넣는다
```

Out

```
5
8
11
```

블록 내의 처리가 시행될 때마다 리스트의 요소가 앞에서부터 순서대로 변수 **a**에 들어가는 것을 확인할 수 있습니다.

다음으로 **range()**라는 표기를 사용한 루프를 설명합니다. for 문을 **range()**와 함께 사용하는 경우, 구문2.4와 같은 형식을 취합니다.

구문2.4

```
for 변수 in range(정수):
    처리
```

이 경우, 입력한 정수의 수만큼 반복 처리가 이뤄지는데 변수에는 0부터 정수에서 1을 뺀 값까지의 수가 들어갑니다.

리스트2.21은 for 문과 **range()**를 사용한 루프의 예로, 변수 **a**에는 0부터 4까지의 값이 들어갑니다.

리스트2.21 range()를 사용한 루프

In

```
for a in range(5):  # a에는 0부터 4가 들어간다
    print(a)
```

Out

```
0
1
2
3
4
```

a에 0부터 4까지의 정수가 들어간 것을 확인할 수 있었습니다.

이상과 같이 for 문을 사용함으로써 인공지능에 필요한 매우 많은 처리를 짧은 코드로 기술할 수 있습니다.

2-1-10 함수

함수를 이용하면 여러 행의 처리를 그룹으로 한데 모을 수 있습니다. 함수는 기본적으로 구문2.5의 형식을 취합니다.

구문2.5

```
def 함수명(인수):
    처리
    return 반환값
```


이 경우, **인수**는 함수에 들어가는 값으로 **반환값**은 함수로부터 나오는 값입니다. 인수와 반환값은 없어도 상관없습니다.

리스트2.22는 함수의 예입니다. **my_func_1**이라는 이름의 함수를 정의한 후, 이 함수를 호출합니다. 그 결과, 함수 내의 처리가 실행됩니다.

이 함수에는 인수와 반환값이 없습니다.

리스트2.22 함수를 정의하고, 호출한다

In

```
def my_func_1():  # my_func_1이 함수명
    a = 2
    b = 3
    print(a + b)

my_func_1()  # 함수 호출
```

Out

```
5
```

함수 내의 처리가 실행되고, 2와 3을 더한 결과인 5가 표시됐습니다. 함수는 함수의 외부로부터 인수라는 값을 받을 수 있습니다.

인수는 함수명 바로 뒤의 () 안에 설정하는데 ,로 구분해서 여러 개 설정할 수 있습니다. 리스트2.23의 예에서는 함수에 인수 **p**, **q**가 설정되어 있는데 함수를 호출할 때에 각각 들어있는 값을 전달합니다.

리스트2.23 인수를 동반하는 함수

In

```
def my_func_2(p, q):  # p, q가 인수
    print(p + q)

my_func_2(3, 4)  # 함수를 호출할 때에 값을 전달한다
```

Out

```
7
```

인수로서 받은 두 개의 값이 더해졌습니다. 이처럼 함수는 외부로부터 값을 받을 수 있습니다.

함수는 반환값이라 부르는 값을 함수의 외부에 전달할 수 있습니다.

반환값은 함수의 마지막에 **return**이라고 적고, 그 뒤에 기술합니다. 리스트2.24의 예에서는 함수 내에 반환값이 설정되어 있는데 함수를 호출해서 반환값을 받고, 그 값을 표시합니다.

리스트2.24 인수와 반환값을 동반하는 함수

In

```
def my_func_3(p, q):  # p, q가 인수
    r = p + q
    return r  # r이 반환값

k = my_func_3(3, 4)  # 반환값으로서 받은 값을 k에 넣는다
print(k)
```

Out

```
7
```

여러 개의 값을 반환값으로 하고 싶은 경우는 튜플을 사용합니다. **return**의 뒤에 반환하고 싶은 값을 저장한 튜플을 기술합니다(리스트2.25).

리스트2.25 반환값을 튜플로 한다

In

```
def my_func_3(p, q):  # p, q가 인수
    r = p + q
    s = p - q
    return (r, s)  # 반환값을 튜플로 한다

k, l = my_func_3(5, 2)  # 튜플의 각 요소를 k,l에 대입한다
print(k, l)
```

Out

```
7 3
```

한 번 정의한 함수는 몇 번이든 호출할 수 있습니다. 여러 번 실시해야 하는 처리는 함수로서 한데 모아두면 매우 편리합니다.

2-1-11 스코프

변수에는 **스코프**라는 개념이 있습니다. 스코프란 변수에 접근할 수 있는 범위를 말합니다.

함수 안에 기술된 변수가 로컬 변수, 함수 밖에 기술된 변수가 글로벌 변수입니다. 로컬 변수는 같은 함수 안이 스코프이지만 글로벌 변수는 함수 안팎이 스코프입니다.

리스트2.26의 셀에는 함수 밖에 글로벌 변수, 함수 내에 로컬 변수가 기술되어 있습니다. 함수 내에서는 이 양쪽에 접근할 수 있지만 함수 밖에서 로컬 변수에 접근하려고 하면 오류가 발생합니다.

리스트2.26 로컬 변수와 글로벌 변수

In

```
a = 123  # 글로벌 변수

def show_number():
```

```
    b = 456  # 로컬 변수
    print(a, b)  # 양쪽에 접근할 수 있다

show_number()
```

Out

```
123 456
```

이상과 같이 변수를 기술하는 장소에 따라 변수의 스코프는 다릅니다.

Python에는 글로벌 변수에 관한 조금 복잡한 규칙이 있습니다.

함수 내에서 글로벌 변수에 값을 대입하려고 하면 다른 로컬 변수로 간주됩니다. 리스트 2.27의 예에서는 함수 내에서 글로벌 변수 a와 같은 이름인 변수 **a**에 값을 대입하고 있는데 이 경우 함수 내의 변수 **a**는 다른 로컬 변수입니다.

리스트2.27 글로벌 변수와 같은 이름의 로컬 변수

In

```
a = 123  # 글로벌 변수

def set_local():
    a = 456  # a는 위에 적은 것과 다른 로컬 변수
    print("Local:", a)

set_local()
print("Global:", a)  # 글로벌 변수의 값은 변하지 않는다
```

Out

```
Local: 456
Global: 123
```

리스트2.27의 예에서는 함수 내에서 글로벌 변수의 값은 변경되지 않고, 같은 이름의 변수는 다른 로컬 변수로 간주됩니다.

함수의 인수로서 사용하는 변수에 관해서도 같은 규칙이 적용됩니다. 리스트2.28의 예에서는 인수의 변수명 **a**가 글로벌 변수의 이름과 같지만 함수 내에서 **a**는 다른 로컬 변수입니다.

리스트2.28 인수로서 사용되는 변수의 스코프

In

```
a = 123  # 글로벌 변수

def show_arg(a):  # a는 위에 적은 것과 다른 로컬 변수
    print("Local:", a)

show_arg(456)
print("Global:", a)  # 글로벌 변수의 값은 변하지 않는다
```

Out

```
Local: 456
Global: 123
```

그럼 함수 내에서 글로벌 변수의 값을 변경하고 싶은 경우는 어떻게 하면 될까요?

글로벌 변수의 값을 함수 내에서 변경하기 위해서는 **global**을 이용해서 변수가 로컬이 아닌 것을 함수 내에 명기해야 합니다. 리스트2.29의 예에서는 함수 내에 **global** 표기를 실시, 함수 내에서 글로벌 변수로 접근할 수 있게 합니다.

리스트2.29 함수 내에서 글로벌 변수의 값을 변경한다

In

```
a = 123  # 글로벌 변수

def set_global():
    global a
    a = 456  # 글로벌 변수의 값을 변경
    print("Global:", a)

set_global()
print("Global:", a)
```

Out

```
Global: 456
Global: 456
```

함수 내에서 글로벌 변수의 값이 변경된 경우를 확인할 수 있었습니다.

이상과 같이 함수 내에서 변수를 다룰 때는 보통 스코프를 의식해야 합니다.

2.1.12 연습

문제

Jupyter Notebook의 셀에 리스트, 튜플, if 문, for 문, 함수의 예문을 최소 하나씩 적어 봅시다.

정답 예

리스트2.30 정답 예

In

```
# ---리스트의 예 ---
print("--- 결과: 리스트 ---")
my_list = [1, 2, 3, 4, 5]
print(my_list[2])

print()  # 빈 행

# ---튜플의 예 ---
print("--- 결과: 튜플 ---")
my_tuple = (1, 2, 3, 4, 5)
print(my_tuple[3])

print()  # 빈 행

# --- if 문의 예---
print("--- 결과: if 문 ---")
a = 5
b = 2
if a == 5:
    print(a + b)

print()
```

```
# --- for 문의 예 ---
print("--- 결과: for 문 ---")
for m in my_list:
    print(m + 1)

print()

# --- 함수의 예 ---
print("--- 결과: 함수 ---")
def add(p, q):
      return p + q
print(add(a, b))
```

Out

```
--- 결과: 리스트 ---
3

--- 결과: 튜플 ---
4

--- 결과: if 문 ---
7

--- 결과: for 문 ---
2
3
4
5
6

--- 결과: 함수 ---
7
```

2.2 NumPy의 기초

NumPy는 간단한 표기로 효율적으로 데이터 조작을 할 수 있습니다. 이제부터는 이 책을 읽어 나가는데 필요한 NumPy의 지식을 배워 나갑니다.

2-2-1 NumPy

NumPy는 Python의 확장 모듈입니다. 대규모인 수학 함수 라이브러리를 갖고 있으며, 연산 기능이 충실합니다. 인공지능을 구현할 때에는 벡터, 행렬을 자주 다루므로 NumPy는 매우 유용한 툴입니다.

NumPy는 Anaconda에 처음부터 포함되어 있으므로 임포트해서 사용할 수 있습니다. 또한 이 절에서는 이 책을 읽어나가는데 필요한 만큼의 Numpy를 설명합니다. NumPy의 자세한 내용은 다른 책을 참고하세요.

2-2-2 NumPy의 임포트

모듈은 이용할 수 있는 외부의 Python 파일입니다. Python에서는 import를 기술해서 모듈을 도입할 수 있습니다. NumPy는 모듈이므로 NumPy를 사용하려면 코드의 맨 앞에 리스트2.31과 같이 기술합니다.

리스트2.31 NumPy의 임포트

In
```
import numpy
```

또한, **as**를 사용함으로써 모듈에 다른 이름을 붙일 수 있습니다(리스트2.32).

리스트2.32 모듈에 다른 이름을 붙인다

In
```
import numpy as np
```

리스트2.32처럼 기술하면 이 후, **np**라는 이름으로 NumPy 모듈을 다룰 수 있습니다.

2-2-3 NumPy 배열을 생성

인공지능 계산에는 행렬, 벡터를 많이 사용하는데 이것들을 표현하기 위해 NumPy 배열을 이용합니다.

벡터, 행렬에 대해서는 뒤의 절에서 다시 설명하겠지만 여기서는 일단 NumPy 배열이란 여러 값이 나열된 것이라고 파악하면 충분합니다. 앞으로 단지 배열이라고 부르는 경우는 NumPy 배열을 가리키는 것으로 합니다.

NumPy 배열은 NumPy의 **array()** 함수를 사용함으로써 Python의 리스트로부터 간단하게 만들 수 있습니다(리스트2.33).

리스트2.33 Python의 리스트로부터 NumPy 배열을 만든다

In

```
import numpy as np

a = np.array([0, 1, 2, 3, 4, 5])
# Python의 리스트로부터 NumPy 배열을 만든다
print(a)
```

Out

```
[0 1 2 3 4 5]
```

이처럼 배열이 겹쳐진 2차원의 배열을 만들 수 있습니다. 2차원 배열은 요소가 리스트인 리스트(2중 리스트)로부터 만듭니다(리스트2.34).

리스트2.34 2중 리스트로부터 NumPy의 2차원 배열을 만든다

In

```
import numpy as np

b = np.array([[0, 1, 2], [3, 4, 5]])
# 2중 리스트로부터 NumPy의 2차원 배열을 만든다
print(b)
```

Out

```
[[0 1 2]
 [3 4 5]]
```

마찬가지로 3차원 배열도 만들 수 있습니다. 3차원 배열은 2차원의 배열이 또 겹쳐진 것으로 3중 리스트로부터 만듭니다(리스트2.35).

리스트2.35 3중 리스트로부터 NumPy의 3차원 배열을 만든다

In

```
import numpy as np

c = np.array([[[0, 1, 2], [3, 4, 5]], [[5, 4, 3], [2, 1, 0]]])
# 3중 리스트로부터 NumPy의 3차원 배열을 만든다
print(c)
```

Out

```
[[[0 1 2]
  [3 4 5]]

 [[5 4 3]
  [2 1 0]]]
```

마찬가지로 더욱 고차원의 배열을 만들 수도 있습니다.

NumPy 배열은 다른 함수를 사용해서 생성할 수도 있습니다. **zeros()** 함수는 요소 수가 전부 0인 배열, **ones()** 함수는 요소 수가 전부 1인 배열을 생성합니다. 또한, **arange()** 함수는 0부터 인수 이전까지의 정수가 차례대로 나열된 배열을 생성합니다(리스트2.36).

리스트2.36 배열을 생성하는 다양한 함수

In

```
import numpy as np

d = np.zeros(8)  # 0이 8개 저장된 배열
print(d)

e = np.ones(8) # 1이 8개 저장된 배열
print(e)
```

```
f = np.arange(8) # 0부터 7까지가 저장된 배열
print(f)
```

Out

```
[0. 0. 0. 0. 0. 0. 0. 0.]
[1. 1. 1. 1. 1. 1. 1. 1.]
[0 1 2 3 4 5 6 7]
```

2.2.4 배열의 형태

배열의 형태는 **shape()** 함수로 조사할 수 있습니다. 이 함수는 형태를 나타내는 튜플을 반환합니다(리스트2.37).

리스트2.37 shape() 함수로 배열의 형태를 얻는다

In

```
import numpy as np

a = np.array([[0, 1, 2],
              [3, 4, 5]])  # 2x3의 2차원 배열
print(np.shape(a))  # a의 형태를 표시
```

Out

```
(2, 3)
```

(행 수, 열 수)를 나타내는 튜플이 표시됐습니다.

단지 가장 바깥쪽(첫 번째 차원)의 요소 수, 즉, 위에서 말한 행 수를 구하는 경우는 **len()** 함수를 사용하는 편이 간단합니다(리스트2.38).

리스트2.38 len() 함수로 가장 바깥쪽의 요소 수를 구한다

In

```
print(len(a))  # a의 행 수를 얻는다
```

Out

```
2
```

2.2.5 배열의 연산

리스트2.39의 예에서는 배열과 수치 간에 연산을 실시합니다. 이 경우, 배열의 각 요소와 수치 간에 연산이 이뤄집니다.

리스트2.39 배열과 수치의 연산

In

```
import numpy as np

a = np.array([[0, 1, 2],
              [3, 4, 5]])  # 2차원 배열

print(a)
print()
print(a + 3)  # 각 요소에 3을 더한다
print()
print(a * 3)  # 각 요소에 3을 곱한다
```

Out

```
[[0 1 2]
 [3 4 5]]

[[3 4 5]
 [6 7 8]]

[[ 0  3  6]
 [ 9 12 15]]
```

또한, 리스트2.40은 배열끼리의 연산 예입니다. 이 경우는 같은 위치의 각 요소끼리 연산이 이뤄집니다.

리스트2.40 배열끼리의 연산

In

```
b = np.array([[0, 1, 2],
              [3, 4, 5]])  # 2차원 배열

c = np.array([[2, 0, 1],
              [5, 3, 4]])  # 2차원 배열

print(b)
print()
print(c)
print()
print(b + c)
print()
print(b * c)
```

Out

```
[[0 1 2]
 [3 4 5]]

[[2 0 1]
 [5 3 4]]

[[2 1 3]
 [8 7 9]]

[[ 0  0  2]
 [15 12 20]]
```

2-2-6 요소로의 접근

배열의 각 요소로의 접근은 리스트인 경우와 마찬가지로 인덱스를 이용합니다. 1차원 배열의 경우, 다음과 같이 []내에 인덱스를 지정함으로써 요소를 꺼낼 수 있습니다(리스트 2.41).

리스트2.41 인덱스를 지정하고, 배열의 요소로 접근한다

In

```
import numpy as np

a = np.array([1, 2, 3, 4, 5])
print(a[3])  # 인덱스를 지정
```

Out

```
4
```

리스트2.41은 맨 앞부터 0, 1, 2, ...라고 인덱스를 붙인 경우, 인덱스가 3인 요소를 꺼내고 있습니다.

또한, 이러한 인덱스를 지정해서 요소를 바꿀 수 있습니다.

리스트2.42 인덱스를 지정해서 배열의 요소를 바꾼다

In

```
a[2] = 9
print(a)
```

Out

```
[1 2 9 4 5]
```

리스트2.42의 경우는 인덱스가 2인 요소를 9로 바꿨습니다. 2차원 배열인 경우, 요소를 꺼낼 때에는 인덱스를 가로, 세로로 2개 지정합니다. ,(콤마) 구분으로 인덱스를 나열하거나 인덱스를 넣은 []를 2개 나열할 수도 있습니다(리스트2.43).

리스트2.43 2차원 배열의 요소로 접근한다

In

```
b = np.array([[0, 1, 2],
              [3, 4, 5]])

print(b[1, 2])  # b[1][2]와 같다
```

Out

```
5
```

세로 인덱스가 1, 가로 인덱스가 2인 요소를 꺼낼 수 있었습니다.

요소를 바꿀 때도 마찬가지로 인덱스를 2개 지정합니다(리스트2.44).

리스트2.44 2차원 배열의 요소를 바꾼다

In

```
b[1, 2] = 9

print(b)
```

Out

```
[[0 1 2]
 [3 4 9]]
```


2개의 인덱스에서 지정한 요소가 바뀌었습니다. 3차원 이상인 배열의 경우도 마찬가지로 인덱스를 여러 개 지정함으로써 요소로 접근할 수 있습니다.

또한, 인덱스에 :(콜론)을 지정해서 행이나 열 등에 접근할 수 있습니다. 리스트2.45의 코드에서는 2차원 배열로부터 행을 꺼내서 표시하고, 열을 바꿔 넣고 있습니다.

리스트2.45 행이나 열에 접근한다

In

```
c = np.array([[0, 1, 2],
              [3, 4, 5]])

print(c[1, :])  # 인덱스가 1인 행을 취득

print()

c[:, 1] = np.array([6, 7])  # 인덱스가 1인 열을 교체
print(c)
```

Out

```
[3 4 5]

[[0 6 2]
 [3 7 5]]
```

2.2.7 함수와 배열

함수의 인수나 반환값으로서 NumPy 배열을 사용할 수 있습니다. 리스트2.46의 함수 **my_func()**는 인수로서 배열을 받고, 반환값으로서 배열을 반환합니다.

리스트2.46 함수의 인수, 반환값으로서의 배열

In

```
import numpy as np

def my_func(x):
    y = x * 2 + 1
    return y

a = np.array([[0, 1, 2],
              [3, 4, 5]])  # 2차원 배열
b = my_func(a)  # 인수로서 배열을 전달, 반환값으로서 배열을 받는다

print(b)
```

Out

```
[[ 1  3  5]
 [ 7  9 11]]
```

인공지능의 코드에서는 자주 리스트2.46과 같이 배열을 사용해서 함수 안팎의 데이터를 주고 받습니다.

2.2.8 NumPy의 여러 가지 기능

NumPy는 여러 가지 기능의 함수를 갖고 있는데 리스트2.47에 그 중 극히 일부를 나타냅니다. **sum()** 함수에 의해 합계, **average()** 함수에 의해 평균, **max()** 함수에 의해 최댓값, **min()** 함수에 의해 최솟값을 구할 수 있습니다.

리스트2.47 NumPy가 가진 여러 가지 함수

In

```
import numpy as np

a = np.array([[0, 1, 2],
              [3, 4, 5]])  # 2차원 배열

print("합계:", np.sum(a))
print("평균:", np.average(a))
print("최댓값:", np.max(a))
print("최솟값:", np.min(a))
```

Out

```
합계: 15
평균: 2.5
최댓값: 5
최솟값: 0
```

2-2-9 연습

문제

Jupyter Notebook의 셀에 NumPy의 2차원 배열을 두 개 기술하고, 서로의 합, 차, 곱을 구합시다(리스트2.48).

정답 예

리스트2.48 정답 예

In

```
import numpy as np

a = np.array([[0, 1, 2],
              [3, 4, 5]])
b = np.array([[5, 4, 3],
              [2, 1, 0]])
```

```
print(a + b)  # 합
print()
print(a - b)  # 차
print()
print(a * b)  # 곱
```

Out

```
[[5 5 5]
 [5 5 5]]

[[-5 -3 -1]
 [ 1  3  5]]

[[0 4 6]
 [6 4 0]]
```

2.3 matplotlib의 기초

그래프를 그리기 위해서 모듈, matplotlib의 사용법을 배웁니다. 코드의 실행 결과를 가시화할 수 있게 합시다.

2.3.1 matplotlib

matplotlib은 NumPy와 같은 Python의 외부 모듈로 그래프 그리기, 이미지 표시, 간단한 애니메이션 작성 등을 실시할 수 있습니다.

인공지능에서는 데이터를 가시화하는 것이 매우 중요하기 때문에 이 절에서는 matplotlib에 의한 그래프 그리기를 설명합니다.

2-3-2 matplotlib의 임포트

그래프를 그리기 위해서는 matplotlib의 pyplot라는 모듈을 임포트합니다. pyplot는 그래프 그리기를 지원합니다. 데이터에는 NumPy의 배열을 사용하므로 NumPy도 임포트합니다. 또한, Jupyter Notebook에서 matplotlib의 그래프를 표시하려면 코드의 맨 앞에 **%matplotlib inline**라고 써야 할 때가 있습니다(리스트 2.49).

리스트2.49 각종 임포트

In

```
%matplotlib inline

import numpy as np
import matplotlib.pyplot as plt
```

이후의 코드에서는 **%matplotlib inline**라고 적지 않고 생략하는 경우가 있습니다. 환경에 따라서는 이 표기가 없으면 그래프가 그려지지 않는 경우가 있으므로 실행해도 그래프가 표시되지 않는 경우는 이 표기를 맨 앞에 추가합시다.

2-3-3 linspace() 함수

matplotlib으로 그래프를 그릴 때에 NumPy의 **linspace()** 함수가 자주 사용됩니다. **linspace()** 함수는 어떤 구간을 일정한 간격을 가진 50개의 수로 이뤄진 NumPy의 배열로 합니다. 이 배열을 그래프의 가로축 값으로 자주 사용합니다(리스트2.50).

리스트2.50 linspace() 함수로 같은 간격의 값이 저장된 배열을 만든다

In

```
import numpy as np

x = np.linspace(-5, 5)  # -5부터 5까지 50으로 나눈다

print(x)
print(len(x))  # x의 요소 수
```

```
[-5.         -4.79591837 -4.59183673 -4.3877551  -4.18367347 -3.97959184
 -3.7755102  -3.57142857 -3.36734694 -3.16326531 -2.95918367 -2.75510204
 -2.55102041 -2.34693878 -2.14285714 -1.93877551 -1.73469388 -1.53061224
 -1.32653061 -1.12244898 -0.91836735 -0.71428571 -0.51020408 -0.30612245
 -0.10204082  0.10204082  0.30612245  0.51020408  0.71428571  0.91836735
  1.12244898  1.32653061  1.53061224  1.73469388  1.93877551  2.14285714
  2.34693878  2.55102041  2.75510204  2.95918367  3.16326531  3.36734694
  3.57142857  3.7755102   3.97959184  4.18367347  4.3877551   4.59183673
  4.79591837  5.        ]
50
```

이 배열을 사용해서 연속으로 변화하는 가로축의 값을 의사적으로 표현합니다.

2.3.4 그래프 그리기

예를 들어 pyplot을 사용하여 직선을 그립니다. NumPy의 **linspace()** 함수로 x 좌표의 데이터를 배열로 생성하고 이것에 값을 곱해서 y 좌표로 합니다. 그리고 pyplot의 **plot()** 함수로 x 좌표, y 좌표의 데이터를 플롯하고, **show()** 함수로 그래프를 표시합니다(리스트2.51).

리스트2.51 pyplot으로 간단한 그래프를 그린다

```
import numpy as np
import matplotlib.pyplot as plt

x = np.linspace(-5, 5)  # -5부터 5까지
y = 2 * x  # x에 2를 곱해서 y좌표로 한다

plt.plot(x, y)
plt.show()
```

Out

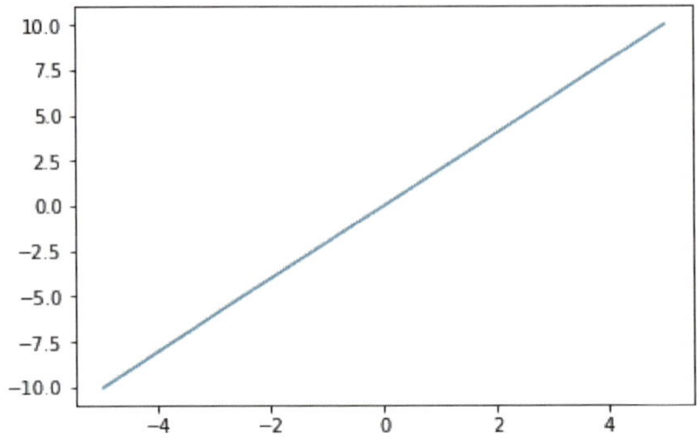

실행해도 그래프가 표시되지 않는다면 **%matplotlib inline**을 가장 위의 행에 추가합시다.

2-3-5 그래프 꾸미기

다음을 표시해 그래프의 외관을 풍부하게 합니다(리스트2.52).

- 축의 라벨
- 그래프의 타이틀
- 그리드의 표시
- 범례와 선의 스타일

리스트2.52 그래프를 꾸민다

In

```
import numpy as np
import matplotlib.pyplot as plt

x = np.linspace(-5, 5)
y_1 = 2 * x
y_2 = 3 * x

# 축의 라벨
plt.xlabel("x value", size=14)  # 축 라벨의 문자 크기를 14로 지정
```

```
plt.ylabel("y value", size=14)

# 그래프의 타이틀
plt.title("My Graph")

# 그리드 표시
plt.grid()

# 플롯 시에 범례와 선의 스타일을 지정
plt.plot(x, y_1, label="y1")
plt.plot(x, y_2, label="y2", linestyle="dashed")
plt.legend() # 범례를 표시

plt.show()
```

Out

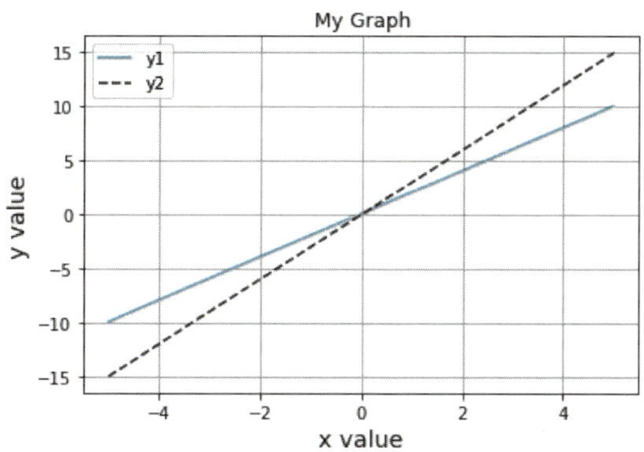

2-3-6 산포도의 표시

scatter() 함수로 산포도를 표시할 수 있습니다. 리스트2.53의 코드에서는 x 좌표, y 좌표로부터 산포도를 그립니다.

리스트2.53 scatter() 함수로 산포도를 표시한다

In

```
import numpy as np
import matplotlib.pyplot as plt

x = np.array([1.2, 2.4, 0.0, 1.4, 1.5, 0.3, 0.7])  # x 좌표
y = np.array([2.4, 1.4, 1.0, 0.1, 1.7, 2.0, 0.6])  # y 좌표

plt.scatter(x, y)  # 산포도의 플롯
plt.grid()
plt.show()
```

Out

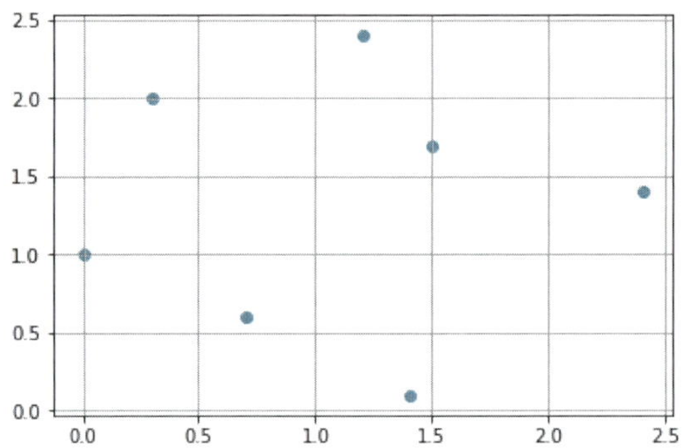

ATTENTION

가로축과 세로축의 배율

matplotlib 그래프에서는 특별히 설정을 하지 않으면 가로축과 세로축의 배율은 같아지지 않습니다.

2.3.7 히스토그램의 표시

hist() 함수로 히스토그램을 표시할 수 있습니다. 히스토그램에서는 각 범위의 값의 빈도가 카운트된 직사각형의 막대로 나타납니다.

리스트2.54의 코드는 배열 data에 있어서의 각 값의 빈도를 카운트한 히스토그램으로 표시합니다.

리스트2.54 히스토그램을 표시한다

In

```
import numpy as np
import matplotlib.pyplot as plt

data = np.array([0, 1, 1, 2, 2, 2, 3, 3, 4, 5, 6, 6, 7, 7, 7, 8,
8, 9])

plt.hist(data, bins=10)  # 히스토그램  bins는 막대의 수
plt.show()
```

Out

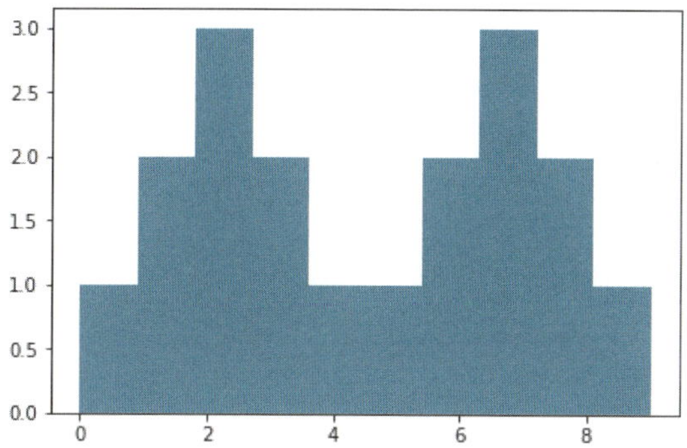

리스트2.54의 그래프에서는 각 수치의 빈도가 카운트되어 있는 걸 확인할 수 있습니다.

이 밖에도 matplotlib에는 많은 유용한 기능이 있습니다. 이 절에서 설명한 것은 matplotlib이 가진 기능 중 극히 일부에 불과할 뿐입니다.

2.3.8 연습

문제

리스트2.55의 셀을 보완해서 그래프를 그려봅시다. x의 범위, x에 대한 연산은 원하는 대로 설정합시다.

리스트2.55 문제

In

```
import numpy as np
import matplotlib.pyplot as plt

x =     # x의 범위를 지정
y_1 =   # x에 연산을 시행하는 y_1로 한다
y_2 =   # x에 연산을 시행하는 y_2로 한다

# 축의 라벨
plt.xlabel("x value", size=14)
plt.ylabel("y value", size=14)

# 그래프의 타이틀
plt.title("My Graph")

# 그리드 표시
plt.grid()

# 플롯 범례와 선의 스타일을 지정
plt.plot(x, y_1, label="y1")
plt.plot(x, y_2, label="y2", linestyle="dashed")
plt.legend() # 범례를 표시

plt.show()
```

정답 예

리스트2.56 정답 예

In

```
import numpy as np
import matplotlib.pyplot as plt

x =  np.linspace(-3, 3)   # x의 범위를 지정
y_1 = 1.5*x  # x에 연산을 시행하는 y_1으로 한다
y_2 = -2*x + 1  # x에 연산을 시행하는 y_2로 한다

# 축의 라벨
plt.xlabel("x value", size=14)
plt.ylabel("y value", size=14)

# 그래프의 타이틀
plt.title("My Graph")

# 그리드 표시
plt.grid()

# 플롯 범례와 선의 스타일을 지정
plt.plot(x, y_1, label="y1")
plt.plot(x, y_2, label="y2", linestyle="dashed")
plt.legend() # 범례를 표시

plt.show()
```

Out

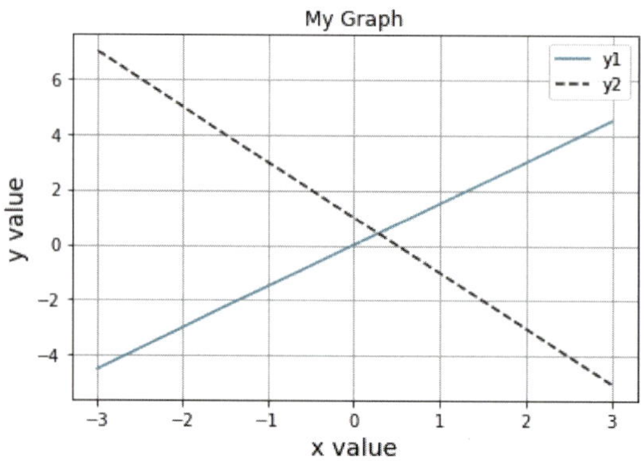

COLUMN

생성형 AI를 사용한 수학 학습

최근, ChatGPT를 비롯한 생성형 AI의 급속한 발전으로 우리의 생활과 일하는 방식이 크게 변하고 있습니다. 한편, 많은 사람들에게 AI의 근간을 이루는 수학은 여전히 높은 벽으로 존재합니다. 그러나 생성형 AI의 등장은 이 「수학의 벽」을 넘어설 수 있는 새로운 가능성을 우리에게 가져다주고 있습니다. 기존에 수학 학습이라고 하면 종이와 연필로 문제를 풀고, 공식을 암기하는 방식이 일반적이었습니다. 하지만 생성형 AI는 이러한 학습 방법을 근본적으로 바꿀 가능성을 가지고 있습니다. 예를 들어 선형대수의 난해한 개념을 생성형 AI가 시각적 예를 통해 이해하기 쉽게 설명하거나, 미분방정식을 푸는 방법을 단계적으로 보여줄 수 있습니다.

또한, 생성형 AI가 「개별화된 학습 체험」을 제공할 수 있다는 점에도 주목해야 할 것입니다. 학습자의 이해도나 흥미에 맞춰 설명의 깊이를 조정할 수 있으며, 현실 세계에서의 응용 예를 제시함으로써 수학을 더욱 친숙하게 느끼도록 할 수도 있습니다. 그리고 생성형 AI는 프로그래밍과 수학을 이어주는 가교로서도 중요한 역할을 합니다. Python 등의 프로그래밍 언어를 사용하여 수학 개념을 구현할 때 생성형 AI는 코드의 예를 제시하거나 오류 수정을 지원할 수 있습니다. 이를 통해 추상적인 수학 개념을 구체적인 코드로 표현하는 경험을 쌓을 수 있습니다.

한편, 생성형 AI에 지나치게 의존하는 위험성에도 주의를 기울여야 합니다. 수학적 사고력이나 문제해결 능력은 시행착오를 거듭하는 과정에서 길러지기 때문입니다. 생성형 AI는 어디까지나 학습을 보조하는 도구로서 자리매김해야 하며, 스스로 생각하고 이해를 깊게 하는 기회를 소중히 해야 합니다.

생성형 AI와 수학의 관계는 서로 보완적이라고 할 수 있습니다. AI의 발전이 수학 학습을 더욱 친숙하게 하고, 그 수학의 이해가 다시금 AI의 발전으로 이어집니다. 이러한 선순환을 만들어냄으로써 더욱 많은 사람들이 수학의 매력을 발견하고, AI의 가능성을 넓혀갈 수 있는 것입니다.

앞으로 생성형 AI는 더욱 진화할 것이고, 우리의 학습 방법도 변해 갈 것입니다. 그러나 변하지 않는 것은 수학이 논리적 사고의 기반이며 문제 해결의 중요한 도구라는 사실입니다. 생성형 AI라는 새로운 학습 파트너와 함께 수학의 세계를 더욱 깊이 탐구해 나가는 시대가 시작되고 있습니다.

3장 수학의 기초

이 장에서는 Python을 사용해서 이 책에서 배우기 위한 기초가 되는 수학을 설명합니다. 수학의 기초를 다지는 동시에 Python으로 수식을 다루는 것에도 익숙해집시다.

3.1 변수, 상수

변수와 상수는 수식을 다루는데 기초가 되는 개념입니다.

3-1-1 변수와 상수의 차이

변수와 상수의 차이는 다음과 같습니다.

- **변수**: 변화하는 수
- **상수**: 일정한, 변화하지 않는 수

변수는 x와 y 등의 알파벳을 이용해서 자주 나타냅니다. 상수는 1, 2.3, −5 등의 수치로 표기합니다. 또한, a나 b 등의 알파벳, α나 β 등의 그리스 문자로도 자주 나타냅니다.

3-1-2 변수와 상수의 예

다음은 변수와 상수를 사용한 수식의 예입니다.

$$y = ax$$
$$x, y : \text{변수}$$
$$a : \text{상수}$$

리스트3.1은 이 수식을 코드로 표현한 예입니다.

리스트3.1 변수와 상수를 사용해 직선을 그립니다

In

```
%matplotlib inline

import numpy as np
import matplotlib.pyplot as plt

a = 1.5  # a: 상수
```

```
x = np.linspace(-1,1)  # x: 변수 -1부터 1의 범위
y = a * x  # y: 변수

plt.plot(x, y)
plt.xlabel("x", size=14)
plt.ylabel("y", size=14)
plt.grid()
plt.show()
```

Out

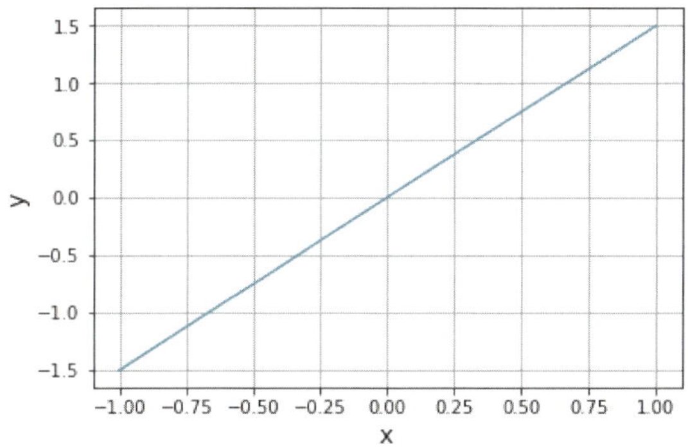

$y = ax$ 식에 따라 직선이 그려졌습니다. 이 경우 x와 y의 값은 변화해도 a 값은 변화하지 않습니다.

3.1.3 연습

문제

리스트3.2의 코드에서의 상수 b 값을 원하는 대로 정해서 직선을 그려 봅시다.

리스트3.2 문제

In

```
import numpy as np
import matplotlib.pyplot as plt

b =  # b: 상수
```

```
x = np.linspace(-1,1)  # x: 변수
y = b * x  # y: 변수

plt.plot(x, y)
plt.xlabel("x", size=14)
plt.ylabel("y", size=14)
plt.grid()
plt.show()
```


정답 예

리스트3.3 정답 예

In

```
import numpy as np
import matplotlib.pyplot as plt

b = 3  # b: 상수
x = np.linspace(-1,1) # x: 변수
y = b * x  # y: 변수

plt.plot(x, y)
plt.xlabel("x", size=14)
plt.ylabel("y", size=14)
plt.grid()
plt.show()
```

Out

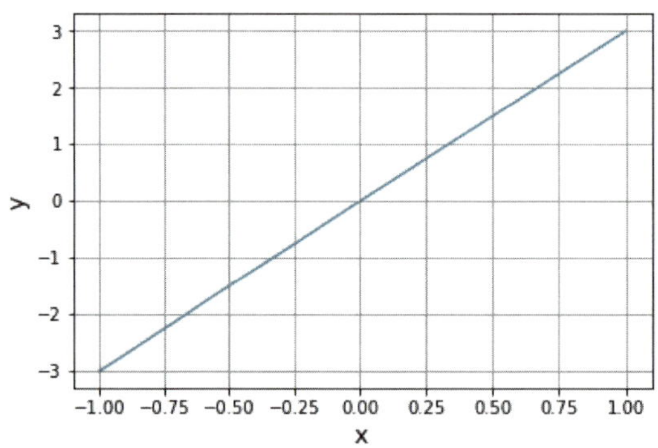

3.2 함수

함수는 수식을 다루는데 기본이 되는 개념입니다.

3-2-1 함수

함수는 어떤 값 x를 정하면 그것에 종속적인 값 y가 정해지는 관계를 말합니다.

예를 들어, x를 정하면 y 값이 결정될 때, 함수 f를 다음과 같이 나타낼 수 있습니다.

$$y = f(x)$$

이것은 'y가 x의 함수이다'라는 걸 의미합니다.

3-2-2 함수의 예

다음에 함수 $y = f(x)$의 예를 나타냅니다.

$$y = 3x$$
$$y = 3x + 2$$
$$y = 3x^2 + 2x + 1$$

이것들은 모두 x 값을 정함으로써 y 값이 종속적으로 정해집니다.

3-2-3 수학의 함수와 프로그램의 함수의 차이

수학에서의 「함수」와 프로그래밍에서의 「함수」는 같은 이름이 사용돼서 혼란을 일으킬 지도 모르겠습니다.

수학에서의 함수는 $y = f(x)$와 같이 표시되는데, 함수 f에 들어가는 값 x와 처리가 되고 나서 함수에서 나오는 값 y가 있습니다.

프로그래밍에서의 함수에는 함수에 들어가는 값으로서 인수가 있고, 함수에서 나오는 값으로서 반환값이 있습니다. 그런 의미에서 수학에서의 함수와 비슷하지만 인수, 반환값이 없는 경우가 있는 점이 다릅니다. 또한, 이 책에서는 자주 수학의 「함수」를 프로그래밍의 「함수」로서 구현하지만 수학의 세계와 달리 컴퓨터에서는 연속적이지 않은 값 밖에 표현할 수 없으므로 어디까지나 근사에 불과할 뿐입니다.

3

이처럼 수학의 함수와 프로그래밍의 함수는 공통점도 있지만 기본적으로 다른 것이므로 차이를 파악해 둡시다.

3-2-4 수학의 「함수」를 프로그래밍의 「함수」로 구현

수학의 함수 $y = 3x + 2$를 프로그래밍의 함수로서 구현합니다. 구현에는 Python 함수를 사용합니다(리스트3.4).

수학의 기초

리스트3.4 수학의 함수를 Python의 함수로 구현한다

In

```
import numpy as np

def my_func(x):  # my_func라는 이름의 Python 함수로 수식을 구현
    return 3*x + 2  # 3x + 2

x = 4  # 글로벌 변수이므로 위에 적은 인수 x와는 다른 변수
y = my_func(x)  # y = f(x)
print(y)
```

Out

```
14
```

앞으로 수학의 함수를 프로그래밍 함수로서 자주 구현하므로 리스트3.4와 같은 기술에 익숙해집시다.

3.2.5 연습

문제

리스트3.5의 코드를 보완해서 수식 $y = 4x + 1$을 코드로 구현합시다.

리스트3.5 문제

In

```
import numpy as np

def my_func(x):
    return   # 이 행에서 코드를 보완한다

x = 3
y = my_func(x)  # y = f(x)
print(y)
```

정답 예

리스트3.6 정답 예

In

```
import numpy as np

def my_func(x):
    return 4*x + 1  # 4x + 1

x = 3
y = my_func(x)  # y = f(x)
print(y)
```

Out

```
13
```

3.3 거듭제곱과 제곱근

거듭제곱과 제곱근은 수식을 기술하는데 활약합니다.

3-3-1 거듭제곱

같은 수 또는 문자를 여러 번 곱하는 것을 **거듭제곱**이라고 합니다.

예를 들어,

$$3 \times 3 \times 3 \times 3 \times 3$$

는 3을 5번 곱하고 있는데 다음과 같이 짧게 표기할 수 있습니다.

$$3^5$$

이것은 3의 5제곱이라고 읽습니다.

이상을 근거로 x, y를 변수, a를 상수로서 거듭제곱을 다음과 같이 나타낼 수 있습니다.

$$y = x^a$$

이때, x, y, a는 소수가 되기도 합니다. a가 0일 때 y는 다음과 같이 1이 됩니다.

$$x^0 = 1$$

또한, 거듭제곱에 관해서 다음의 관계가 성립됩니다.

$$\begin{aligned}(x^a)^b &= x^{ab} \\ x^a x^b &= x^{a+b} \\ x^{-a} &= \frac{1}{x^a}\end{aligned}$$

3-3-2 거듭제곱을 코드로 구현

수식 $y = x^a$를 코드로 구현합니다. Python에서의 거듭제곱은 **로 기술합니다(리스트 3.7).

리스트3.7 거듭제곱의 그래프를 그린다

In

```
%matplotlib inline

import numpy as np
import matplotlib.pyplot as plt

def my_func(x):
    a = 3
    return x**a  # x의 a제곱

x = np.linspace(0, 2)
y = my_func(x)  # y = f(x)

plt.plot(x, y)
plt.xlabel("x", size=14)
plt.ylabel("y", size=14)
plt.grid()
plt.show()
```

Out

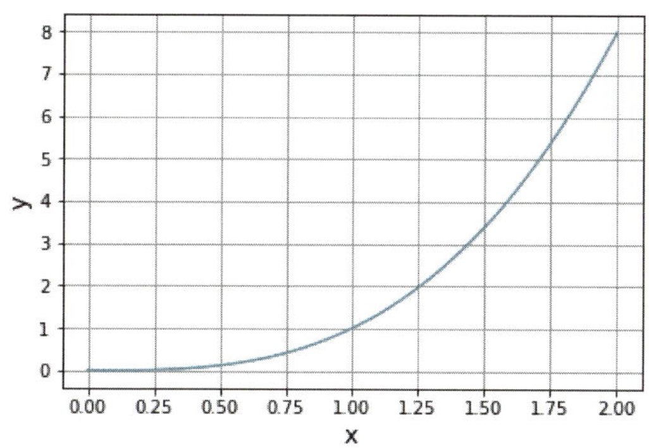

x 값이 1일 때 y 값은 1, x 값이 2일 때 y 값은 8이 됩니다. 각각 1의 3제곱과 2의 3제곱에 대응합니다. 또한, x 값이 정수가 아닌 경우라도 거듭제곱을 연속적으로 계산할 수 있다는 걸 알 수 있습니다.

3-3-3 제곱근

다음의 관계를 살펴봅시다.

$$y = x^a$$

이 때, $(x^a)^b = x^{ab}$에 의해, $a = \frac{1}{2}$이라면 양변을 2제곱하면 우변은 x가 됩니다.

$$\begin{aligned} y^2 &= (x^{\frac{1}{2}})^2 \\ &= x \end{aligned}$$

이처럼 2제곱해서 x가 되는 y를 x의 **제곱근**이라고 합니다.

제곱근에는 양수와 음수가 있습니다. 예를 들어, 9의 제곱근은 3과 −3입니다.

이 중 양의 제곱근은 $\sqrt{\ }$ 기호를 사용해 다음과 같이 기술할 수 있습니다.

$$y = \sqrt{x}$$

3-3-4 제곱근을 코드로 구현

수식 $y = \sqrt{x}$를 코드로 구현합니다. 양의 제곱근은 NumPy의 **sqrt()** 함수로 구할 수 있습니다(리스트3.8).

리스트3.8 제곱근의 그래프를 그린다

In

```
import numpy as np
import matplotlib.pyplot as plt

def my_func(x):
    return np.sqrt(x)  # x의 양의 제곱근. x**(1/2)로도 같음
```

```
x = np.linspace(0, 9)
y = my_func(x)  # y = f(x)

plt.plot(x, y)
plt.xlabel("x", size=14)
plt.ylabel("y", size=14)
plt.grid()
plt.show()
```

Out

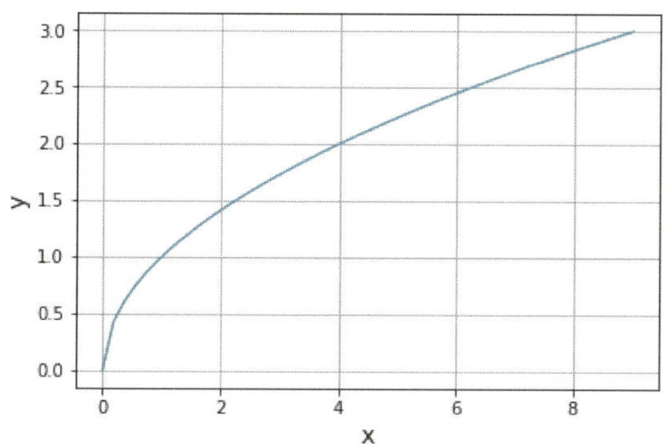

x 값이 4일 때 y 값은 2, x 값이 9일 때에 y 값은 3입니다. 각각, 4의 양 제곱근과 9의 양 제곱근에 대응합니다. 또한, x 값이 정수가 아닌 경우라도 제곱근을 연속적으로 계산할 수 있습니다.

3-3-5 연습

문제

리스트3.9의 코드를 보완해 다음의 수식을 그래프로 그려봅시다.

$$y = \sqrt{x} + 1$$

리스트3.9 문제

In

```
import numpy as np
import matplotlib.pyplot as plt

def my_func(x):
    return   # 이 행에서 코드를 보완한다

x = np.linspace(0, 4)
y = my_func(x)  # y = f(x)

plt.plot(x, y)
plt.xlabel("x", size=14)
plt.ylabel("y", size=14)
plt.grid()
plt.show()
```

정답 예

리스트3.10 정답 예

In

```
import numpy as np
import matplotlib.pyplot as plt

def my_func(x):
    return np.sqrt(x) + 1

x = np.linspace(0, 4)
y = my_func(x)  # y = f(x)

plt.plot(x, y)
plt.xlabel("x", size=14)
plt.ylabel("y", size=14)
plt.grid()
plt.show()
```

Out

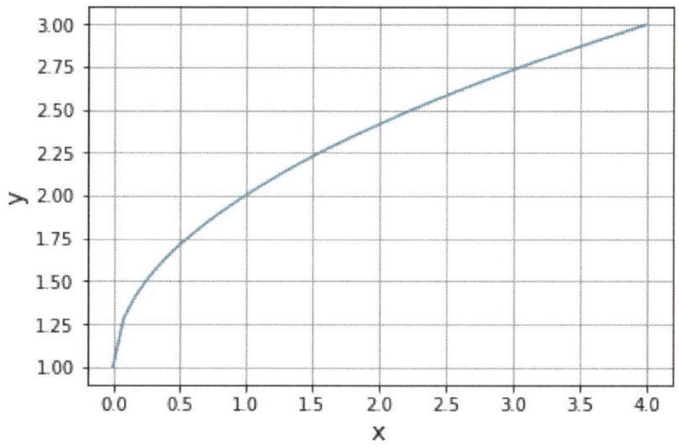

3.4 다항식 함수

다항식 함수는 가장 기본적인 함수입니다.

3-4-1 다항식

예를 들어 다음과 같이 여러 개의 항으로 이뤄진 식을 **다항식**이라고 합니다.

$$2x - 1$$
$$3x^2 + 2x + 1$$
$$4x^3 + 2x^2 + x + 3$$

이러한 식을 이용한 함수를 **다항식 함수**라고 합니다. 다음은 다항식 함수의 예입니다.

$$y = 2x - 1$$
$$y = 3x^2 + 2x + 1$$
$$y = 4x^3 + 2x^2 + x + 3$$

일반화하면 다항식은 다음과 같이 나타낼 수 있습니다.

$$y = a_n x^n + a_{n-1} x^{n-1} + \cdots + a_1 x + a_0$$

이 경우, x의 지수(차수) 중 가장 큰 것은 n인데, 이러한 다항식을 **n차 다항식**이라고 부릅니다.

3

수학의 기초

3-4-2 다항식을 구현

2차 다항식, $y = 3x^2 + 2x + 1$을 코드로 구현합니다(리스트3.11).

리스트3.11 2차 다항식을 그래프로 그린다

In

```
%matplotlib inline

import numpy as np
import matplotlib.pyplot as plt

def my_func(x):
    return 3*x**2 + 2*x + 1

x = np.linspace(-2, 2)
y = my_func(x)  # y = f(x)

plt.plot(x, y)
plt.xlabel("x", size=14)
plt.ylabel("y", size=14)
plt.grid()
plt.show()
```

Out

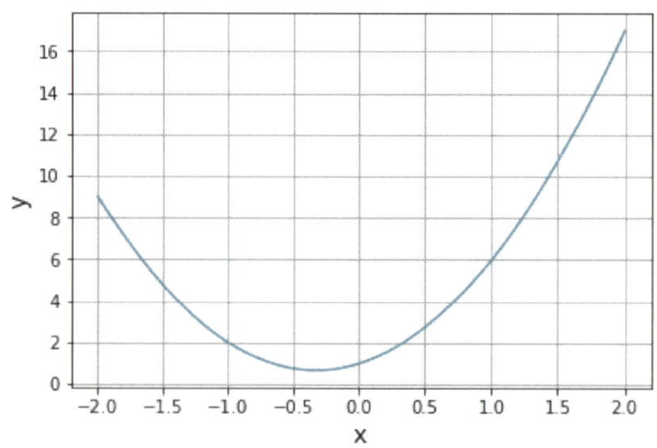

3차 다항식 $y = 4x^3 + 2x^2 + x + 3$을 코드로 구현합니다(리스트3.12).

리스트3.12 3차 다항식을 그래프로 그린다

In

```
import numpy as np
import matplotlib.pyplot as plt

def my_func(x):
    return 4*x**3 + 2*x**2 + x + 3

x = np.linspace(-2, 2)
y = my_func(x)  # y = f(x)

plt.plot(x, y)
plt.xlabel("x", size=14)
plt.ylabel("y", size=14)
plt.grid()
plt.show()
```

Out

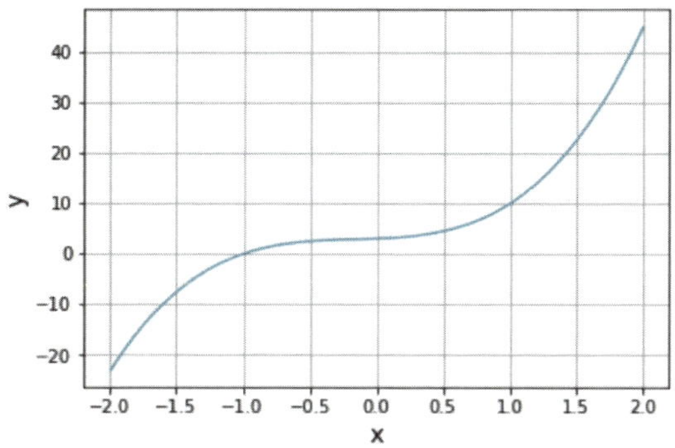

이상과 같이, Python과 NumPy를 이용해서 다항식을 표현할 수 있습니다.

3-4-3 연습

문제

리스트3.13의 코드를 보완하고 다음 수식의 그래프를 그려봅시다.

$$y = x^3 - 2x^2 - 3x + 4$$

리스트3.13 문제

In

```
import numpy as np
import matplotlib.pyplot as plt

def my_func(x):
    return   # 이 행에서 코드를 보완한다

x = np.linspace(-2, 2)
y = my_func(x)  # y = f(x)

plt.plot(x, y)
plt.xlabel("x", size=14)
plt.ylabel("y", size=14)
plt.grid()
plt.show()
```

정답 예

리스트3.14 정답 예

In

```
import numpy as np
import matplotlib.pyplot as plt

def my_func(x):
    return x**3 - 2*x**2 - 3*x + 4
```

```
x = np.linspace(-2, 2)
y = my_func(x)  # y = f(x)

plt.plot(x, y)
plt.xlabel("x", size=14)
plt.ylabel("y", size=14)
plt.grid()
plt.show()
```

Out

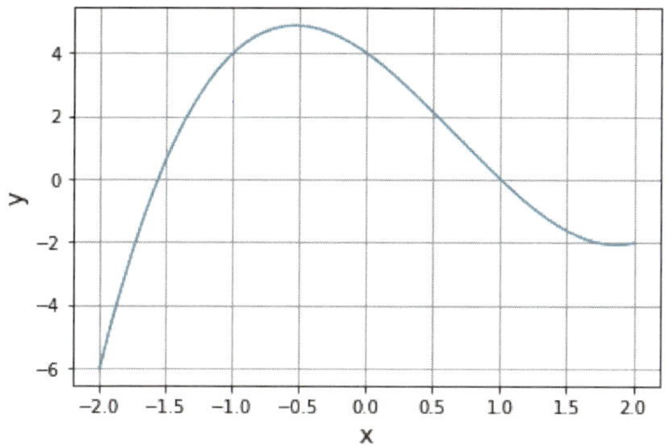

3.5 삼각함수

삼각함수를 이용함으로써 주기적이며 매끄럽게 변화하는 값을 다룰 수 있습니다.

3-5-1 삼각함수

그림3.1과 같은 직각삼각형을 살펴봅시다.

직각을 낀 변이 a, b이고 직각의 맞은편 변이 c입니다. 그리고 변 a, c의 사이각이 θ입니다.

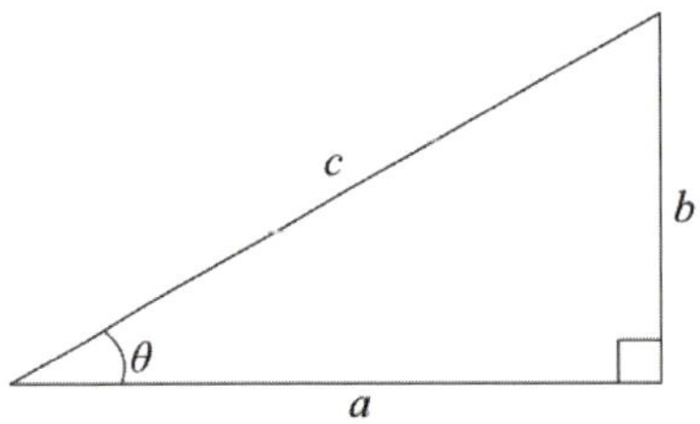

그림3.1 직각삼각형의 변과 각

이 삼각형으로 각도 θ와 각 변의 관계를 다음과 같이 정의합니다.

$$\sin\theta = \frac{b}{c}$$

$$\cos\theta = \frac{a}{c}$$

$$\tan\theta = \frac{b}{a}$$

$\sin\theta$, $\cos\theta$, $\tan\theta$를 **삼각함수**라고 합니다. sin은 사인, cos는 코사인, tan은 탄젠트라고 읽습니다. 삼각함수는 다음의 관계를 만족합니다.

$$(\sin\theta)^2 + (\cos\theta)^2 = 1$$

$$\tan\theta = \frac{\sin\theta}{\cos\theta}$$

또한, 각도 θ의 단위는 라디안을 자주 사용합니다. π(=3.14159) 라디안이 180°에 해당합니다. 예를 들어, 90°는 $\frac{\pi}{2}$라디안입니다.

3-5-2 삼각함수를 구현

수식 $y = \sin x$, $y = \cos x$를 코드(리스트3.15)로 구현합니다. 각도 x에 따라 삼각함수 y가 어떻게 변화하는지 확인합시다.

NumPy의 **sin()** 함수와 **cos()** 함수를 사용하는데 인수의 단위는 라디안입니다. 원주율은 **np.pi**로 얻을 수 있습니다.

리스트3.15 sin() 함수와 cos() 함수를 그래프로 그린다

In

```
%matplotlib inline

import numpy as np
import matplotlib.pyplot as plt

def my_sin(x):
    return np.sin(x)  # sin(x)

def my_cos(x):
    return np.cos(x)  # cos(x)

x = np.linspace(-np.pi, np.pi)  # -π부터 π(라디안)까지
y_sin = my_sin(x)
y_cos = my_cos(x)

plt.plot(x, y_sin, label="sin")
plt.plot(x, y_cos, label="cos")
plt.legend()

plt.xlabel("x", size=14)
plt.ylabel("y", size=14)
plt.grid()

plt.show()
```

Out

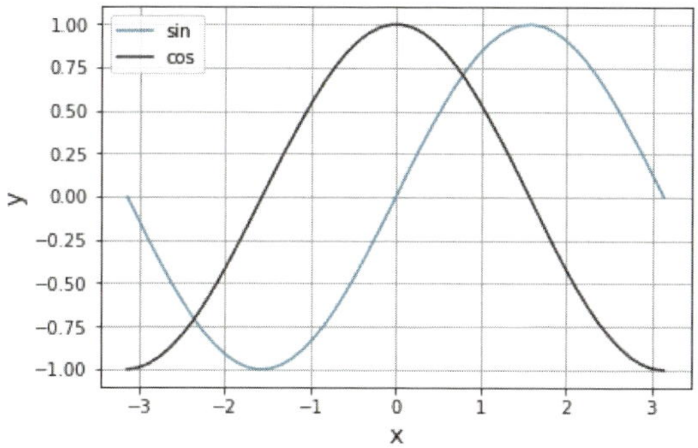

양쪽 모두 y 값이 -1부터 1의 범위에서 완만한 커브를 그립니다. **sin()** 함수는 **cos()** 함수를 x 방향으로 $\frac{\pi}{2}$만큼 시프트한 것이 됩니다.

이어서 수식 $y = \tan x$를 코드로 구현합니다. 각도 x에 따라 삼각함수 y가 어떻게 변화할지 확인합시다.

NumPy의 **tan()** 함수를 사용하는데, 인수의 단위는 똑같이 라디안입니다(리스트3.16).

리스트3.16 tan() 함수를 그래프로 그린다

In

```
import numpy as np
import matplotlib.pyplot as plt

def my_tan(x):
    return np.tan(x)  # tan(x)

x = np.linspace(-1.3, 1.3)  # -1.3부터 1.3(라디안)까지
y_tan = my_tan(x)

plt.plot(x, y_tan, label="tan")
plt.legend()

plt.xlabel("x", size=14)
plt.ylabel("y", size=14)
plt.grid()

plt.show()
```

Out

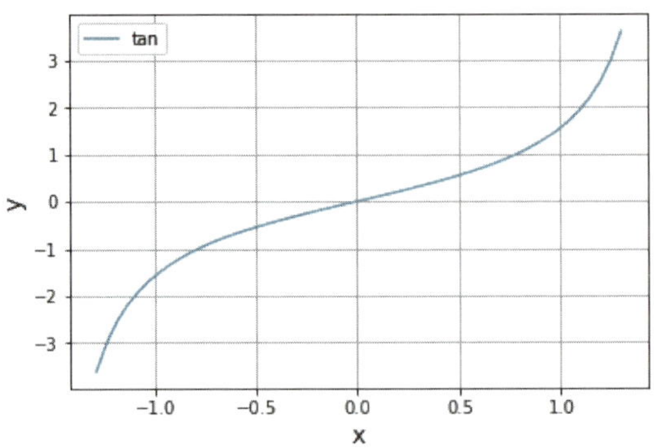

3

수학의 기초

tan() 함수는 $-\frac{\pi}{2}$보다 크고 $\frac{\pi}{2}$보다 작은 범위 안에서 완만하게 변화합니다. 이 범위에서 $-\frac{\pi}{2}$에 가까이 가면 무한으로 작아지고, $\frac{\pi}{2}$에 가까이 가면 무한으로 커집니다.

3.5.3 연습

문제

수식 $y = \sin x$, $y = \cos x$의 그래프를 여러 가지 x의 범위에 그려봅시다(리스트3.17).

리스트3.17 문제

In

```
import numpy as np
import matplotlib.pyplot as plt

def my_sin(x):
    return np.sin(x)  # sin(x)

def my_cos(x):
    return np.cos(x)  # cos(x)

x = np.linspace(, )  # x의 범위를 지정
y_sin = my_sin(x)
y_cos = my_cos(x)

plt.plot(x, y_sin, label="sin")
plt.plot(x, y_cos, label="cos")
plt.legend()

plt.xlabel("x", size=14)
plt.ylabel("y", size=14)
plt.grid()

plt.show()
```

정답 예

리스트3.18 정답 예

In

```
import numpy as np
import matplotlib.pyplot as plt

def my_sin(x):
    return np.sin(x)  # sin(x)

def my_cos(x):
    return np.cos(x)  # cos(x)

x = np.linspace(-2*np.pi, 2*np.pi)  # x의 범위를 지정
y_sin = my_sin(x)
y_cos = my_cos(x)

plt.plot(x, y_sin, label="sin")
plt.plot(x, y_cos, label="cos")
plt.legend()

plt.xlabel("x", size=14)
plt.ylabel("y", size=14)
plt.grid()

plt.show()
```

Out

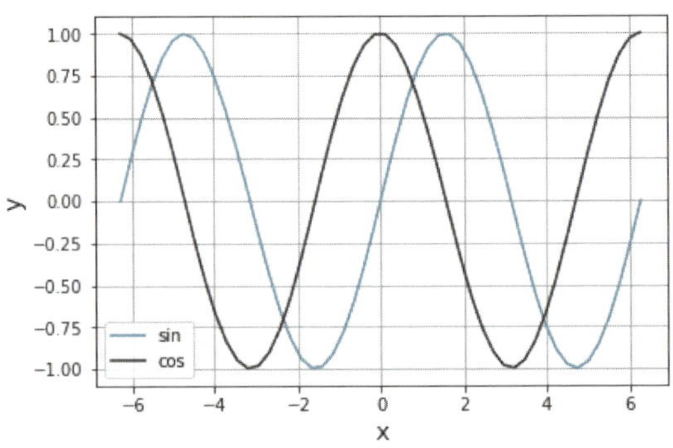

3.6 총합과 총곱

총합과 총곱을 간결한 기호로 기술하고, NumPy로 구현하는 방법을 배웁니다.

3-6-1 총합

총합은 다음과 같이 여러 개의 수치를 모두 더하는 걸 말합니다.

$$1+3+2+5+4$$

이 때, 수치의 총 수를 n 개로 일반화하면 다음과 같습니다.

$$a_1+a_2+\cdots+a_{n-1}+a_n$$

이것을 Σ(시그마)를 이용해서 다음과 같이 짧게 기술할 수 있습니다.

$$\sum_{k=1}^{n} a_k$$

앞에서 다룬 다항식의 일반형은 Σ를 이용해서 짧게 기술할 수 있습니다.

$$\begin{aligned} y &= a_nx^n+a_{n-1}x^{n-1}+\cdots+a_1x+a_0 \\ &= \sum_{k=0}^{n} a_kx^k \end{aligned}$$

3-6-2 총합을 구현

다음의 총합을 코드(리스트3.19)로 구현합니다. 총합은 NumPy의 **sum()** 함수를 사용해서 간단히 구할 수 있습니다.

$$a_1=1, a_2=3, a_3=2, a_4=5, a_5=4$$

$$y=\sum_{k=1}^{5} a_k$$

리스트3.19 NumPy의 **sum()** 함수로 총합을 구한다

In

```
import numpy as np

a = np.array([1, 3, 2, 5, 4])  # a1부터 a5까지
y = np.sum(a)  # 총합
print(y)
```

Out

```
15
```

sum() 함수로 배열의 요소가 모두 더해진 걸 확인할 수 있었습니다.

3-6-3 총곱

총곱은 다음과 같이 여러 개의 수치를 모두 곱한 걸 말합니다.

$$1 \times 3 \times 2 \times 5 \times 4$$

이것을 수치의 총 수가 n개로서 일반화하면 다음과 같습니다.

$$a_1 a_2 \cdots a_{n-1} a_n$$

이것은 Π(파이) 기호를 이용해서 다음과 같이 짧게 기술할 수 있습니다.

$$\prod_{k=1}^{n} a_k$$

3-6-4 총곱을 구현

다음의 총곱을 코드(리스트3.20)로 구현합니다. 총곱은 NumPy의 **prod()** 함수를 사용해서 간단히 구할 수 있습니다.

$$a_1 = 1, a_2 = 3, a_3 = 2, a_4 = 5, a_5 = 4$$

$$y = \prod_{k=1}^{5} a_k$$

리스트3.20 NumPy의 **prod()** 함수로 총곱을 구한다

In
```
import numpy as np

a = np.array([1, 3, 2, 5, 4])  # a1부터 a5까지
y = np.prod(a)  # 총곱
print(y)
```

Out
```
120
```

리스트3.20과 같이 **prod()** 함수로 배열의 요소가 전부 곱해집니다.

3.6.5 연습

문제

리스트3.21의 코드에서의 배열 **b**의 총합과 총곱을 계산해서 표시합시다.

리스트3.21 문제

In
```
import numpy as np

b = np.array([6, 1, 5, 4, 3, 2])

  # 총합
  # 총곱
```

정답 예

리스트3.22 정답 예

In

```
import numpy as np

b = np.array([6, 1, 5, 4, 3, 2])

print(np.sum(b))   # 총합
print(np.prod(b))  # 총곱
```

Out

```
21
720
```


3.7 난수

난수는 규칙성이 없는 예측할 수 없는 수치입니다. 인공지능에서는 파라미터의 초기화 등에 난수가 활용됩니다.

3-7-1 난수

예를 들어, 주사위를 던질 때에는 위의 면에 1부터 6의 어떤 수치가 나올지 알 수 없습니다. 난수란 이처럼 미확정인 수치를 말합니다.

리스트3.23은 주사위처럼 1부터 6의 값을 랜덤으로 반환하는 코드입니다. NumPy의 **random.randint()** 함수에 정수 **a**를 인수로서 건네면 0부터 $a-1$까지의 정수를 난수로 반환합니다.

리스트3.23 1부터 6까지의 정수의 난수를 생성한다

In

```
import numpy as np

r_int = np.random.randint(6) + 1  # 0부터 5까지의 난수에 1을 더한다
print(r_int)  # 1부터 6까지가 랜덤으로 표시된다
```

Out

```
4
```

리스트3.23의 코드는 실행할 때마다 1부터 6까지의 수가 랜덤으로 표시됩니다. 이처럼 난수는 실행하기 전에 값은 알 수 없습니다.

소수의 난수를 구할 수도 있습니다. 리스트3.24는 NumPy의 **random.rand()** 함수를 사용해 0부터 1까지 사이의 소수를 랜덤으로 표시하는 코드입니다.

리스트3.24 0부터 1까지의 소수의 난수를 생성한다

In

```
import numpy as np

r_dec = np.random.rand()   # 0부터 1 사이의 소수를 랜덤으로 반환한다
print(r_dec)
```

Out

```
0.34547205678595394
```

리스트3.24의 코드를 실행할 때마다 0부터 1 사이의 소수가 랜덤으로 표시됩니다.

3.7.2 균일한 난수

앞의 **random.rand()** 함수는 0에서 1 사이의 소수를 균등한 확률로 반환합니다. 이 함수에 정수 a를 인수로 건네면 **a**개의 난수가 균일한 확률로 반환됩니다.

리스트3.25의 코드는 다수의 그러한 난수를 x 좌표, y 좌표로 삼습니다. 이로써 난수가 균일하다는 걸 확인합니다.

리스트3.25 난수의 균일한 분포

In

```
%matplotlib inline

import numpy as np
import matplotlib.pyplot as plt

n = 1000  # 샘플 수
x = np.random.rand(n)  # 0-1의 균일한 난수
y = np.random.rand(n)  # 0-1의 균일한 난수

plt.scatter(x, y)      # 산포도를 플롯
plt.grid()
plt.show()
```

Out

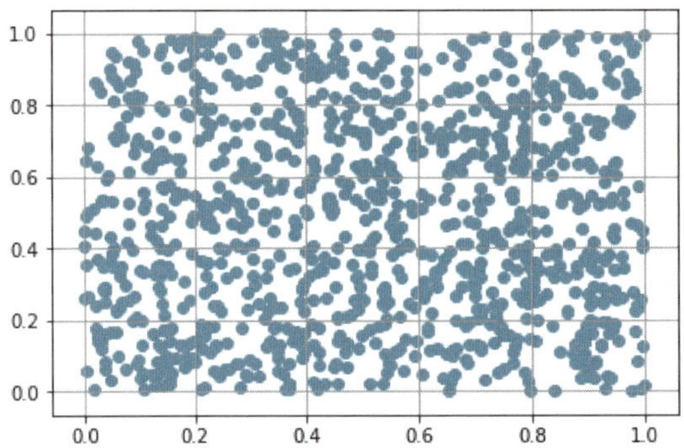

x 좌표, y 좌표 모두 난수가 균일하게 분포하고 있는 걸 확인할 수 있습니다.

3-7-3 편향된 난수

난수가 결정될 확률은 균일하다고는 할 수 없습니다. NumPy의 **random.randn()** 함수는 정규분포라는 분포를 따르는 확률로 난수를 반환합니다. 정규분포에서는 중앙에서 확률이 높고, 양끝에서 확률이 낮아집니다. 정규분포에 대해서 자세한 내용은 뒤의 장에서 설명합니다.

리스트3.26의 코드는 정규분포를 따라 여러 개의 난수를 x 좌표, y 좌표로 합니다.

이로써 난수의 편향을 확인합니다.

리스트3.26 정규분포를 따르는 난수의 분포

In

```
import numpy as np
import matplotlib.pyplot as plt

n = 1000  # 샘플 수
x = np.random.randn(n)  # 정규분포를 따른 난수의 분포
y = np.random.randn(n)  # 정규분포를 따른 난수의 분포

plt.scatter(x, y)       # 산포도의 플롯
plt.grid()
plt.show()
```

Out

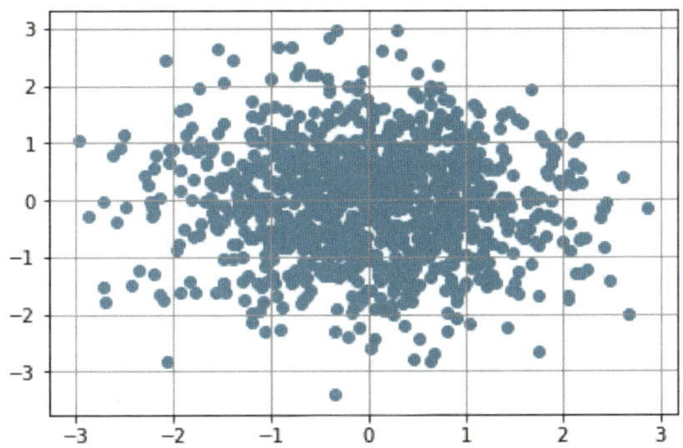

난수가 중앙에 편향해서 분포하고 있는 걸 확인할 수 있습니다. 인공지능에서는 파라미터의 초깃값을 정하기 위해서 자주 난수를 사용합니다. 난수가 어떠한 분포가 되는지 어느 정도 감을 잡아 둡시다.

3.7.4 연습

문제

리스트3.27의 코드를 보완해서 실행할 때마다 1부터 10까지의 정수가 랜덤으로 표시되게 합시다.

리스트3.27 문제

In
```
import numpy as np

r_int =    # 이 행에서 코드를 보완한다
print(r_int)  # 1부터 10까지가 랜덤으로 표시된다
```

정답 예

리스트3.28 정답 예

In
```
import numpy as np

r_int =  np.random.randint(10) + 1  # 이 행에서 코드를 보완한다
print(r_int)  # 1부터 10까지가 랜덤으로 표시된다
```

Out
```
3
```

3.8 LaTeX의 기초

LaTeX(레이텍, 라텍)이라는 문서 처리 시스템을 사용해 수식을 깨끗하게 입력하는 방법을 배웁니다. LaTeX을 익히면 보기가 좋고 재이용할 수 있는 수식을 손쉽게 입력할 수 있습니다.

3.8.1 LaTeX

Jupyter Notebook은 LaTeX이라는 문서 처리 시스템을 사용해서 수식을 표현할 수 있습니다.

다음 수식을 LaTeX을 사용해서 나타내봅시다.

$$y = 2x + 1$$

Jupyter Notebook의 셀 타입을「마크다운」으로 하고 리스트3.29처럼 입력해 실행합니다(그림3.2).

리스트3.29 기술 예

In

```
$$y=2x+1$$
```

그림3.2 셀에 수식을 입력한다(실행 전)

입력한 코드에 문제가 없으면 그림3.3처럼 수식이 표시될 것입니다.

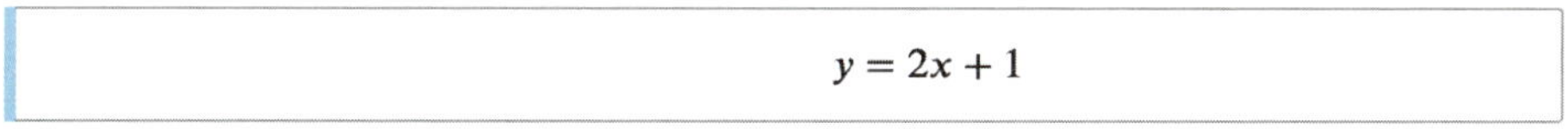

그림3.3 셀에 수식을 입력한다(실행 후)

이상과 같이「마크다운」의 셀에는 두 겹의 **$** 안에 수식을 나타내는 LaTeX 코드를 기술합니다. 또한, 문장 중에 수식을 삽입할 때는 **$y=2x+1$**처럼 한 겹의 **$** 안에 코드를 기술합니다.

3-8-2 여러 가지 수식의 기술

LaTeX으로 여러 가지 수식을 기술해 봅시다.

첨자와 거듭제곱

^와 **_**의 기호를 사용해서 오른쪽 아래의 첨자와 오른쪽 위의 거듭제곱을 표현할 수 있습니다. 첨자가 여러 개 있는 경우는 **{ }**로 감쌉니다(표3.1).

표3.1 첨자와 거듭제곱(수식예로 LaTeX의 기술)

수식의 예	LaTeX의 기술
a_1	`a_1`
a_{ij}	`a_{ij}`
b^2	`b^2`
b^{ij}	`b^{ij}`
c_1^2	`c_1^2`

다항식

첨자나 거듭제곱을 이용해서 다항식을 만들 수 있습니다.

- 수식의 예 : $y = x^3 + 2x^2 + x + 3$
- LaTeX의 기술 : **y=x^3+2x^2+x+3**

제곱근

\sqrt를 이용해 $\sqrt{\ }$ 기호를 기술할 수 있습니다.

- 수식의 예 : $y = \sqrt{x}$
- LaTeX의 기술 : `y=\sqrt x`

삼각함수

\sin이나 \cos을 이용해 삼각함수를 입력할 수 있습니다.

- 수식의 예 : $y = \sin x$
- LaTeX의 기술 : `y=\sin x`

분수

\frac{ }{ }을 이용해 분수를 기술할 수 있습니다.

- 수식의 예 : $y = \frac{17}{24}$
- LaTeX의 기술 : `y=\frac{17}{24}`

총합

\sum을 이용해 Σ 기호를 기술할 수 있습니다.

- 수식의 예 : $y = \sum_{k=1}^{n} a_k$
- LaTeX의 기술 : `y=\sum_{k=1}^n a_k`

총곱

\prod을 이용해 Π 기호를 기술할 수 있습니다.

- 수식의 예 : $y = \prod_{k=1}^{n} a_k$
- LaTeX의 예 : `y=\prod_{k=1}^n a_k`

LaTeX에는 이외에도 여러 가지 기술이 있습니다. 흥미가 있는 분은 자세히 살펴보세요.

3-8-3 연습

문제

다음의 수식을 Jupyter Notebook의 셀에 LaTeX 형식으로 기술해 봅시다.

$$y = x^3 + \sqrt{x} + \frac{a_{ij}}{b_{ij}^4} - \sum_{k=1}^{n} a_k$$

정답 예

리스트3.30 정답 예

In

```
$$y=x^3 + \sqrt x + \frac{a_{ij}}{b_{ij}^4} - \sum_{k=1}^n a_k$$
```

3

3.9 절댓값

절댓값은 값과 0사이의 거리를 나타냅니다. 인공지능에서 0(제로)을 중심으로 한 값의 퍼짐 상태를 파악하기 위해서 사용되는 경우가 있습니다.

3-9-1 절댓값

절댓값은 값의 양, 음을 무시하고 얻을 수 있는 음이 아닌 값을 말합니다. 음수의 절댓값은 그 값에서 음의 부호를 뺀 것입니다. 양수의 절댓값은 그 값 그대로입니다. 값 x의 절댓값은 $|x|$로 표기되는데 다음과 같이 구할 수 있습니다.

$$|x| = \begin{cases} -x & (x < 0) \\ x & (x \geqq 0) \end{cases}$$

다음은 절댓값의 예입니다.

$$\begin{aligned} |-5| &= 5 \\ |5| &= 5 \\ |-1.28| &= 1.28 \\ |\sqrt{5}| &= \sqrt{5} \\ \left|-\frac{\pi}{2}\right| &= \frac{\pi}{2} \end{aligned}$$

절댓값은 NumPy의 **abs()** 함수를 사용해 구할 수 있습니다. 리스트3.31에서는 리스트에 저장한 여러 가지 값의 절댓값을 **abs()** 함수를 사용해 한 번에 구하고 있습니다.

리스트3.31 abs() 함수를 사용해 절댓값을 구한다

In

```
import numpy as np

x = [-5, 5, -1.28, np.sqrt(5), -np.pi/2]
# 여러 값을 리스트에 저장한다
print(np.abs(x))  # 절댓값을 구한다
```

Out
```
[5.         5.         1.28       2.23606798 1.57079633]
```

양수는 그대로 양수이지만 음수는 양수로 변환되어 있는 것을 확인할 수 있습니다.

3.9.2 함수의 절댓값

절댓값의 이미지를 파악하기 위해서 함수의 절댓값을 구해서 그래프로 표시해 봅시다. 리스트3.32의 코드는 **sin()** 함수와 **cos()** 함수의 절댓값을 구해서 그래프로 표시합니다.

리스트3.32 삼각함수의 절댓값

In
```
%matplotlib inline

import numpy as np
import matplotlib.pyplot as plt

x = np.linspace(-np.pi, np.pi)  # -π부터 π(라디안)까지
y_sin = np.abs(np.sin(x))  # sin() 함수의 절댓값을 취한다
y_cos = np.abs(np.cos(x))  # cos() 함수의 절댓값을 취한다

plt.scatter(x, y_sin, label="sin")
plt.scatter(x, y_cos, label="cos")
plt.legend()

plt.xlabel("x", size=14)
plt.ylabel("y", size=14)
plt.grid()

plt.show()
```

Out

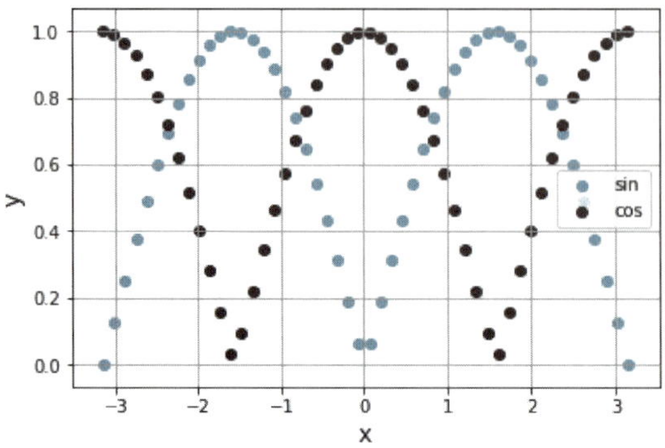

삼각함수에서 음의 영역이 반전하고 있습니다. 이것은 삼각함수의 「0으로부터의 거리」라고 파악할 수 있습니다. 리스트3.32의 그래프로도 알 수 있듯이 절댓값을 사용함으로써 값의 양, 음 여부에 관계없이 0으로부터의 떨어진 정도를 파악할 수 있습니다.

3.9.3 연습

문제

리스트3.33의 코드에서 2차 함수의 절댓값을 취하고, 그래프가 어떻게 변화하는지 확인해 봅시다.

리스트3.33 문제

In

```
import numpy as np
import matplotlib.pyplot as plt

x = np.linspace(-4, 4)
y = x**2 - 4  # 이 2차 함수의 절댓값을 취한다

plt.scatter(x, y)

plt.xlabel("x", size=14)
plt.ylabel("y", size=14)
plt.grid()

plt.show()
```

정답 예

리스트3.34 정답 예

In

```
import numpy as np
import matplotlib.pyplot as plt

x = np.linspace(-4, 4)
y = np.abs(x**2 - 4)  # 이 2차 함수의 절댓값을 취한다

plt.scatter(x, y)

plt.xlabel("x", size=14)
plt.ylabel("y", size=14)
plt.grid()

plt.show()
```

Out

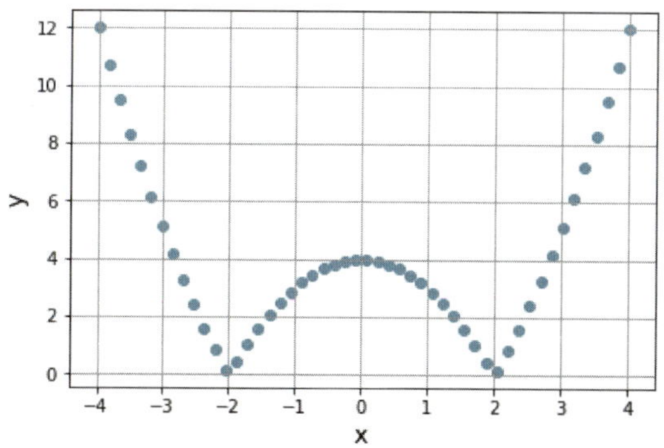

COLUMN

딥러닝이 약진하는 이유

컴퓨터 프로그램으로 만든 인공적인 신경세포는 계층으로 여러 개 모임으로써 높은 표현력을 발휘합니다. 이러한 층을 쌓은 네트워크를 뉴럴 네트워크라고 하는데, 여러 층으로 이뤄진 뉴럴 네트워크(딥뉴럴 네트워크)를 사용한 기계학습을 딥러닝(심층학습)이라고 합니다.

인공지능, 기계학습 알고리즘에는 유전적 알고리즘과 서포트 벡터 머신 등 여러 가지가 있는데, 제3차 AI 붐의 주역은 딥러닝입니다. 딥러닝은 현재 전 세계의 사람들의 관심을 끌고 있으며 자율주행, 파이낸스, 유통, 예술, 연구, 나아가 우주 탐색에 이르기까지 여러 분야에서 활용되기 시작하고 있습니다.

왜, 딥러닝은 이 정도로 주목을 끌고 있는 것일까요? 다음에 생각할 수 있는 이유를 세 가지 정도 꼽겠습니다.

첫 번째는 높은 성능입니다. 딥러닝은 다른 기법에 비해서 압도적으로 높은 정밀도를 자주 발휘합니다.

그 예의 하나는 2012년에 화상 인식 콘테스트 ILSVRC에서 제프리 힌튼이 이끄는 토론토 대학 팀이 딥러닝으로 기계학습의 연구자들에게 충격을 준 것입니다. 기존의 수법은 오류율이 26% 정도였는데 딥러닝에 의해 오류율은 17% 정도까지 극적으로 개선됐습니다. 그 이후, ILSVRC에서는 매년 딥러닝을 채용한 팀이 상위를 차지하게 되었습니다.

때로 딥러닝은 부분적이나마 인간을 능가하는 인식, 판단 능력을 발휘할 때도 있습니다. 2015년에 DeepMind사의 「AlphaGo」가 프로 바둑 기사 이세돌에게 승리한 것은 그 예라고 할 수 있겠습니다.

두 번째는 범용성입니다. 딥러닝은 매우 광범위한 범위에서 응용할 수 있습니다.

딥러닝이 응용 가능한 분야인데 물체 인식, 번역 엔진, 회화 엔진, 게임용 AI, 제조업에서 이상 감지, 병소의 발견, 자산 운용, 보안, 유통 등 일일이 셀 수가 없습니다.

이제까지 사람만이 활약할 수 있던 여러 가지 분야에서 부분적이나마 딥러닝은 사람을 대체하고 있습니다.

세 번째는 뉴럴 네트워크가 뇌의 신경 세포 네트워크를 추상화하는 것입니다. 이로써 뇌와 같은 지능을 가진 인공지능을 실현할 수 있지 않을까라는 기대감으로 세간의 이목을 집중시키고 있습니다. 딥러닝의 구조와 뇌의 구조는 차이점도 많으나, 인공 뉴럴 네트워크가 높은 성능을 발휘하는 것은 생명이 가진 지능은 사실은 인공적으로 재현할 수 있는 것이라는 희망을 우리에게 안겨주고 있는 것처럼 보이기도 합니다.

2025년 현재는 제4차 AI 붐이 한창인 가운데, 딥러닝을 활용한 생성형 AI가 중심적인 역할을 하고 있습니다. 딥러닝 기술은 계속해서 활약할 것으로 예상되지만, 딥러닝 이외의 새로운 알고리즘이 부상할 수도 있습니다.

딥러닝은 정답이 필요한 「지도학습」이지만 실제 대뇌에서는 정답이 없는 「비지도학습」이 이뤄지고 있는 것 같습니다. 약진하는 생성형 AI는 이대로 범용 인공지능(AGI)의 실현으로 이어질지도 모르지만, 딥러닝이 그 핵심으로 계속 남을 수 있을지는 알 수 없습니다.

4장 선형대수

선형대수는 다차원 구조를 가진 수치의 나열을 다루는 수학의 분야 중 한 가지입니다. 그러한 다차원 구조에는 스칼라, 벡터, 행렬, 텐서라 부르는 것이 있습니다. 인공지능에서는 매우 많은 수치를 다뤄야 하는데 선형대수를 이용하면 많은 수치에 대한 처리를 간결한 수식으로 기술할 수 있습니다. 그리고 그 수식은 NumPy로 간단하게 코드로 나타낼 수 있습니다.

선형대수를 본격적으로 배우려면 많은 노력과 시간이 필요하지만 이 장에서 다루는 것은 인공지능의 학습을 시작하는 데 필요한 범위로만 한정합니다.

선형대수를 활용하고, 여러 개의 수치 데이터를 효율적으로 다뤄 봅시다.

4.1 스칼라, 벡터, 행렬, 텐서

여러 개의 데이터를 하나로 묶어 다루는 방법을 배웁니다. 인공지능에서는 많은 양의 데이터를 다루기 때문에 스칼라, 벡터, 행렬, 텐서는 중요한 개념입니다.

4-1-1 스칼라

스칼라(scalar)는 1, 5, 1.2, −7 등의 보통의 수치를 말합니다. 이 책에서는 수식에서의 알파벳, 또는 그리스 문자의 소문자는 스칼라를 나타내는 것으로 합니다.

- 스칼라의 표시 예 : a, p, α, γ

4-1-2 스칼라의 구현

Python에서 다루는 보통의 수치는 이 스칼라에 대응합니다. 리스트4.1은 코드상에서 스칼라의 예입니다.

리스트4.1 스칼라의 예

In

```
a = 1
b = 1.2
c = -0.25
d = 1.2e5  # 1.2x(10의 5제곱) 120000
```

4-1-3 벡터

벡터는 스칼라를 직선 상에 나열한 것입니다. 이 책의 수식에서는 알파벳의 소문자에 화살표를 올린 것으로 벡터를 나타냅니다. 다음은 벡터의 표기 예입니다.

$$\vec{a} = \begin{pmatrix} 1 \\ 2 \\ 3 \end{pmatrix}$$
$$\vec{b} = (-2.4, 0.25, -1.3, 1.8, 0.61)$$
$$\vec{p} = \begin{pmatrix} p_1 \\ p_2 \\ \vdots \\ p_m \end{pmatrix}$$
$$\vec{q} = (q_1, q_2, \cdots, q_n)$$

벡터에는 위의 $\vec{a}$, $\vec{p}$와 같이 세로로 수치를 나열하는 세로 벡터와 $\vec{b}$, $\vec{q}$처럼 가로로 수치를 나열하는 가로 벡터가 있습니다. 이 책에서는 앞으로 가로 벡터를 주로 사용하므로 단지 벡터라고 기술할 때는 가로 벡터를 나타내는 것으로 합니다. 또한, $\vec{p}$, $\vec{q}$로 볼 수 있듯 벡터의 요소를 변수로 나타낼 때의 첨자 수는 1개입니다.

4-1-4 벡터의 구현

벡터는 NumPy의 1차원 배열을 이용해서 **리스트4.2**와 같이 나타낼 수 있습니다.

리스트4.2 벡터를 NumPy의 1차원 배열로 나타낸다

In

```
import numpy as np

a = np.array([1, 2, 3])  # 1차원 배열로 벡터를 나타낸다
print(a)

b = np.array([-2.4, 0.25, -1.3, 1.8, 0.61])
print(b)
```

Out

```
[1 2 3]
[-2.4   0.25 -1.3   1.8   0.61]
```

수치가 직선 상에 나열되어 있는 걸 확인할 수 있습니다.

4-1-5 행렬

행렬은 스칼라를 격자 형태로 나열한 것으로 예를 들어 다음과 같이 표기합니다.

$$\begin{pmatrix} 0.12 & -0.34 & 1.3 & 0.81 \\ -1.4 & 0.25 & 0.69 & -0.41 \\ 0.25 & -1.5 & -0.15 & 1.1 \end{pmatrix}$$

행렬에서 수평 방향의 스칼라의 나열을 **행**, 수직 방향의 스칼라의 나열을 **열**이라고 합니다. 행렬에서 행과 열을 그림4.1에 나타냅니다.

	첫 번째 열	두 번째 열	세 번째 열	네 번째 열
첫 번째 행	0.12	−0.34	1.3	0.81
두 번째 행	−1.4	0.25	0.69	−0.41
세 번째 행	0.25	−1.5	−0.15	1.1

그림4.1 행렬에서의 행과 열

행은 위에서부터 첫 번째, 두 번째, 세 번째, ...로 셉니다. 열은 왼쪽부터 첫 번째 열, 두 번째 열, 세 번째 열, ...로 셉니다. 또한, 행이 m개, 열이 n개 나열하는 행렬을 $m \times n$ 행렬로 표현합니다. 따라서 그림4.1의 행렬은 3×4 행렬입니다.

$$\begin{pmatrix} 0.12 \\ -1.4 \\ 0.25 \end{pmatrix}$$

$$\begin{pmatrix} -0.12 & -0.34 & 1.3 & 0.81 \end{pmatrix}$$

또한, 위와 같이 세로 벡터는 열의 수가 1인 행렬로, 가로 벡터는 행의 수가 1인 행렬로 생각할 수도 있습니다.

$$A = \begin{pmatrix} 0 & 1 & 2 \\ 3 & 4 & 5 \end{pmatrix}$$

$$P = \begin{pmatrix} p_{11} & p_{12} & \cdots & p_{1n} \\ p_{21} & p_{22} & \cdots & p_{2n} \\ \vdots & \vdots & \ddots & \vdots \\ p_{m1} & p_{m2} & \cdots & p_{mn} \end{pmatrix}$$

이 책은 수식에 행렬을 표현할 때 알파벳 대문자 이탤릭체로 나타냅니다. 행렬 A는 2×3인 행렬, 행렬 P는 $m\times n$인 행렬입니다.

또한, P를 보면 알 수 있듯이 행렬의 요소를 변수로 나타낼 때의 첨자 수는 2개입니다.

4-1-6 행렬의 구현

NumPy의 2차원 배열을 이용하면 예를 들어 리스트4.3과 같이 행렬을 표현할 수 있습니다.

리스트4.3 행렬을 NumPy의 2차원 배열로 나타낸다

In

```
import numpy as np

a = np.array([[1, 2, 3],
              [4, 5, 6]])  # 2×3의 행렬
print(a)

b = np.array([[0.21, 0.14],
              [-1.3, 0.81],
              [0.12, -2.1]])  # 3×2의 행렬
print(b)
```

Out

```
[[1 2 3]
 [4 5 6]]
[[ 0.21  0.14]
 [-1.3   0.81]
 [ 0.12 -2.1 ]]
```

수치가 격자 형태로 나열된 걸 확인할 수 있습니다.

4-1-7 텐서

텐서는 스칼라를 여러 개의 차원으로 나열한 것으로 스칼라, 벡터, 행렬을 포함합니다. 텐서의 개념을 그림4.2에 나타냅니다.

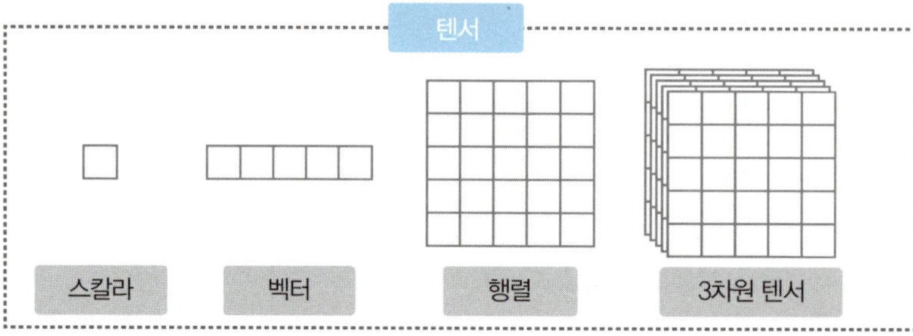

그림4.2 스칼라, 벡터, 행렬와 텐서의 관계

각 요소에 붙은 첨자의 수를 그 텐서의 차원수라고 말합니다 스칼라에는 첨자가 없으므로 0차원 텐서, 벡터는 첨자가 1개이므로 1차원 텐서, 행렬은 첨자가 2개이므로 2차원 텐서입니다. 더욱 고차원인 것은 3차원 텐서, 4차원 텐서...가 됩니다.

ATTENTION

텐서

수학이나 물리학에서는 텐서는 더욱 복잡한 방법으로 정의됩니다. 그렇지만 이 책에서는 기계학습에서의 편리성을 중시한 간단한 방법으로 텐서를 설명합니다. 이 책에서의 텐서의 정의는 대략적인 것이라는 것에 유의하세요.

4-1-8 텐서의 구현

NumPy의 다차원 배열을 이용하면 리스트4.4와 같이 3차원 텐서를 구현할 수 있습니다.

리스트4.4 3층의 텐서를 NumPy의 배열로 나타낸다

In

```
import numpy as np

a = np.array([[[0, 1, 2, 3],
               [2, 3, 4, 5],
               [4, 5, 6, 7]],
```

```
                  [[1, 2, 3, 4],
                   [3, 4, 5, 6],
                   [5, 6, 7, 8]]])  # (2, 3, 4)의 3차원 텐서
print(a)
```

Out

```
[[[0 1 2 3]
  [2 3 4 5]
  [4 5 6 7]]

 [[1 2 3 4]
  [3 4 5 6]
  [5 6 7 8]]]
```

행렬이 2개 나열되어 있는 것을 확인할 수 있습니다. 리스트4.4의 코드에서 a는 3차원 텐서입니다. NumPy의 다차원 배열에 의해 더욱 층수가 많은 텐서를 표현할 수도 있습니다.

4-1-9 연습

문제

Jupyter Notebook의 셀에 NumPy로 스칼라, 벡터, 행렬, 3차원 텐서를 나타내는 배열을 하나씩 기술해 표시해 봅시다.

정답 예

리스트4.5 정답 예

In

```
import numpy as np

# 스칼라
a = 1.5
print(a)

print()
```

```
# 벡터
b = np.array([1, 2, 3, 4, 5])
print(b)

print()

# 행렬
c = np.array([[1, 2, 3],
              [4, 5, 6]])
print(c)

print()

# 3차원 텐서
d = np.array([[[0, 1, 2],
               [3, 4, 5],
               [6, 7, 8]],

              [[8, 7, 6],
               [5, 4, 3],
               [2, 1, 0]]])
print(d)
```

Out

```
1.5

[1 2 3 4 5]

[[1 2 3]
 [4 5 6]]

[[[0 1 2]
  [3 4 5]
  [6 7 8]]

 [[8 7 6]
  [5 4 3]
  [2 1 0]]]
```

4.2 벡터의 내적과 놈

벡터의 내적과 놈의 의의와 계산 방법을 배웁니다. 벡터의 조작에 익숙해집시다.

4-2-1 내적

내적은 벡터끼리의 곱의 한 종류인데 다음과 같이 각 요소끼리 곱한 값을 총합해서 정의합니다.

$$\vec{a} = (a_1, a_2, \cdots, a_n)$$
$$\vec{b} = (b_1, b_2, \cdots, b_n)$$

위와 같을 때, $\vec{a}$와 $\vec{b}$의 내적이 $\vec{a} \cdot \vec{b}$로 표시되게 하면 다음과 같습니다.

$$\begin{aligned}\vec{a} \cdot \vec{b} &= (a_1, a_2, \cdots, a_n) \cdot (b_1, b_2, \cdots, b_n) \\ &= (a_1 b_1 + a_2 b_2 + \cdots + a_n b_n) \\ &= \sum_{k=1}^{n} a_k b_k\end{aligned}$$

내적을 구할 때는 두 개의 벡터의 요소 수가 같아야 합니다. 내적은 삼각함수를 사용해 구하는 방법이 있는데 이것에 대해서는 4.8절에서 설명합니다.

4-2-2 내적의 구현

내적은 NumPy의 **dot()** 함수로 간단하게 구할 수 있습니다. 또한, **sum()** 함수를 사용해서 각 요소의 곱의 총합으로도 구할 수도 있습니다. 양쪽을 비교해 봅시다(리스트4.6).

리스트4.6 벡터의 내적을 계산한다

In

```
import numpy as np

a = np.array([1, 2, 3])
```

```
b = np.array([3, 2, 1])

print("--- dot() 함수 ---")
print(np.dot(a, b))  # dot() 함수에 의한 내적
print("--- 곱의 총합 ---")
print(np.sum(a * b))  # 곱의 총합에 의한 내적
```

Out

```
--- dot() 함수 ---
10
--- 곱의 총합 ---
10
```

dot() 함수, 곱의 총합 모두 같은 결과가 나왔습니다. 내적은 예를 들어 두 개 벡터의 상관관계를 구할 때 등에 사용합니다. 상관관계에 대해서는 제6장에서 설명합니다.

4-2-3 놈

놈은 벡터의 「크기」를 나타내는 양입니다 인공지능에서 자주 쓰이는 놈으로는 「L^2 놈」과 「L^1 놈」이 있습니다.

L^2 놈

L^2 놈은 다음과 같이 $||\vec{x}||_2$로 나타냅니다. 벡터의 각 요소를 제곱합하여 제곱근을 구해 계산합니다.

$$\begin{aligned} ||\vec{x}||_2 &= \sqrt{x_1^2 + x_2^2 + \cdots + x_n^2} \\ &= \sqrt{\sum_{k=1}^{n} x_k^2} \end{aligned}$$

L^1 놈

L^1 놈은 다음과 같이 $||\vec{x}||_1$로 나타냅니다. 벡터의 각 요소의 절댓값을 더해서 계산합니다.

$$
\begin{aligned}
||\vec{x}||_1 &= |x_1| + |x_2| + \cdots + |x_n| \\
&= \sum_{k=1}^{n} |x_k|
\end{aligned}
$$

일반화된 놈

놈을 더욱 일반화한 L^p 놈은 다음과 같이 나타냅니다.

$$
\begin{aligned}
||\vec{x}||_p &= (x_1^p + x_2^p + \cdots + x_n^p)^{\frac{1}{p}} \\
&= (\sum_{k=1}^{n} x_k^p)^{\frac{1}{p}}
\end{aligned}
$$

놈에는 몇 가지 표시법이 있는데 인공지능에서는 이것들을 필요에 따라 구분해서 사용합니다.

4.2.4 놈의 구현

놈은 NumPy()의 **linalg.norm()** 함수를 이용해서 구할 수 있습니다(리스트4.7).

리스트4.7 linalg.norm() 함수를 사용해 놈을 계산한다

In

```
import numpy as np

a = np.array([1, 1, -1, -1])

print("--- L2놈 ---")
print(np.linalg.norm(a))  # L2놈(디폴트)
print("--- L1놈 ---")
print(np.linalg.norm(a, 1))  # L1놈
```

Out

```
--- L2놈 ---
2.0
--- L1놈 ---
4.0
```

이상과 같이, 놈의 종류에 따라 벡터의 「크기」는 다른 값이 됩니다.

놈은 인공지능에서 **정규화**에 쓰입니다. 정규화란 필요 이상으로 네트워크 학습이 진행되는 것을 파라미터를 조절해서 예방하는 것입니다.

4-2-5 연습

4

선형대수

문제

리스트4.8에서 벡터 $\vec{a}$와 벡터 $\vec{b}$의 내적, 벡터 $\vec{a}$의 L^2놈과 L^1놈을 구해서 표시합시다.

리스트4.8 문제

In

```
import numpy as np

a = np.array([1, -2, 2])
b = np.array([2, -2, 1])

print("--- 내적 ---")

print("--- L2놈 ---")

print("--- L1놈 ---")
```

정답 예

리스트4.9 정답 예

In

```
import numpy as np

a = np.array([1, -2, 2])
b = np.array([2, -2, 1])

print("--- 내적 ---")
print(np.dot(a, b))

print("--- L2놈 ---")
```

```
print(np.linalg.norm(a))

print("--- L1놈 ---")
print(np.linalg.norm(a, 1))
```

Out

```
--- 내적 ---
8
--- L2놈 ---
3.0
--- L1놈 ---
5.0
```

4.3 행렬의 곱

행렬끼리를 곱하는 방법을 배웁니다. 벡터끼리의 내적을 행렬로 확장하면 행렬의 곱이 됩니다. 행렬의 곱은 인공지능에서 효율적인 계산을 시행하기 위해서 중요한 조작입니다.

4-3-1 행렬의 곱

일반적으로 「행렬의 곱」인 경우, **그림4.3**에 나타내듯 조금 복잡한 연산을 가리킵니다.

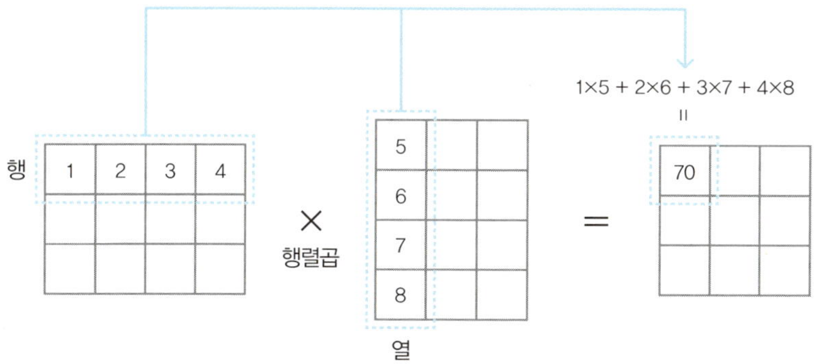

그림4.3 행렬곱에서의 첫 번째 행과 첫 번째 열의 연산

행렬곱에서는 앞 행렬에서의 행의 각 요소와 뒤 행렬에서의 열의 각 요소를 곱해서 총합을 구하고, 새로운 행렬의 요소로 합니다. 그림4.3에서는 왼쪽 행렬의 첫 번째 행과 오른쪽 행렬의 첫 번째 열을 연산하고 있는데 그림4.4에서는 왼쪽 행렬의 첫 번째 행과 오른쪽 행렬의 두 번째 열을 연산하고 있습니다.

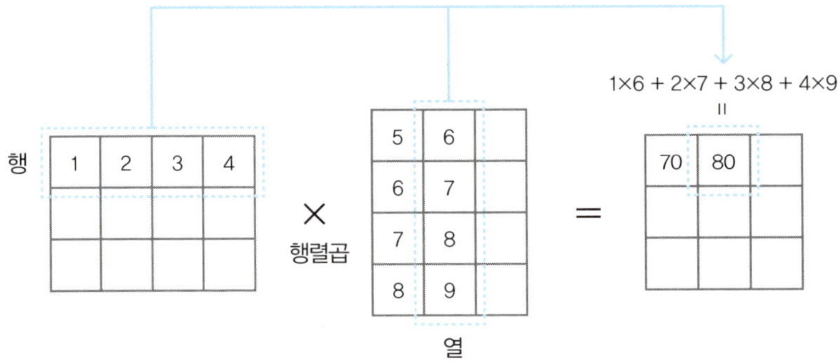

그림4.4 행렬곱에서의 첫 번째 행과 두 번째 열의 연산

이와 같이 해서 왼쪽 행렬의 전체 행과 오른쪽 행렬의 전체 열을 합쳐서 연산을 실시, 새로운 행렬을 만듭니다.

그럼 행렬곱의 예를 살펴봅시다. 먼저 행렬 A와 B를 다음과 같이 설정합니다.

$$A = \begin{pmatrix} a_{11} & a_{12} & a_{13} \\ a_{21} & a_{22} & a_{23} \end{pmatrix}$$

$$B = \begin{pmatrix} b_{11} & b_{12} \\ b_{21} & b_{22} \\ b_{31} & b_{32} \end{pmatrix}$$

A는 2×3의 행렬, B는 3×2의 행렬입니다. 그리고 A와 B의 곱을 다음과 같이 나타냅니다.

$$\begin{aligned} AB &= \begin{pmatrix} a_{11} & a_{12} & a_{13} \\ a_{21} & a_{22} & a_{23} \end{pmatrix} \begin{pmatrix} b_{11} & b_{12} \\ b_{21} & b_{22} \\ b_{31} & b_{32} \end{pmatrix} \\ &= \begin{pmatrix} a_{11}b_{11} + a_{12}b_{21} + a_{13}b_{31} & a_{11}b_{12} + a_{12}b_{22} + a_{13}b_{32} \\ a_{21}b_{11} + a_{22}b_{21} + a_{23}b_{31} & a_{21}b_{12} + a_{22}b_{22} + a_{23}b_{32} \end{pmatrix} \end{aligned}$$

$$= \begin{pmatrix} \sum_{k=1}^{3} a_{1k}b_{k1} & \sum_{k=1}^{3} a_{1k}b_{k2} \\ \sum_{k=1}^{3} a_{2k}b_{k1} & \sum_{k=1}^{3} a_{2k}b_{k2} \end{pmatrix}$$

A의 각 행과 B의 각 행의 각 요소를 곱해서 총합을 취하고, 새로운 행렬의 각 요소로 합니다.

위의 행렬곱에는 총합의 기호 Σ가 등장하는데 행렬곱은 곱의 총합을 계산할 때 대활약합니다. 인공지능에서는 곱의 총합을 자주 계산하므로 행렬곱은 빼놓을 수 없습니다.

4-3-2 행렬곱의 수치 계산

그럼 시험삼아 수치 계산을 해 봅시다. 다음의 행렬 A, B를 봅시다.

$$A = \begin{pmatrix} 0 & 1 & 2 \\ 1 & 2 & 3 \end{pmatrix}$$

$$B = \begin{pmatrix} 2 & 1 \\ 2 & 1 \\ 2 & 1 \end{pmatrix}$$

이러한 행렬의 행렬곱은 다음과 같이 계산할 수 있습니다.

$$AB = \begin{pmatrix} 0 & 1 & 2 \\ 1 & 2 & 3 \end{pmatrix} \begin{pmatrix} 2 & 1 \\ 2 & 1 \\ 2 & 1 \end{pmatrix}$$

$$= \begin{pmatrix} 0 \times 2 + 1 \times 2 + 2 \times 2 & 0 \times 1 + 1 \times 1 + 2 \times 1 \\ 1 \times 2 + 2 \times 2 + 3 \times 2 & 1 \times 1 + 2 \times 1 + 3 \times 1 \end{pmatrix}$$

$$= \begin{pmatrix} 6 & 3 \\ 12 & 6 \end{pmatrix}$$

스칼라의 곱과 달리 행렬곱에서는 앞 행렬과 뒤 행렬의 교환은 특정 조건을 만족하고 있는 경우를 제외할 수 없습니다.

그리고 행렬곱을 계산하려면 앞의 행렬의 열수와 뒤 행렬의 행수가 일치해야 합니다. 예를 들어, 앞 행렬의 열수가 3이면 뒤 행렬의 행수는 3이어야 합니다.

4-3-3 행렬곱의 일반화

행렬곱을 더욱 일반적인 형태로 기술합니다. 다음은 $l \times m$의 행렬 A와 $m \times n$의 행렬 B의 행렬곱입니다.

$$
\begin{aligned}
AB &= \begin{pmatrix} a_{11} & a_{12} & \ldots & a_{1m} \\ a_{21} & a_{22} & \ldots & a_{2m} \\ \vdots & \vdots & \ddots & \vdots \\ a_{l1} & a_{l2} & \ldots & a_{lm} \end{pmatrix} \begin{pmatrix} b_{11} & b_{12} & \ldots & b_{1n} \\ b_{21} & b_{22} & \ldots & b_{2n} \\ \vdots & \vdots & \ddots & \vdots \\ b_{m1} & b_{m2} & \ldots & b_{mn} \end{pmatrix} \\
&= \begin{pmatrix} \sum_{k=1}^{m} a_{1k}b_{k1} & \sum_{k=1}^{m} a_{1k}b_{k2} & \ldots & \sum_{k=1}^{m} a_{1k}b_{kn} \\ \sum_{k=1}^{m} a_{2k}b_{k1} & \sum_{k=1}^{m} a_{2k}b_{k2} & \ldots & \sum_{k=1}^{m} a_{2k}b_{kn} \\ \vdots & \vdots & \ddots & \vdots \\ \sum_{k=1}^{m} a_{lk}b_{k1} & \sum_{k=1}^{m} a_{lk}b_{k2} & \ldots & \sum_{k=1}^{m} a_{lk}b_{kn} \end{pmatrix}
\end{aligned}
$$

4-3-4 행렬곱의 구현

행렬곱을 전체 행과 열의 조합으로 계산하는 건 힘들지만 NumPy의 **dot()** 함수를 이용하면 간단하게 행렬곱을 계산할 수 있습니다(리스트4.10).

리스트4.10 NumPy를 사용해서 행렬곱을 계산한다

In

```
import numpy as np

a = np.array([[0, 1, 2],
              [1, 2, 3]])

b = np.array([[2, 1],
              [2, 1],
              [2, 1]])

print(np.dot(a, b))
```

Out

```
[[ 6  3]
 [12  6]]
```


4.3.5 요소별 곱(아다마르 곱)

행렬의 요소별 곱은 아다마르 곱이라고도 불리며, 행렬의 각 요소를 곱합니다.

다음의 행렬 A, B를 봅시다.

$$A = \begin{pmatrix} a_{11} & a_{12} & \ldots & a_{1n} \\ a_{21} & a_{22} & \ldots & a_{2n} \\ \vdots & \vdots & \ddots & \vdots \\ a_{m1} & a_{m2} & \ldots & a_{mn} \end{pmatrix}$$

$$B = \begin{pmatrix} b_{11} & b_{12} & \ldots & b_{1n} \\ b_{21} & b_{22} & \ldots & b_{2n} \\ \vdots & \vdots & \ddots & \vdots \\ b_{m1} & b_{m2} & \ldots & b_{mn} \end{pmatrix}$$

이러한 행렬의 요소별 곱은 연산자 $\circ$를 이용해서 다음과 같이 나타낼 수 있습니다.

$$A \circ B = \begin{pmatrix} a_{11}b_{11} & a_{12}b_{12} & \ldots & a_{1n}b_{1n} \\ a_{21}b_{21} & a_{22}b_{22} & \ldots & a_{2n}b_{2n} \\ \vdots & \vdots & \ddots & \vdots \\ a_{m1}b_{m1} & a_{m2}b_{m2} & \ldots & a_{mn}b_{mn} \end{pmatrix}$$

예를 들어 다음과 같은 경우

$$A = \begin{pmatrix} 0 & 1 & 2 \\ 3 & 4 & 5 \\ 6 & 7 & 8 \end{pmatrix}$$

$$B = \begin{pmatrix} 0 & 1 & 2 \\ 2 & 0 & 1 \\ 1 & 2 & 0 \end{pmatrix}$$

A와 B의 요소별 곱은 다음과 같습니다.

$$A \circ B = \begin{pmatrix} 0 \times 0 & 1 \times 1 & 2 \times 2 \\ 3 \times 2 & 4 \times 0 & 5 \times 1 \\ 6 \times 1 & 7 \times 2 & 8 \times 0 \end{pmatrix}$$
$$= \begin{pmatrix} 0 & 1 & 4 \\ 6 & 0 & 5 \\ 6 & 14 & 0 \end{pmatrix}$$

이상과 같이 요소별 곱은 행렬곱과 비교해 간단합니다.

4-3-6 요소별 곱의 구현

요소별 곱은 리스트4.11처럼 NumPy를 이용해서 구현할 수 있습니다.

요소별 연산에는 스칼라 곱의 연산자 *를 사용합니다.

리스트4.11 NumPy를 사용해 요소별 곱을 계산한다

In

```
import numpy as np

a = np.array([[0, 1, 2],
              [3, 4, 5],
              [6, 7, 8]])

b = np.array([[0, 1, 2],
              [2, 0, 1],
              [1, 2, 0]])

print(a*b)
```

Out

```
[[ 0 1 4]
 [ 6 0 5]
 [ 6 14 0]]
```

요소별 곱을 계산하기 위해서는 배열의 형태가 같아야 합니다.

또한, 요소별 합에는 +, 요소별 차에는 -, 요소별 나눗셈에는 /를 사용합니다.

4.3.7 연습

문제

리스트4.12에서 행렬 **a**와 행렬 **b**의 행렬곱, 행렬 **c**와 행렬 **d**의 요소별 곱을 구합시다.

리스트4.12 문제

```
import numpy as np

a = np.array([[0, 1, 2],
              [1, 2, 3]])

b = np.array([[0, 1],
              [1, 2],
              [2, 3]])

# 행렬곱



c = np.array([[0, 1, 2],
              [3, 4, 5],
              [6, 7, 8]])

d = np.array([[0, 2, 0],
              [2, 0, 2],
              [0, 2, 0]])

# 행렬별 곱
```

정답 예

리스트4.13 정답 예

In

```
import numpy as np

a = np.array([[0, 1, 2],
              [1, 2, 3]])

b = np.array([[0, 1],
              [1, 2],
              [2, 3]])

# 행렬곱
print(np.dot(a, b))

print()

c = np.array([[0, 1, 2],
              [3, 4, 5],
              [6, 7, 8]])

d = np.array([[0, 2, 0],
              [2, 0, 2],
              [0, 2, 0]])

# 요소별 곱
print(c*d)
```

Out

```
[[ 5  8]
 [ 8 14]]

[[ 0  2  0]
 [ 6  0 10]
 [ 0 14  0]]
```

4.4 전치

전치에 의해 행렬의 행과 열을 바꿉니다. 인공지능의 코드에서는 전치를 자주 사용합니다.

4-4-1 전치

행렬에 대한 중요한 조작으로 **전치**가 있습니다. 행렬을 전치함으로써 행과 열이 바뀝니다. 다음은 전치의 예인데, 예를 들어 행렬 A의 전치 행렬은 A^{T}로 나타냅니다.

$$A = \begin{pmatrix} 1 & 2 & 3 \\ 4 & 5 & 6 \end{pmatrix}$$

$$A^{\mathrm{T}} = \begin{pmatrix} 1 & 4 \\ 2 & 5 \\ 3 & 6 \end{pmatrix}$$

$$B = \begin{pmatrix} a & b \\ c & d \\ e & f \end{pmatrix}$$

$$B^{\mathrm{T}} = \begin{pmatrix} a & c & e \\ b & d & f \end{pmatrix}$$

4-4-2 전치의 구현

NumPy에서는 행렬을 나타내는 배열명의 뒤에 **.T**를 붙이면 전치됩니다(리스트4.14).

리스트4.14 행렬을 전치한다

In

```
import numpy as np

a = np.array([[1, 2, 3],
              [4, 5, 6]])  # 행렬

print(a.T)  # 전치
```

Out

```
[[1 4]
 [2 5]
 [3 6]]
```


행렬의 행과 열이 바뀐 걸 확인할 수 있습니다.

4-4-3 행렬곱과 전치

행렬곱에 대해서는 기본적으로 앞 행렬의 열수와 뒤 행렬의 행수가 일치해야 합니다. 그렇지만 일치하지 않아도 전치에 의해 행렬곱을 할 수 있는 경우가 있습니다.

그림4.5와 같이 $l \times n$의 행렬 A와 $m \times n$의 행렬 B를 봅시다. $n \neq m$으로 합니다.

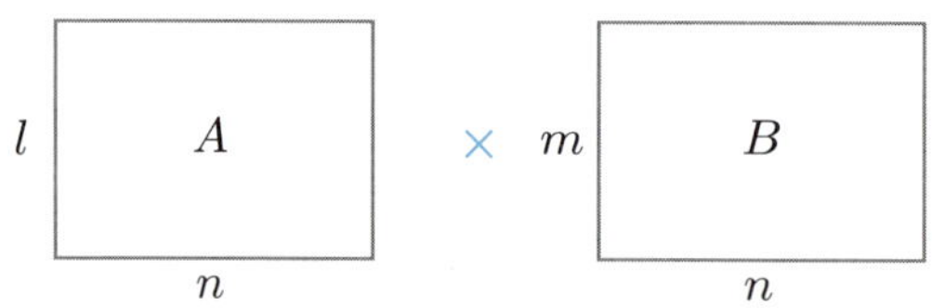

그림4.5 행렬곱을 할 수 없는 예

그림4.5의 경우는 행렬 A의 열수가 n이며, 행렬 B의 행수가 m으로 같지 않으므로 행렬곱은 할 수 없습니다. 그렇지만 행렬 B를 전치함으로써 그림4.6에서 나타내듯이 행렬곱을 할 수 있습니다.

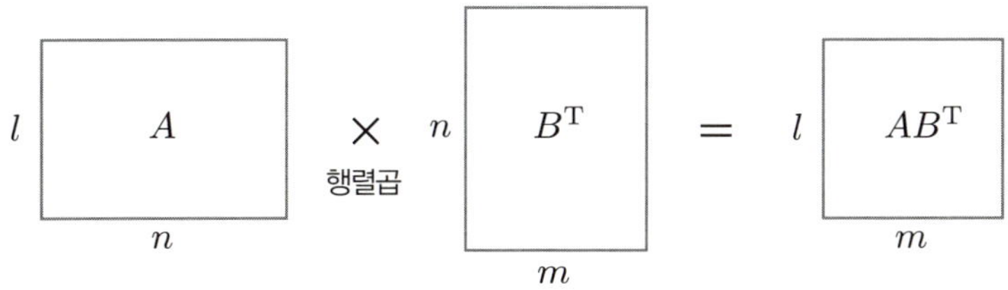

그림4.6 전치에 의해 행렬곱이 가능해진 예

행렬 A의 열수와 행렬 B^{T}의 행수가 같게 되고 행렬곱을 계산할 수 있게 됐습니다.

4.4.4 전치와 행렬곱의 구현

리스트4.15는 NumPy의 배열을 전치하고, 행렬곱을 계산하는 예입니다. 배열명의 뒤에 **.T**를 붙이면 전치 행렬이 됩니다.

리스트4.15 전치하고 나서 행렬곱을 실시한다

In

```
import numpy as np

a = np.array([[0, 1, 2],
              [1, 2, 3]])  # 2×3의 행렬
b = np.array([[0, 1, 2],
              [1, 2, 3]])  # 2×3의 행렬 이대로는 행렬 a와 b로 행렬곱을
                           할 수 없다

# print(np.dot(a, b))  # 전치하지 않고 행렬곱을 취하면 에러
print(np.dot(a, b.T))  # 전치에 의해 행렬곱이 가능해짐
```

Out

```
[[ 5  8]
 [ 8 14]]
```

리스트4.15의 코드에서는 행렬 **b**를 전치함으로써 행수가 3이 되며, 행렬 **a**의 열수와 일치하므로 행렬곱을 할 수 있게 됩니다.

4.4.5 연습

문제

리스트4.16에서 행렬 **a** 또는 행렬 **b**를 전치하고, 행렬 **a**와 행렬 **b**의 행렬곱을 계산합시다.

리스트4.6 문제

In

```
import numpy as np

a = np.array([[0, 1, 2],
              [1, 2, 3]])
b = np.array([[0, 1, 2],
              [2, 3, 4]])

# 행렬곱
```

정답 예

리스트4.17 정답 예

In

```
import numpy as np

a = np.array([[0, 1, 2],
              [1, 2, 3]])
b = np.array([[0, 1, 2],
              [2, 3, 4]])

# 행렬곱
print(np.dot(a, b.T))
```

Out

```
[[ 5 11]
 [ 8 20]]
```

4.5 행렬식과 역행렬

행렬식을 사용함으로써 행렬의 **역행렬**을 구할 수 있습니다. 역행렬을 사용하면 행렬의 방정식을 풀 수 있게 됩니다.

4-5-1 단위행렬

단위행렬은 예를 들어 다음과 같은 행렬을 말합니다.

$$\begin{pmatrix} 1 & 0 \\ 0 & 1 \end{pmatrix}$$

$$\begin{pmatrix} 1 & 0 & 0 \\ 0 & 1 & 0 \\ 0 & 0 & 1 \end{pmatrix}$$

$$\begin{pmatrix} 1 & 0 & \dots & 0 \\ 0 & 1 & \dots & 0 \\ \vdots & \vdots & \ddots & \vdots \\ 0 & 0 & \dots & 1 \end{pmatrix}$$

이처럼 단위행렬에서는 행과 열의 수가 같고, 왼쪽 위에서부터 오른쪽 아래로 1이 나열, 그 외의 요소는 0이 됩니다.

단위 행렬은 다른 행렬의 앞이나 뒤에서 행렬곱을 하더라도 그 행렬의 값을 변화시키지 않는 특징이 있습니다. 다음에서는 2 × 2의 단위행렬을 E로 나타내는데 2 × 2의 행렬 A의 앞뒤에 단위행렬 E를 곱해도 행렬 A는 변화하지 않습니다.

$$E = \begin{pmatrix} 1 & 0 \\ 0 & 1 \end{pmatrix}$$

$$A = \begin{pmatrix} a & b \\ c & d \end{pmatrix}$$
$$EA = \begin{pmatrix} 1 & 0 \\ 0 & 1 \end{pmatrix}\begin{pmatrix} a & b \\ c & d \end{pmatrix} = \begin{pmatrix} a & b \\ c & d \end{pmatrix}$$

$$AE = \begin{pmatrix} a & b \\ c & d \end{pmatrix} \begin{pmatrix} 1 & 0 \\ 0 & 1 \end{pmatrix} = \begin{pmatrix} a & b \\ c & d \end{pmatrix}$$

단위행렬이 3×3이든 4×4든 앞뒤 어느 쪽부터 곱하든 행렬을 변화시키지 않는 성질은 같습니다. 위와 같이 단위행렬에는 같은 크기의 행렬에 곱해도 곱하는 대상의 행렬을 변화시키지 않는 성질이 있습니다.

4-5-2 단위행렬의 구현

NumPy에서는 **eye()** 함수로 단위행렬을 작성할 수 있습니다. **eye()** 함수에 전달하는 인수는 단위행렬의 크기를 나타냅니다(리스트4.18).

리스트4.18 eye() 함수를 사용해 단위행렬을 만든다

In

```
import numpy as np

print(np.eye(2))  # 2×2의 단위 행렬
print()
print(np.eye(3))  # 3×3의 단위 행렬
print()
print(np.eye(4))  # 4×4의 단위 행렬
```

Out

```
[[1. 0.]
 [0. 1.]]

[[1. 0. 0.]
 [0. 1. 0.]
 [0. 0. 1.]]

[[1. 0. 0. 0.]
 [0. 1. 0. 0.]
 [0. 0. 1. 0.]
 [0. 0. 0. 1.]]
```

왼쪽 위에서부터 오른쪽 아래로 1이 나열, 나머지 요소는 전부 0으로 되어 있는 걸 확인할 수 있습니다.

4-5-3 역행렬

다음 예에서 나타내듯이 어떤 수치와 그의 역수를 곱하면 1이 됩니다.

$$3 \times \frac{1}{3} = 1$$
$$21 \times \frac{1}{21} = 1$$

스칼라와 마찬가지로 행렬에도 곱하면 단위행렬이 되는 행렬이 존재합니다.

이러한 행렬을 **역행렬**이라고 합니다.

행렬 A의 역행렬을 A^{-1}로 나타내면 A와 A^{-1}의 관계를 다음과 같이 나타낼 수 있습니다.

$$A^{-1}A = AA^{-1} = E$$

이 경우 A는 행과 열의 수가 같은 **정방행렬**이어야 합니다.

예를 들어 다음 2개의 행렬 C와 D는 어떤 순서로 행렬곱을 계산해도 단위행렬이 되기 때문에 서로 역행렬 관계가 됩니다.

$$C = \begin{pmatrix} 1 & 1 \\ 1 & 2 \end{pmatrix} D = \begin{pmatrix} 2 & -1 \\ -1 & 1 \end{pmatrix}$$

$$CD = DC = \begin{pmatrix} 1 & 0 \\ 0 & 1 \end{pmatrix}$$

4-5-4 행렬식

행렬에 따라서는 역행렬이 존재하지 않을 수 있습니다. 역행렬이 존재할지 여부는 **행렬식**에 의해 판정할 수 있습니다.

다음 행렬 A를 봅시다.

$$A = \begin{pmatrix} a & b \\ c & d \end{pmatrix}$$

행렬식은 $|A|$ 또는 $\det A$로 나타내는데 다음의 식으로 표현합니다.

$$|A| = \det A = ad - bc$$

이 행렬식이 0인 경우, 역행렬은 존재하지 않습니다. 예를 들어 다음의 행렬은 $1 \times 4 - 2 \times 3 = -2$이므로 역행렬이 존재합니다.

$$A = \begin{pmatrix} 1 & 2 \\ 3 & 4 \end{pmatrix}$$

한편, 다음의 행렬은 $1 \times 0 - 2 \times 0 = 0$이므로 역행렬이 존재하지 않습니다.

$$A = \begin{pmatrix} 1 & 2 \\ 0 & 0 \end{pmatrix}$$

역행렬이 존재하는 경우, 다음의 공식에 의해 역행렬을 구할 수 있습니다.

$$A^{-1} = \frac{1}{ad - bc} \begin{pmatrix} d & -b \\ -c & a \end{pmatrix}$$

4-5-5 행렬식의 구현

NumPy의 **linalg.det()** 함수에 의해 행렬식을 구할 수 있습니다(리스트4.19).

리스트4.19 linalg.det() 함수를 사용해 행렬식을 구한다

In

```
import numpy as np

a = np.array([[1, 2],
              [3, 4]])
print(np.linalg.det(a))  # 행렬식이 0이 되지 않는 경우
```

```
b = np.array([[1, 2],
              [0, 0]])
print(np.linalg.det(b))  # 행렬식이 0이 되는 경우
```

Out

```
-2.0000000000000004
0.0
```

4.5.6 역행렬의 구현

역행렬이 존재하는 경우, NumPy의 **linalg.inv()** 함수로 역행렬을 구할 수 있습니다(리스트4.20).

리스트4.20 linalg.inv() 함수를 사용해서 역행렬을 구한다

In

```
import numpy as np

a = np.array([[1, 2],
              [3, 4]])
print(np.linalg.inv(a))  # 역행렬

b = np.array([[1, 2],
              [0, 0]])
# print(np.linalg.inv(b))  # 역행렬이 존재하지 않으므로 에러가 난다
```

Out

```
[[-2.   1. ]
 [ 1.5 -0.5]]
```

행수, 열수가 많은 정방행렬은 역행렬을 손으로 계산할 때 가우스 소거법, 여인수법 등을 이용하는데 계산이 조금 복잡해집니다. 그렇지만 이러한 경우에도 NumPy의 **linalg.inv()** 함수를 사용하면 간단하게 역행렬을 구할 수 있습니다.

역행렬은 인공지능에서 변수끼리 상관관계를 알아보는 회귀 분석에 사용됩니다.

4.5.7 연습

문제

리스트4.21에서 행렬 **a**의 행렬식을 구하고, 역행렬이 존재하는 경우는 역행렬을 구합시다.

리스트4.21 문제

In

```
import numpy as np

a = np.array([[1, 1],
              [1, 2]])

# 행렬식

# 역행렬
```

정답 예

리스트4.22 정답 예

In

```
import numpy as np

a = np.array([[1, 1],
              [1, 2]])

# 행렬식
print(np.linalg.det(a))

print()

# 역행렬
print(np.linalg.inv(a))
```

Out
```
1.0

[[ 2. -1.]
 [-1.  1.]]
```

4.6 선형변환

선형변환에 의해 벡터를 변환합니다. 인공지능에서는 뉴럴 네트워크로 정보를 전파시키는 데 선형변환을 사용합니다.

4-6-1 벡터 그리기

다음의 세로 벡터를 화살표로 그립니다.

$$\vec{a} = \begin{pmatrix} 2 \\ 3 \end{pmatrix}$$

화살표를 그리려면 matplotlib.pyplot의 **quiver()** 함수를 사용합니다. **quiver()** 함수는 구문4.1과 같이 설정합니다.

구문4.1

```
quiver(시작점의 x 좌표, 끝점의 y 좌표, 화살표의 x 성분, 화살표의 y 성분,
       angles=화살표의 각도의 결정 방법, scale_units=스케일의 단위,
       scale=스케일, color=화살표의 색)
```

화살표의 x 성분과 y 성분으로 벡터를 표현합니다(리스트4.23). **angles**, **scale_units**, **scale**은 이번에는 신경쓰지 않아도 됩니다.

리스트4.23 벡터를 화살표로 그린다

In

```
%matplotlib inline

import numpy as np
import matplotlib.pyplot as plt

# 화살표를 그리는 함수
def arrow(start, size, color):
    plt.quiver(start[0], start[1], size[0], size[1], angles="xy", 
scale_units="xy", scale=1, color=color)

# 화살표의 시작점
s = np.array([0, 0])  # 원점

# 벡터
a = np.array([2, 3])  # 세로 벡터를 나타낸다

arrow(s, a, color="black")

# 그래프 표시
plt.xlim([-3,3])  # x의 표시 범위
plt.ylim([-3,3])  # y의 표시 범위
plt.xlabel("x", size=14)
plt.ylabel("y", size=14)
plt.grid()
plt.gca().set_aspect("equal")  # 가로세로비를 같게
plt.show()
```

Out

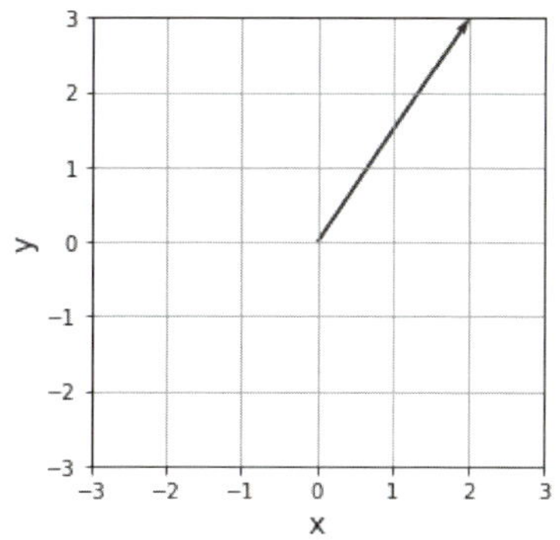

원점을 시작점으로 한 화살표로 벡터를 그릴 수 있었습니다.

4-6-2 선형변환

다음의 행렬 A를 살펴봅시다.

$$A = \begin{pmatrix} 2 & -1 \\ 2 & -2 \end{pmatrix}$$

다음과 같이해서 이 행렬 A를 세로 벡터 $\vec{a}$에 곱함으로써 벡터를 변환할 수 있습니다.

$$\vec{b} = A\vec{a} = \begin{pmatrix} 2 & -1 \\ 2 & -2 \end{pmatrix} \begin{pmatrix} 2 \\ 3 \end{pmatrix} = \begin{pmatrix} 1 \\ -2 \end{pmatrix}$$

위와 같이 행렬 A에 의해 벡터 $\vec{a}$는 벡터 $\vec{b}$로 변환됐습니다.

이처럼 벡터에서 벡터로의 변환을 **선형변환**이라고 합니다.

변환 전의 벡터 $\vec{a}$, 변환 후의 벡터 $\vec{b}$를 화살표로 그리면 리스트4.24와 같습니다.

리스트4.24 벡터의 선형변환을 실시한다

In

```
import numpy as np
import matplotlib.pyplot as plt

a = np.array([2, 3])  # 변환 전의 벡터

A = np.array([[2, -1],
              [2, -2]])

b = np.dot(A, a)  # 선형변환

print("변환 전의 벡터(a):", a)
print("변환 후의 벡터(b):", b)

def arrow(start, size, color):
    plt.quiver(start[0], start[1], size[0], size[1], angles="xy",
scale_units="xy", scale=1, color=color)

s = np.array([0, 0])  # 원점

arrow(s, a, color="black")
arrow(s, b, color="blue")

# 그래프 표시
plt.xlim([-3,3])  # x의 표시 범위
plt.ylim([-3,3])  # y의 표시 범위
plt.xlabel("x", size=14)
plt.ylabel("y", size=14)
plt.grid()
plt.gca().set_aspect("equal")  # 가로세로비를 같게
plt.show()
```

Out

```
변환 전의 벡터(a): [2 3]
변환 후의 벡터(b): [1 -2]
```

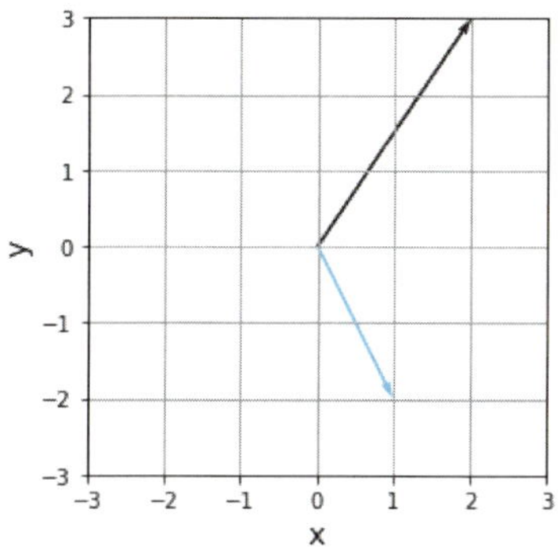

행렬 A에 의해 검정색 화살표로 표시되는 벡터 $\vec{a}$가 파란색 화살표로 표시되는 벡터 $\vec{b}$로 변환됐습니다.

4-6-3 표준기저

다음의 벡터 $\vec{e_x}$와 $\vec{e_y}$는 **표준기저**라고 합니다.

$$\vec{e_x} = \begin{pmatrix} 1 \\ 0 \end{pmatrix}$$

$$\vec{e_y} = \begin{pmatrix} 0 \\ 1 \end{pmatrix}$$

이 때, 벡터 $\vec{a}$는 다음과 같이 나타낼 수 있습니다.

$$\vec{a} = \begin{pmatrix} 2 \\ 3 \end{pmatrix} = 2\begin{pmatrix} 1 \\ 0 \end{pmatrix} + 3\begin{pmatrix} 0 \\ 1 \end{pmatrix} = 2\vec{e_x} + 3\vec{e_y}$$

이상과 같이 벡터는 표준기저와 상수의 곱의 합으로 표현할 수 있습니다.

리스트4.25에서는 표준기저를 그립니다.

리스트4.25 벡터와 표준기저를 그립니다

In

```
import numpy as np
import matplotlib.pyplot as plt

a = np.array([2, 3])
e_x = np.array([1, 0])  # 표준기저
e_y = np.array([0, 1])  # 표준기저

print("a:", a)
print("e_x:", e_x)
print("e_y:", e_y)

def arrow(start, size, color):
    plt.quiver(start[0], start[1], size[0], size[1], angles="xy",
scale_units="xy", scale=1, color=color)

s = np.array([0, 0])  # 원점

arrow(s, a, color="blue")
arrow(s, e_x, color="black")
arrow(s, e_y, color="black")

# 그래프 표시
plt.xlim([-3,3])  # x의 표시 범위
plt.ylim([-3,3])  # y의 표시 범위
plt.xlabel("x", size=14)
plt.ylabel("y", size=14)
plt.grid()
plt.gca().set_aspect("equal")  # 가로세로비를 같게
plt.show()
```

Out

```
a: [2 3]
e_x: [1 0]
e_y: [0 1]
```

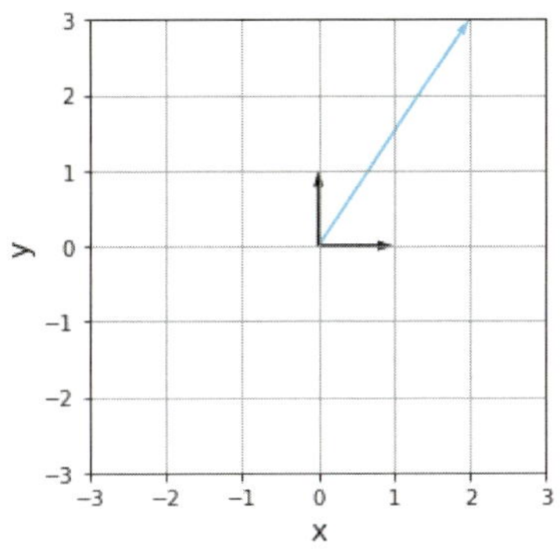

파란색 화살표의 벡터는 검정색 화살표의 표준기저에 상수를 곱하고 더함으로써 나타납니다.

표준기저를 이용하여 벡터의 일반적인 표현을 합니다.

m개의 요소를 가진 벡터 $\vec{a}$는 표준기저를 이용해 다음과 같이 나타납니다.

$$\vec{a} = \sum_{j=1}^{m} r_j \vec{e_j}$$

r_j가 상수로 $\vec{e_j}$가 각 요소에 대응하는 표준기저입니다.

이 벡터에 다음의 $n \times m$의 행렬 A를 사용해서 선형변환을 실시합니다.

$$A = \begin{pmatrix} a_{11} & a_{12} & \ldots & a_{1m} \\ a_{21} & a_{22} & \ldots & a_{2m} \\ \vdots & \vdots & \ddots & \vdots \\ a_{n1} & a_{n2} & \ldots & a_{nm} \end{pmatrix}$$

$$\vec{b} = A\vec{a}$$

이 결과 얻어진 $\vec{b}$는 표준기저를 사용해 다음과 같이 나타낼 수 있습니다.

$$\vec{b} = \sum_{k=1}^{n} s_k \vec{e_k}$$

$$s_k = \sum_{j=1}^{m} r_j a_{kj}$$

s_k는 $\vec{b}$의 각 표준기저에 곱하는 상수입니다.

이처럼 $\vec{b}$의 각 요소는 곱의 총합의 형태로 나타납니다. 이 선형변환의 성질을 이용하여 뉴럴 네트워크에서는 의사적인 신경 세포에 대한 여러 개의 입력에 가중치를 곱한 총합을 계산합니다.

또한, $n = m$이면 행렬 A는 정방행렬이 되는데 A가 정방행렬이 아니면 선형변환에 의해 벡터의 요소 수가 변하게 됩니다.

예를 들어 다음 예에서는 선형변환에 의해 벡터의 요소 수가 2에서 3으로 변화합니다.

$$\begin{pmatrix} 2 & -1 \\ 2 & -2 \\ -1 & 2 \end{pmatrix} \begin{pmatrix} 2 \\ 3 \end{pmatrix} = \begin{pmatrix} 1 \\ -2 \\ 4 \end{pmatrix}$$

4-6-4 연습

문제

리스트4.26의 셀을 보완하고, 벡터 $\vec{a}$를 행렬 A로 선형변환합시다. 그리고 벡터 $\vec{a}$와 변환 후의 벡터 $\vec{b}$를 화살표로 그래프 상에 표시합시다.

리스트4.26 문제

In

```
import numpy as np
import matplotlib.pyplot as plt

a = np.array([1, 3])  # 변환 전의 벡터

A = np.array([[1, -1],
              [2, -1]])
```

```
b =       # 선형변환

print("a:", a)
print("b:", b)

def arrow(start, size, color):
    plt.quiver(start[0], start[1], size[0], size[1], angles="xy",
scale_units="xy", scale=1, color=color)

s = np.array([0, 0])  # 원점

arrow(s, a, color="black")
arrow(s, b, color="blue")

# 그래프 표시
plt.xlim([-3,3])  # x의 표시 범위
plt.ylim([-3,3])  # y의 표시 범위
plt.xlabel("x", size=14)
plt.ylabel("y", size=14)
plt.grid()
plt.gca().set_aspect("equal")  # 가로세로비를 같게
plt.show()
```

정답 예

리스트4.27 정답 예

In

```
import numpy as np
import matplotlib.pyplot as plt

a = np.array([1, 3])  # 변환 전의 벡터
A = np.array([[1, -1],
              [2, -1]])
b = np.dot(A, a)  # 선형변환
```

```
print("a:", a)
print("b:", b)

def arrow(start, size, color):
    plt.quiver(start[0], start[1], size[0], size[1], angles="xy",
scale_units="xy", scale=1, color=color)

s = np.array([0, 0])  # 원점

arrow(s, a, color="black")
arrow(s, b, color="blue")

# 그래프 표시
plt.xlim([-3,3])  # x의 표시 범위
plt.ylim([-3,3])  # y의 표시 범위
plt.xlabel("x", size=14)
plt.ylabel("y", size=14)
plt.grid()
plt.gca().set_aspect("equal")  # 가로세로비를 같게
plt.show()
```

Out

```
a: [1 3]
b: [-2 -1]
```

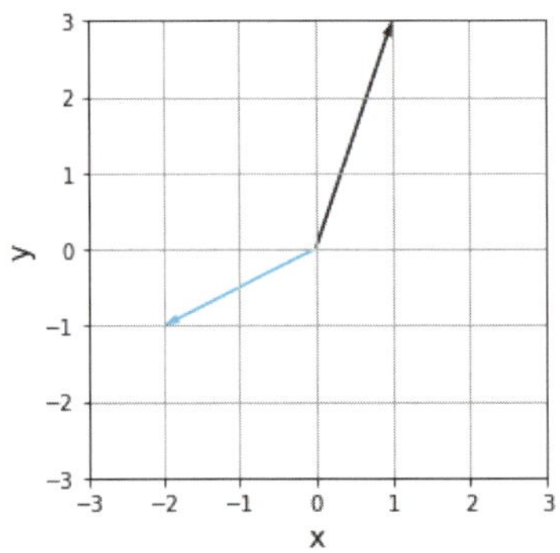

4.7 고윳값과 고유벡터

고윳값, 고유벡터는 행렬을 다룰 때 자주 등장하는 중요한 개념입니다. 인공지능에서는 데이터를 요약하는 주성분 분석이라는 기법에 이용됩니다.

4-7-1 고윳값, 고유벡터

정방행렬(행수와 열수가 같은 행렬) A를 생각해 봅시다.

이 행렬 A에 대해서, 다음의 관계를 만족하는 스칼라 λ를 행렬 A의 **고윳값**, 벡터 $\vec{x}$를 행렬 A의 **고유벡터**라고 합니다.

$$A\vec{x} = \lambda\vec{x} \qquad \text{(식1)}$$

이 식으로 알 수 있듯이 고유벡터는 선형변환에 의해 각 요소가 고윳값 배가 되는 벡터입니다.

예를 들어 다음과 같은 단위 행렬 E를 봅시다.

$$E = \begin{pmatrix} 1 & 0 \\ 0 & 1 \end{pmatrix}$$

단위 행렬을 곱해도 벡터는 변화하지 않으므로 (식1)은 다음과 같이 표현할 수 있습니다.

$$A\vec{x} = \lambda E\vec{x}$$

이 식의 우변을 좌변으로 이항하면 다음 식을 얻을 수 있습니다.

$$(A - \lambda E)\vec{x} = \vec{0} \qquad \text{(식2)}$$

우변이 $\vec{0}$이 되는데 이것은 요소가 전부 0인 벡터를 나타냅니다.

여기서 행렬$(A - \lambda E)$가 역행렬을 가진다고 하면 (식2)의 양 변에 왼쪽부터 역행렬 $(A - \lambda E)^{-1}$을 곱해서

$$\begin{aligned}\vec{x} &= (A - \lambda E)^{-1}\vec{0} \\ &= \vec{0}\end{aligned}$$

가 되고, $\vec{x}$는 $\vec{0}$과 같게 됩니다.

이 해는 특별히 흥미롭지 않으므로, 행렬$(A - \lambda E)$가 역행렬을 가지지 않는 경우를 생각합시다.

이때, 다음 관계가 만족합니다.

$$\det(A - \lambda E) = 0 \qquad \text{(식3)}$$

이것을 행렬 A의 **고유방정식**이라고 합니다.

4-7-2 고윳값, 고유벡터를 구한다

다음 행렬 A의 고윳값을 계산합니다.

$$A = \begin{pmatrix} 3 & 1 \\ 2 & 4 \end{pmatrix}$$

(식3)을 사용해 행렬 A의 고윳값을 다음과 같이 구할 수 있습니다.

$$\begin{aligned}\det(A - \lambda E) &= 0 \\ \det\left(\begin{pmatrix} 3 & 1 \\ 2 & 4 \end{pmatrix} - \lambda\begin{pmatrix} 1 & 0 \\ 0 & 1 \end{pmatrix}\right) &= 0 \\ \det\begin{pmatrix} 3-\lambda & 1 \\ 2 & 4-\lambda \end{pmatrix} &= 0 \\ (3-\lambda)(4-\lambda) - 1 \times 2 &= 0 \\ \lambda^2 - 7\lambda + 10 &= 0 \\ (\lambda - 2)(\lambda - 5) &= 0\end{aligned}$$

이 때, 고윳값 λ의 값은 2 또는 5가 됩니다.

다음에 고유벡터를 구합니다.

다음에서는 $\lambda = 2$인 경우와 $\lambda = 5$인 경우, 두 가지를 생각해 봅시다.

$\lambda = 2$의 경우, $\vec{x}$를 다음과 같이 두면

$$\vec{x} = \begin{pmatrix} p \\ q \end{pmatrix}$$

고유벡터는 (식2)에 의해 다음과 같이 구할 수 있습니다.

$$(A - 2E)\begin{pmatrix} p \\ q \end{pmatrix} = \vec{0}$$

$$\begin{pmatrix} 3-2 & 1 \\ 2 & 4-2 \end{pmatrix}\begin{pmatrix} p \\ q \end{pmatrix} = \vec{0}$$

$$\begin{pmatrix} 1 & 1 \\ 2 & 2 \end{pmatrix}\begin{pmatrix} p \\ q \end{pmatrix} = \vec{0}$$

$$\begin{pmatrix} p+q \\ 2p+2q \end{pmatrix} = \vec{0}$$

이 때, $p + q = 0$입니다.

이 조건을 만족하는 다음과 같은 벡터가 $\lambda = 2$인 경우, A의 고유벡터가 됩니다. t는 임의의 실수입니다.

$$\vec{x} = \begin{pmatrix} t \\ -t \end{pmatrix}$$

$\lambda = 5$인 경우, 마찬가지로 해서 $2p - q = 0$가 되는 걸 확인할 수 있습니다.

이 조건을 만족하는 다음과 같은 벡터가 $\lambda = 5$인 경우, A의 고유벡터가 됩니다. t는 임의의 실수입니다.

$$\vec{x} = \begin{pmatrix} t \\ 2t \end{pmatrix}$$

4-7-3 고윳값과 고유벡터의 계산

NumPy의 **linalg.eig()** 함수에 의해 고윳값과 고유벡터를 동시에 구할 수 있습니다(리스트4.28).

리스트4.28 linalg.eig() 함수를 사용해 고윳값과 고유벡터를 구한다

In

```
import numpy as np

a = np.array([[3, 1],
              [2, 4]])

ev = np.linalg.eig(a)  # 고윳값과 고유벡터를 동시에 구한다

print(ev[0])  # 첫 요소는 고윳값

print()

print(ev[1])  # 다음 요소는 고유벡터
```

Out

```
[2. 5.]

[[-0.70710678 -0.4472136 ]
 [ 0.70710678 -0.89442719]]
```

linalg.eig() 함수의 결과는 두 개의 배열로 처음 배열이 고윳값을 포함, 다음의 배열이 고유벡터를 포함합니다. 리스트4.28에서는 2와 5, 두 개의 고윳값을 구할 수 있었습니다.

고유벡터는 행렬로서 얻을 수 있었습니다. 이 행렬의 각「열」이 고유벡터를 나타냅니다. 이 경우 각 고유벡터는 L^2 놈이 1이 됩니다. 이러한 L^2 놈이 1인 벡터를 **단위 벡터**라고 합니다. NumPy의 **linnalg.eig()** 함수는 고유벡터를 단위 벡터의 형태로 반환합니다.

4-7-4 연습

리스트4.29에서 행렬 **a**의 고윳값과 고유벡터를 구합시다.

리스트4.29 문제

In

```
import numpy as np

a = np.array([[-2, 4],
              [-1, 3]])

ev =

print(ev[0])  # 고윳값

print()

print(ev[1])  # 고유벡터
```

정답 예

리스트4.30 정답 예

In

```
import numpy as np

a = np.array([[-2, 4],
              [-1, 3]])

ev = np.linalg.eig(a)

print(ev[0])  # 고윳값

print()

print(ev[1])  # 고유벡터
```

Out

```
[-1.  2.]

[[-0.9701425  -0.70710678]
 [-0.24253563 -0.70710678]]
```


4.8 코사인 유사도

코사인 유사도는 벡터들 사이의 방향이 얼마나 가까운지를 나타냅니다.

4-8-1 놈과 삼각함수로 내적을 나타낸다

다음과 같이 요소 수가 2인 벡터(2차원 벡터)를 두 개 생각해 봅시다.

$$\vec{a} = (a_1, a_2)$$

$$\vec{b} = (b_1, b_2)$$

이러한 벡터 사이의 각도를 그림4.7과 같이 θ로 나타냅니다.

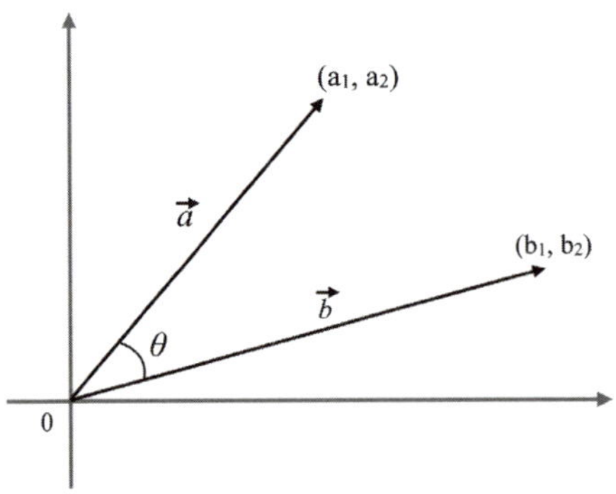

그림4.7 두 개의 벡터가 이루는 각도

앞 절에서는 내적을 다음과 같이 각 요소의 곱의 총합으로 정의했습니다.

$$\vec{a} \cdot \vec{b} = a_1 b_1 + a_2 b_2$$

위의 내적은 사실 다음과 같이 삼각함수와 L^2 놈을 사용해서 구할 수도 있습니다.

$$\vec{a} \cdot \vec{b} = ||\vec{a}||_2 ||\vec{b}||_2 \cos\theta = \sqrt{a_1^2 + a_2^2}\sqrt{b_1^2 + b_2^2}\cos\theta$$

> **ATTENTION**
>
> **코사인 법칙**
>
> 위에 쓴 내용은 코사인 법칙이라는 정리를 사용해서 증명됩니다.

이 관계를 사용해서 $\cos\theta$ 값을 다음과 같이 구할 수 있습니다.

$$\cos\theta = \frac{a_1 b_1 + a_2 b_2}{\sqrt{a_1^2 + a_2^2}\sqrt{b_1^2 + b_2^2}}$$

$\cos\theta$ 값은 벡터 사이의 각도 θ가 0일 때 최댓값을 취하고, 이 각도가 커지면 작아지게 됩니다. 따라서 이 $\cos\theta$의 값은 「두 개의 벡터 방향이 얼마나 일치하고 있는지」를 나타내게 됩니다.

지금까지는 2차원의 벡터를 다뤄왔는데 이를 다음과 같이 n차원의 벡터로 확장할 수 있습니다.

$$\cos\theta = \frac{\sum\limits_{k=1}^{n} a_k b_k}{\sqrt{\sum\limits_{k=1}^{n} a_k^2}\sqrt{\sum\limits_{k=1}^{n} b_k^2}} = \frac{\vec{a} \cdot \vec{b}}{||\vec{a}||_2 ||\vec{b}||_2}$$

2차원 벡터인 경우는 2개의 벡터가 이루는 각도를 떠올릴 수 있었으나 n차원의 벡터끼리 이루는 각도는 무엇을 의미하는 걸까요?

이것을 도형으로 떠올리는 건 어려우나, 2차원 벡터의 경우와 마찬가지로 벡터의 방향이 얼마나 일치하고 있는지를 나타내는 지표로 생각할 수 있습니다.

위의 $\cos\theta$는 **코사인 유사도**라고 하며 2개 벡터의 방향이 얼마나 일치하고 있는지를 나타내는 지표로 인공지능에서 자주 사용됩니다.

인공지능에서 한국어나 영어 등의 자연 언어를 다루는 경우, 단어를 자주 벡터로 나타냅니다. 코사인 유사도는 이처럼 단어 사이 관계성을 나타내는데 이용합니다.

4-8-2 코사인 유사도를 계산한다

내적과 놈을 사용해서 코사인 유사도를 계산합니다. 내적의 계산에는 NumPy의 **dot()** 함수, 놈의 계산에는 **linalg.norm()** 함수를 사용합니다(리스트4.31).

리스트4.31 코사인 유사도를 계산한다

In

```
import numpy as np

def cos_sim(vec_1, vec_2):
    return np.dot(vec_1, vec_2) / (np.linalg.norm(vec_1) *
np.linalg.norm(vec_2))

a = np.array([2, 2, 2, 2])
b = np.array([1, 1, 1, 1])  # a와 같은 방향
c = np.array([-1, -1, -1, -1])  # a와 반대 방향

print("--- a와 b의 코사인 유사도 ----")
print(cos_sim(a, b))

print("--- a와 c의 코사인 유사도 ----")
print(cos_sim(a, c))
```

Out

```
--- a와 b의 코사인 유사도 ----
1.0
--- a와 c의 코사인 유사도 ----
-1.0
```

벡터가 같은 방향인 경우, 코사인 유사도는 최댓값이 1이 되고, 벡터가 반대 방향인 경우 코사인 유사도는 최솟값 −1이었습니다. 두 개의 벡터 방향이 얼마나 일치하고 있는지의 지표가 되고 있습니다.

4.8.3 연습

문제

리스트4.32를 보완하고 벡터 $\vec{a}$와 벡터 $\vec{b}$의 코사인 유사도를 계산합시다.

리스트4.32 문제

In

```
import numpy as np

def cos_sim(vec_1, vec_2):
    return    # 여기에 코드를 보완한다

a = np.array([2, 0, 1, 0])
b = np.array([0, 1, 0, 2])

print("--- a와 b의 코사인 유사도 ----")
print(cos_sim(a, b))
```

정답 예

리스트4.33 정답 예

In

```
import numpy as np

def cos_sim(vec_1, vec_2):
    return np.dot(vec_1, vec_2) / (np.linalg.norm(vec_1) *
np.linalg.norm(vec_2))  # 여기에 코드를 보완한다

a = np.array([2, 0, 1, 0])
b = np.array([0, 1, 0, 2])

print("--- a와 b의 코사인 유사도 ----")
print(cos_sim(a, b))
```

Out

```
--- a와 b의 코사인 유사도 ----
0.0
```

5장 미분

이 장에서는 상미분 · 편미분 · 연쇄율 등 인공지능에 필요한 여러 가지 미분 관련 지식을 학습합니다.

미분은 한마디로 변화의 비율을 말합니다. 예를 들어 움직이는 물체의 위치를 시간으로 미분하면 그 물체의 속도가 됩니다.

인공지능에서는 다변수함수나 합성함수 등의 조금 복잡한 함수를 미분해야 합니다. 어렵게 느껴질 수도 있지만 이 장에서는 이것들을 하나하나 차근차근 설명합니다.

여러 가지 인공지능 기술의 배경이 되는 이론에 미분은 불가결한 것인데, 이 장에서는 미분의 기본부터 시작해서 다변수로 이뤄진 함수의 미분, 여러 개의 함수로 이뤄진 합성함수의 미분 등을 설명합니다. 복잡한 함수의 미분을 학습함으로써 어떤 파라미터가 전체에 미치는 영향을 예측할 수 있게 됩니다.

이 장에서 미분 설명은 학문으로서의 수학인 경우의 엄밀성이 빠진 부분이 있습니다. 그러나 인공지능 학습에서는 미분에 대한 상상력을 키우는 것이 중요하므로 엄밀한 이해보다도 개념 파악을 중시해서 진행해 나갑시다.

5.1 극한과 미분

극한의 개념 그리고 이를 기반으로 한 미분의 개념을 이해합시다. 미분은 어떤 함수상의 각 점에서의 변화의 비율로 인공지능에서 자주 사용합니다.

5

미분

5-1-1 극한

극한은 함수에서의 변수값을 어떤 값에 가깝게 할 때, 함수의 값이 어떤 값에 한없이 가까워지는 것을 말합니다.

예로서, 함수 $y = x^2 + 1$에서 x를 점차 작게 해서 0에 가깝게 하는 경우를 생각해 봅시다.

- $x = 2$일 때 $y = 5$
- $x = 1$일 때 $y = 2$
- $x = 0.5$일 때 $y = 1.25$
- $x = 0.1$일 때 $y = 1.01$
- $x = 0.01$일 때 $y = 1.0001$

이처럼 x를 0에 가깝게 하면 y는 1에 가까워집니다.

이것은 다음과 같이 식으로 나타낼 수 있습니다.

$$\lim_{x \to 0} y = \lim_{x \to 0}(x^2 + 1) = 1$$

이 식은「x를 한없이 0에 가깝게 하면, y가 한없이 1에 가까워진다」는 의미입니다.

5-1-2 미분

함수 $y = f(x)$에서 x의 미소한 변화량을 x로 하면 x를 Δx만큼 변화시킬 때의 y 값은 다음과 같습니다.

$$y = f(x + \Delta x)$$

이 때, y의 미소한 변화량은 다음과 같습니다.

$$\Delta y = f(x+\Delta x) - f(x)$$

따라서, y의 미소한 변화 Δy와 x의 미소한 변화 Δx의 비율은 다음 식으로 표현합니다.

$$\frac{\Delta y}{\Delta x} = \frac{f(x+\Delta x) - f(x)}{\Delta x}$$

이 식에서 Δx의 값을 0에 한없이 가까워지는 극한을 생각해 봅시다.

이 극한은 새로운 함수 $f'(x)$로서 나타낼 수 있습니다.

$$f'(x) = \lim_{\Delta x \to 0} \frac{f(x+\Delta x) - f(x)}{\Delta x}$$

이 함수 $f'(x)$를 $f(x)$의 **도함수**라고 합니다.

그리고 함수 $f(x)$로부터 도함수 $f'(x)$를 얻는 걸 함수 $f(x)$를 **미분**한다고 합니다.

도함수는 다음과 같이 표기할 수도 있습니다.

$$f'(x) = \frac{df(x)}{dx} = \frac{d}{dx}f(x)$$

이 경우는 함수의 변수가 x뿐인데, 이와 같은 1변수 함수에 대한 미분을 **상미분**이라고 합니다.

이 책에서는 x에 대한 y의 변화 비율을 **기울기**(경사, 그라디언트, 구배)라고 부르는데, 도함수에 의해 1변수 함수 상의 어떤 점에서의 기울기를 구할 수 있습니다.

함수 $f(x)$ 상의 어떤 점, $(a, f(a))$에서의 기울기는 $f'(a)$가 됩니다.

이 관계를 그림5.1에 나타냅니다.

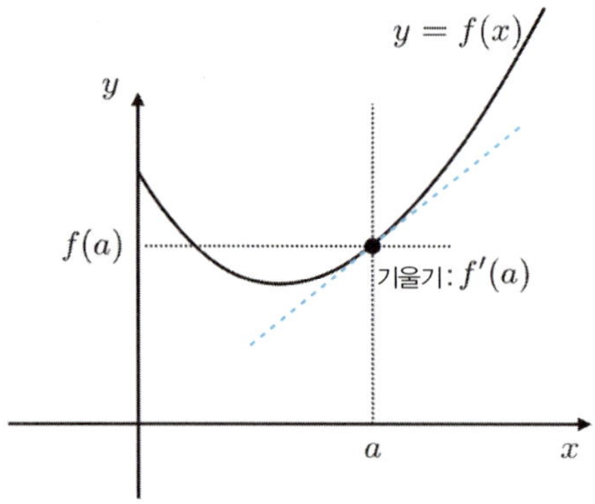

그림5.1 도함수와 접선, 기울기

그림5.1에서 기울어진 파선은 곡선상의 점 $(a, f(a))$에서의 접선입니다. 그 접선의 x에 대한 y의 변화율, 즉, 기울기는 $f'(a)$이며, 곡선상의 이 점에서 국소적인 기울기와 같아집니다.

또한, 이 접선의 식은 다음과 같습니다.

$$y = f'(a)x + f(a) - f'(a)a$$

x에 a를 대입하면 y가 $f(a)$와 같아지는 것을 확인할 수 있습니다.

5-1-3 미분 공식

몇 가지 함수는 미분의 공식을 이용함으로써 간단하게 도함수를 구할 수 있습니다.

다음에 미분 공식 몇 가지를 소개합니다. 각 공식의 증명은 여기서는 하지 않으므로 흥미 있는 분은 각자 살펴봅시다.

r을 임의의 실수로서 $f(x) = x^r$로 했을 때, 다음이 성립됩니다.

$$\frac{d}{dx}f(x) = \frac{d}{dx}x^r = rx^{r-1} \quad \text{(공식1)}$$

또한, 함수의 함 $f(x) + g(x)$를 미분할 때는 각각을 미분해서 더합니다.

$$\frac{d}{dx}(f(x) + g(x)) = \frac{d}{dx}f(x) + \frac{d}{dx}g(x) \quad \text{(공식2)}$$

함수의 곱 $f(x)g(x)$는 다음과 같이 미분할 수 있습니다.

$$\frac{d}{dx}(f(x)g(x)) = f(x)\frac{d}{dx}g(x) + g(x)\frac{d}{dx}f(x) \qquad \text{(공식3)}$$

상수는 미분의 밖으로 나올 수 있습니다. k를 임의의 실수로 했을 때, 다음의 공식이 성립됩니다.

$$\frac{d}{dx}kf(x) = k\frac{d}{dx}f(x) \qquad \text{(공식4)}$$

그럼 예로서 다음의 함수를 미분해봅시다.

$$f(x) = 3x^2 + 4x - 5$$

이 함수는 (공식1), (공식2), (공식4)를 조합해서 다음과 같이 미분할 수 있습니다.

$$\begin{aligned} f'(x) &= \frac{d}{dx}(3x^2) + \frac{d}{dx}(4x^1) - \frac{d}{dx}(5x^0) \\ &= 3\frac{d}{dx}(x^2) + 4\frac{d}{dx}(x^1) - 5\frac{d}{dx}(x^0) \\ &= 6x + 4 \end{aligned}$$

이상과 같이 공식을 조합함으로써 여러 가지 함수의 도함수를 구할 수 있습니다.

5-1-4 접선 그리기

도함수를 사용해서 함수 $f(x) = 3x^2 + 4x - 5$, $x = 1$인 경우의 접선을 그립니다(리스트5.1).

리스트5.1 함수 $f(x) = 3x^2 + 4x - 5$에서 $x = 1$인 경우의 접선

In

```
%matplotlib inline

import numpy as np
import matplotlib.pyplot as plt

def my_func(x):
```

```
    return 3*x**2 + 4*x - 5

def my_func_dif(x):  # 도함수
    return 6*x + 4

x = np.linspace(-3, 3)
y = my_func(x)

a = 1
y_t = my_func_dif(a)*x + my_func(a) - my_func_dif(a)*a
# x=1일 때의 접선. 접선 식을 사용

plt.plot(x, y, label="y")
plt.plot(x, y_t, label="y_t")
plt.legend()

plt.xlabel("x", size=14)
plt.ylabel("y", size=14)
plt.grid()

plt.show()
```

Out

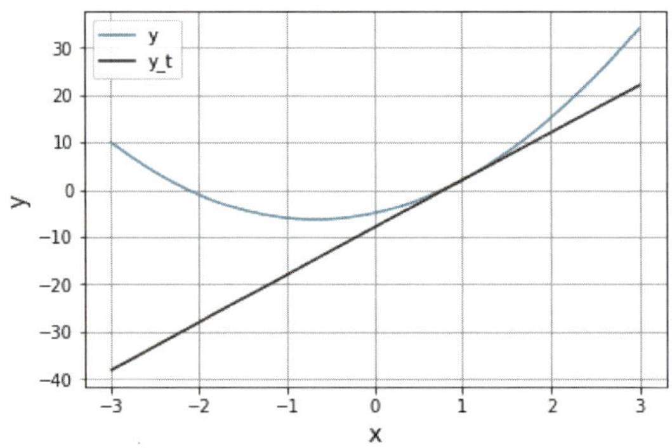

도함수를 사용해서 접선을 그릴 수 있었습니다. 인공지능에서는 이처럼 국소적인 기울기를 사용해서 각 파라미터 전체의 결과에 미치는 영향을 계산합니다.

5.1.5 연습

문제

리스트5.2를 보완해서 함수 $f(x) = -2x^2 + x + 3$의 $x = 1$인 경우의 접선을 그립시다.

리스트5.2 문제

In

```
import numpy as np
import matplotlib.pyplot as plt

def my_func(x):
    return -2*x**2 + x + 3

def my_func_dif(x):  # 도함수
    return      # 이 행에 코드를 보완한다

x = np.linspace(-3, 3)
y = my_func(x)

a = 1
y_t = my_func_dif(a)*x + my_func(a) - my_func_dif(a)*a
# x=1일 때의 접선

plt.plot(x, y, label="y")
plt.plot(x, y_t, label="y_t")

plt.xlabel("x", size=14)
plt.ylabel("y", size=14)
plt.grid()

plt.legend()
plt.show()
```

정답 예

리스트5.3 정답 예

In

```
import numpy as np
import matplotlib.pyplot as plt

def my_func(x):
    return -2*x**2 + x + 3

def my_func_dif(x):  # 도함수
    return -4*x + 1  # 이 행에 코드를 보완한다

x = np.linspace(-3, 3)
y = my_func(x)

a = 1
y_t = my_func_dif(a)*x + my_func(a) - my_func_dif(a)*a
# x=1일 때의 접선

plt.plot(x, y, label="y")
plt.plot(x, y_t, label="y_t")

plt.xlabel("x", size=14)
plt.ylabel("y", size=14)
plt.grid()

plt.legend()
plt.show()
```

Out

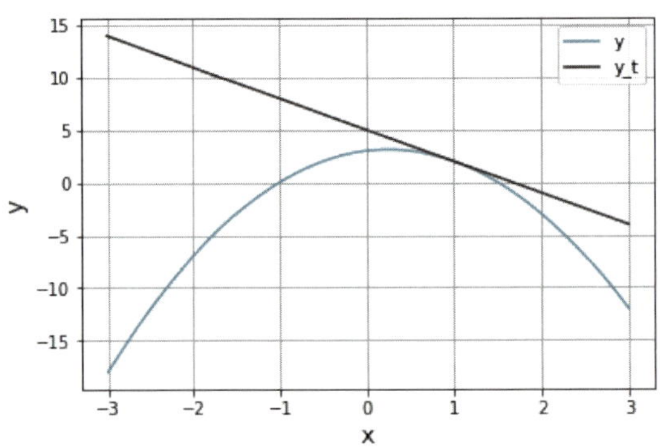

5.2 연쇄 법칙

연쇄 법칙(chain rule)에 의해 합성함수의 미분을 할 수 있습니다. 연쇄 법칙은 인공지능의 일종인 뉴럴 네트워크의 학습에 사용합니다.

5-2-1 합성함수

연쇄 법칙을 다루기 전에 **합성함수**를 설명합니다. 합성함수란

$$y = f(u)$$
$$u = g(x)$$

와 같이 여러 개 함수의 합성으로 표현되는 함수입니다.

예를 들어, 함수 $y = (x^2 + 1)^3$는 다음과 같은 u를 사이에 둔 합성함수라고 생각할 수 있습니다.

$$y = u^3$$
$$u = x^2 + 1$$

5-2-2 연쇄 법칙(chain rule)

합성함수의 미분은 구성하는 각 함수의 도함수의 곱으로 나타낼 수 있습니다. 이를 **연쇄 법칙**(chain rule)이라고 합니다.

연쇄 법칙은 다음의 식으로 표현됩니다.

$$\frac{dy}{dx} = \frac{dy}{du}\frac{du}{dx} \quad \text{(식1)}$$

y가 u의 함수, u가 x의 함수일 때, (식1)의 공식을 이용해서 y를 x로 미분할 수 있습니다.

예로서 다음의 함수를 미분해봅시다.

$$y = (x^3 + 2x^2 + 3x + 4)^3$$

이 식에서의 u를 다음과 같이 설정합니다.

$$u = x^3 + 2x^2 + 3x + 4$$

이로써 y를 다음과 같이 나타낼 수 있습니다.

$$y = u^3$$

5

이 때, (식1)의 연쇄 법칙을 이용하면 y를 x로 미분할 수 있습니다.

$$\begin{aligned}\frac{dy}{dx} &= \frac{dy}{du}\frac{du}{dx} \\ &= 3u^2(3x^2 + 4x + 3) \\ &= 3(x^3 + 2x^2 + 3x + 4)^2(3x^2 + 4x + 3)\end{aligned}$$

미분

도함수를 구할 수 있었습니다. 이와 같이 합성함수는 연쇄 법칙을 이용함으로써 미분할 수 있습니다.

5-2-3 연쇄 법칙의 증명

연쇄 법칙을 증명합니다.

엄밀한 증명은 아니지만, 연쇄 법칙이 어떻게 성립하는지 직관적으로 파악하는 것이 중요합니다.

$y = f(u)$, $u = g(x)$로 했을 때, y의 x에 의한 도함수는 다음과 같습니다.

$$\begin{aligned}\frac{dy}{dx} &= \lim_{\Delta x \to 0} \frac{f(g(x+\Delta x)) - f(g(x))}{\Delta x} \\ &= \lim_{\Delta x \to 0} \left(\frac{f(g(x+\Delta x)) - f(g(x))}{g(x+\Delta x) - g(x)} \cdot \frac{g(x+\Delta x) - g(x)}{\Delta x}\right)\end{aligned}$$

여기서 $\Delta u = g(x+\Delta x) - g(x)$로 해두면 $\Delta x \to 0$일 때, $\Delta u \to 0$이므로 다음과 같이 연쇄율이 도출됩니다.

$$\begin{aligned}\frac{dy}{dx} &= \lim_{\Delta x \to 0}(\frac{f(u+\Delta u)-f(u)}{\Delta u}\cdot\frac{\Delta u}{\Delta x}) \\ &= \lim_{\Delta u \to 0}(\frac{f(u+\Delta u)-f(u)}{\Delta u})\cdot\lim_{\Delta x \to 0}\frac{\Delta u}{\Delta x} \\ &= \frac{dy}{du}\frac{du}{dx}\end{aligned}$$

ATTENTION

연쇄 법칙의 증명

연쇄 법칙을 엄밀하게 증명하기 위해서는 위에 적은 $\Delta u = g(x+\Delta x) - g(x)$가 어떤 구간에서 0이 되어버리는 경우도 고려해야 합니다. 이 경우, 분모가 0이 되는 문제에 대처해야 합니다.

5.2.4 연습

문제

다음의 합성함수의 도함수를 연쇄 법칙을 사용해서 구합시다.

정답은 종이에 적거나 Jupyter Notebook의 셀에 LaTeX으로 기술해도 됩니다.

$$y = (x^2 + 4x + 1)^4$$

정답 예

$$u = x^2 + 4x + 1$$

$$y = u^4$$

라고 두면, 연쇄율에 의해

$$\begin{aligned}\frac{dy}{dx} &= \frac{dy}{du}\frac{du}{dx} \\ &= 4u^3(2x+4) \\ &= 4(x^2+4x+1)^3(2x+4)\end{aligned}$$

5.3 편미분

편미분에서는 다변수함수를 하나의 변수에 대해 미분합니다.

인공지능에서 파라미터 하나의 변화가 전체에 미치는 영향을 구하는데 사용합니다.

5-3-1 편미분

여러 개의 변수를 가진 함수에 대해 하나의 변수에 의해서만 이뤄지는 미분을 **편미분**이라고 합니다.

편미분의 경우 다른 변수는 상수로 취급합니다.

예를 들어, 2변수로 이루어진 함수 $f(x, y)$의 편미분은 다음과 같이 ∂(델, 디, 파셜 등으로 읽는다)의 기호를 사용해 나타낼 수 있습니다.

$$\frac{\partial}{\partial x} f(x, y) = \lim_{\Delta x \to 0} \frac{f(x + \Delta x, y) - f(x, y)}{\Delta x}$$

x만 미소(微小)한 양 Δx만큼 변화시키고, Δx를 한없이 0에 가깝게 합니다. y는 미소 변화하지 않으므로 편미분일 때는 상수처럼 취급할 수 있습니다.

편미분의 이미지를 그림5.2에 나타냅니다.

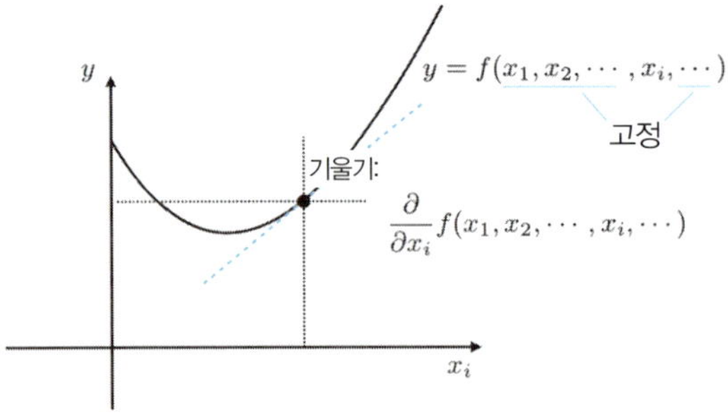

그림5.2 편미분의 이미지

그림5.2에서는 x_i 이외의 변수를 고정하고, x_i에 대한 $f(x_1, x_2, \cdots, x_i, \cdots)$ 변화의 비

율을 구합니다.

이처럼 편미분에서는 어떤 변수 x_i이외의 변수를 고정해서 x_i의 변화에 대한 $f(x_1, x_2, \cdots, x_i, \cdots)$의 변화 비율, 즉 기울기를 구합니다.

5-3-2 편미분의 예

예로서 다음과 같은 변수 x, y를 가진 함수 $f(x, y)$를 생각해 봅시다.

$$f(x, y) = 3x^2 + 4xy + 5y^3$$

이 함수를 편미분합니다. 편미분일 때는 y를 상수로서 취급, 미분의 공식을 이용해서 x로 미분합니다.

이로써 다음의 식을 얻을 수 있습니다. 편미분에서는 d가 아닌 ∂ 기호를 사용합니다.

$$\frac{\partial}{\partial x} f(x, y) = 6x + 4y$$

이러한 편미분에 의해 구한 함수를 **편도함수**라고 합니다. 이 경우, 편도함수는 y의 값을 고정했을 때의 x의 변화에 대한 $f(x, y)$의 변화율이 됩니다.

$f(x, y)$의 y에 의한 편미분은 다음과 같습니다. 이 경우 x는 상수로서 취급합니다.

$$\frac{\partial}{\partial y} f(x, y) = 4x + 15y^2$$

이것은 x의 값을 고정했을 때의 y의 변화에 대한 $f(x, y)$의 변화율이 됩니다.

편미분을 이용함으로써 특정 파라미터의 매우 작은 변화가 결과에 미치는 영향을 예측할 수 있습니다.

5-3-3 연습

문제

다음의 2변수 함수를 x 및 y로 편미분합시다.

정답은 종이에 적거나 Jupyter Notebook의 셀에 LaTeX으로 기술해도 됩니다.

$$f(x, y) = 2x^3 + 4x^2y + xy^2 - 4y^2$$

정답 예

$$\frac{\partial}{\partial x} f(x, y) = 6x^2 + 8xy + y^2$$

$$\frac{\partial}{\partial y} f(x, y) = 4x^2 + 2xy - 8y$$

5

미분

5.4 전미분

전미분에서는 다변수함수의 미소변화를 전체 변수의 미소변화를 사용해서 구합니다.

5-4-1 전미분

2변수함수 $z = f(x, y)$의 **전미분**은 다음의 식으로 표현됩니다.

$$dz = \frac{\partial z}{\partial x} dx + \frac{\partial z}{\partial y} dy \qquad \text{(식1)}$$

x에 의한 편미분에 x의 미소변화 dx를 곱한 것과 y에 의한 편미분에 y의 미소변화 dy를 곱한 것을 더하여, z의 미소변화 dz를 구합니다.

변수가 2개보다 많은 함수도 있을 수 있으므로 더욱 범용적인 형태로 적어봅시다.

다음은 n개의 변수를 가진 함수 z의 전미분입니다. x_i가 각 변수를 나타냅니다.

$$dz = \sum_{i=1}^{n} \frac{\partial z}{\partial x_i} dx_i$$

전미분을 이용함으로써 다변수 함수의 미소한 변화량을 각 변수에 의한 편미분과 각 변수의 미소한 변화에 의해 구할 수 있습니다.

인공지능에서는 많은 파라미터를 가진 다변수 함수를 취급하므로 결과의 미소한 변화량을 구할 때 전미분이 도움이 됩니다.

5-4-2 전미분 식의 도출

(식1)을 도출합니다.

함수 $z = f(x, y)$를 생각해 봅시다. x의 미소한 변화를 Δx, y의 미소한 변화를 Δy로 하면 z의 미소한 변화 Δz는 다음과 같습니다.

$$\begin{aligned}\Delta z &= f(x+\Delta x, y+\Delta y) - f(x,y) \\ &= f(x+\Delta x, y+\Delta y) - f(x, y+\Delta y) + f(x, y+\Delta y) - f(x,y) \\ &= \frac{f(x+\Delta x, y+\Delta y) - f(x, y+\Delta y)}{\Delta x}\Delta x + \frac{f(x, y+\Delta y) - f(x,y)}{\Delta y}\Delta y\end{aligned}$$

이 식에서 Δx와 Δy를 다음과 같이 0에 한없이 가깝게 합니다.

$$\begin{aligned}\lim_{\Delta x \to 0 \Delta y \to 0} \Delta z = &\lim_{\Delta x \to 0 \Delta y \to 0} \frac{f(x+\Delta x, y+\Delta y) - f(x, y+\Delta y)}{\Delta x}\Delta x \\ &+ \lim_{\Delta x \to 0 \Delta y \to 0} \frac{f(x, y+\Delta y) - f(x,y)}{\Delta y}\Delta y\end{aligned}$$

이 식에서 Δy가 충분히 작으면 우변 제1항의 Δy는 무시할 수 있습니다.

이 때, 우변의 제1항, 제2항 모두 편미분 정의의 식을 포함하게 됩니다.

또한 좌변을 dz, 미소량 Δx와 Δy를 dx, dy로 해두면 다음 식이 도출됩니다.

$$dz = \frac{\partial z}{\partial x}dx + \frac{\partial z}{\partial y}dy$$

5-4-3 전미분의 예

다음 함수를 전미분해 봅시다.

$$f(x, y) = 3x^2 + 4xy + 5y^3$$

x 및 y에 의한 편미분은 다음과 같습니다.

$$\frac{\partial}{\partial x}f(x, y) = 6x + 4y$$
$$\frac{\partial}{\partial y}f(x, y) = 4x + 15y^2$$

따라서 (식1)에 의해 전미분은 다음과 같이 표현됩니다.

$$dz = (6x + 4y)dx + (4x + 15y^2)dy$$

5-4-4 연습

문제

다음의 2변수 함수를 전미분합시다.

정답은 종이에 적거나 Jupyter Notebook의 셀에 LaTeX으로 기술해도 됩니다.

$$f(x, y) = 2x^3 + 4x^2y + xy^2 - 4y^2$$

정답 예

$$\frac{\partial}{\partial x}f(x, y) = 6x^2 + 8xy + y^2$$
$$\frac{\partial}{\partial y}f(x, y) = 4x^2 + 2xy - 8y$$

따라서 (식1)에 의해

$$dz = (6x^2 + 8xy + y^2)dx + (4x^2 + 2xy - 8y)dy$$

5.5 다변수 합성함수의 연쇄 법칙

다변수로 이루어진 합성함수를 연쇄 법칙에 의해 미분합니다.

5-5-1 다변수 합성함수의 미분①

다변수로 이루어진 합성함수에 연쇄 법칙을 적용합시다.

먼저 다음 합성함수를 생각해 봅시다.

$$z = f(u, v)$$
$$u = g(x)$$
$$v = h(x)$$

z는 u와 v의 함수이고, u와 v는 각각 x의 함수입니다. 이 합성함수로 $\frac{dz}{dx}$를 구합시다. 이 경우, 앞에서 다룬 전미분의 식에 의해 다음이 성립됩니다.

$$dz = \frac{\partial z}{\partial u}du + \frac{\partial z}{\partial v}dv$$

이 식의 양변을 미소량 dx로 나눠서 합성함수 z의 x에 의한 미분을 얻을 수 있습니다.

$$\frac{dz}{dx} = \frac{\partial z}{\partial u}\frac{du}{dx} + \frac{\partial z}{\partial v}\frac{dv}{dx}$$

이 식을 일반화합니다. u나 v처럼 매개하는 변수가 m개 있다고 하면 다음과 같이 나타낼 수 있습니다.

$$\frac{dz}{dx} = \sum_{i=1}^{m}\frac{\partial z}{\partial u_i}\frac{du_i}{dx} \quad \text{(식1)}$$

u_i는 위의 u, v처럼 매개하는 변수입니다. 앞에서 설명한 연쇄 법칙 식에 총합 기호 Σ가 더 붙었습니다.

5-5-2 다변수 합성함수의 미분②

동일한 프로세스를 다음의 합성함수에 적용해 봅시다.

$$z = f(u, v)$$
$$u = g(x, y)$$
$$v = h(x, y)$$

z는 u와 v의 함수이며, u와 v는 모두 x와 y의 함수입니다.

이 경우, z의 x에 대한 변화의 비율과 z의 y에 의한 변화의 비율은 편미분으로 표현됩니다.

이것들은 (식1)을 적용하면 다음과 같습니다.

$$\frac{\partial z}{\partial x} = \frac{\partial z}{\partial u}\frac{\partial u}{\partial x} + \frac{\partial z}{\partial v}\frac{\partial v}{\partial x}$$
$$\frac{\partial z}{\partial y} = \frac{\partial z}{\partial u}\frac{\partial u}{\partial x} + \frac{\partial z}{\partial v}\frac{\partial v}{\partial x}$$

이것들의 식을 일반화합니다. x_k가 z를 구성하는 변수의 하나이며, 매개하는 변수가 m개 있을 때, 다음의 관계가 성립됩니다.

$$\frac{\partial z}{\partial x_k} = \sum_{i=1}^{m} \frac{\partial z}{\partial u_i}\frac{\partial u_i}{\partial x_k}$$

또한 위에 적은 걸 벡터로 나타냅니다. z가 변수 $x_1, x_2, \cdots, x_n$의 함수이며, 사이에 들어간 함수가 m개 있을 경우 다음의 관계가 성립됩니다.

$$(\frac{\partial z}{\partial x_1}, \frac{\partial z}{\partial x_2}, \cdots, \frac{\partial z}{\partial x_n}) = (\sum_{i=1}^{m} \frac{\partial z}{\partial u_i}\frac{\partial u_i}{\partial x_1}, \sum_{i=1}^{m} \frac{\partial z}{\partial u_i}\frac{\partial u_i}{\partial x_2}, \cdots, \sum_{i=1}^{m} \frac{\partial z}{\partial u_i}\frac{\partial u_i}{\partial x_n})$$

이처럼 해서 모든 변수에 의한 편도함수를 한 번에 나타낼 수 있습니다.

이상으로부터 다변수의 연쇄 법칙을 일반적인 형태로 나타냈습니다. 인공지능에서는 다변수의 합성함수를 다루는데 각 변수가 함수에 주는 영향을 연쇄 법칙에 의해 구할 수 있습니다.

5.5.3 다변수 합성함수의 미분의 예

다음의 합성함수를 x로 미분합니다.

$$z = u^3 + 3v^2$$

$$u = 2x^2 + 3x + 4$$

$$v = x^2 + 5$$

(식1)에 의해

$$\begin{aligned} \frac{dz}{dx} &= \frac{\partial z}{\partial u}\frac{du}{dx} + \frac{\partial z}{\partial v}\frac{dv}{dx} \\ &= 3u^2(4x+3) + 6v(2x) \\ &= 3(2x^2+3x+4)^2(4x+3) + 12x(x^2+5) \end{aligned}$$

이처럼 다변수의 합성함수라도 연쇄 법칙을 이용하면 미분할 수 있습니다.

5.5.4 연습

문제

다음의 합성함수 z를 x로 미분합시다.

정답은 종이에 적거나 Jupyter Notebook의 셀에 LaTeX으로 기술해도 됩니다.

$$z = 2u^3 + uv^2 + 4v$$

$$u = x^2 + 3x$$

$$v = x + 7$$

정답 예

(식1)에 의해

$$\begin{aligned} \frac{dz}{dx} &= \frac{\partial z}{\partial u}\frac{du}{dx} + \frac{\partial z}{\partial v}\frac{dv}{dx} \\ &= (6u^2 + v^2)(2x+3) + (2uv+4) \\ &= (6(x^2+3x)^2 + (x+7)^2)(2x+3) + 2(x^2+3x)(x+7) + 4 \end{aligned}$$

5.6 네이피어수와 자연로그

네이피어수와 자연로그는 인공지능의 여러 가지 경우에서 사용됩니다.

5-6-1 네이피어수

5

미분

네이피어수 e는 수학적으로 매우 편리한 성질을 가진 수입니다. 네이피어수의 값은 원주율 π처럼 무한으로 자리수가 이어지는 소수입니다.

$$e = 2.718281828459045235360287471352...$$

e의 값인데 다음의 극한으로 구할 수 있습니다.

$$e = \lim_{n \to \infty} \left(1 + \frac{1}{n}\right)^n$$

$\left(1 + \frac{1}{n}\right)^n$은 n이 커지면 점차 e의 값에 가까워지는데 이것에 관해서는 추후 연습에서 확인합니다.

네이피어수는 다음과 같은 거듭제곱의 형태로 자주 이용됩니다.

$$y = e^x \qquad \text{(식1)}$$

이 식은 다음과 같이 미분해도 식이 변하지 않는 편리한 특징을 갖고 있습니다.

$$\begin{aligned} \frac{\partial y}{\partial x} &= \lim_{\Delta x \to 0} \frac{e^{x+\Delta x} - e^x}{\Delta x} \\ &= e^x \end{aligned}$$

이 성질때문에 네이피어수는 수학적으로 다루기 쉽고 인공지능에서의 여러 가지 수식에서 사용됩니다.

(식1)은 다음과 같이 표기할 수도 있습니다.

$$y = \exp(x)$$

이 표기는 괄호 안에 많은 기술을 해야 하는 경우에 편리합니다. e의 오른쪽 위에 작은 문자로 많은 기술이 있으면 식을 읽기 힘들기 때문입니다.

ATTENTION

Python에서의 e

Python에서 **1.2e5**, **2.4e-4** 등의 수치 표기에 이용되는 **e**는 네이피어수와는 관계없습니다.

5-6-2 네이피어수의 구현

네이피어수는 NumPy에서의 **e**로 취득할 수 있습니다. 또한, 네이피어수의 거듭제곱은 NumPy의 **exp()** 함수로 구현할 수 있습니다(리스트5.4).

리스트5.4 네이피어수를 표시한다

In

```
import numpy as np

print(np.e)  # 네이피어수
print(np.exp(1))  # e의 1제곱
```

Out

```
2.718281828459045
2.71828182845904
```

다음으로 아래의 식으로 나타내는 네이피어수의 거듭제곱을 그래프로 합니다(리스트 5.5).

$$y = \exp(x)$$

리스트5.5 네이피어수의 거듭제곱을 그래프로 한다

In

```
%matplotlib inline
```

```
import numpy as np
import matplotlib.pyplot as plt

x = np.linspace(-2, 2)
y = np.exp(x)  # 네이피어수의 거듭제곱

plt.plot(x, y)

plt.xlabel("x", size=14)
plt.ylabel("y", size=14)
plt.grid()

plt.show()
```

Out

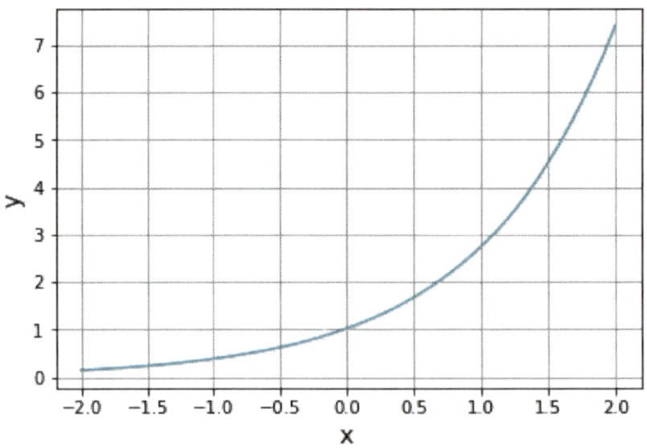

네이피어수의 거듭제곱은 x가 0일 때 1이 되고, x가 1일 때 네이피어수의 값이 됩니다. x가 작아지면 0에 가까워지고, x가 커짐과 동시에 증가율이 증대합니다.

5-6-3 자연로그

$y = a^x \quad (a > 0,\ a \neq 1)$를 좌변이 x가 되게 변형합시다.

여기에서 log 기호를 사용합니다. 이 기호를 이용하여 x를 다음과 같이 나타냅니다.

$$x = \log_a y$$

이 식에서의 x는 「a를 거듭제곱해서 y가 되는 수」가 됩니다.

이 식에서 x와 y를 바꿉니다.

$$y = \log_a x$$

이 $\log_a x$를 **로그(대수)**라고 부릅니다.

그리고 특히 a가 네이피어수 e인 경우, $\log_e x$를 **자연로그**라고 합니다. 자연로그는 다음과 같이 나타냅니다.

$$y = \log_e x$$

이 식에서는 e를 y 제곱하면 x가 됩니다.

자연로그는 「e를 몇 제곱하면 x가 되는가」를 나타냅니다.

이 표기에서 네이피어수 e는 자주 다음과 같이 생략됩니다.

$$y = \log x$$

또한, 자연로그를 포함하는 로그에는 몇 가지 공식이 있습니다. 다음에 대표적인 공식을 몇 가지 나타냅니다.

$a > 0$, $a \neq 1$, $p > 0$, $q > 0$일 때, 다음의 관계를 만족합니다.

$$\log_a pq = \log_a p + \log_a q$$
$$\log_a \frac{p}{q} = \log_a p - \log_a q$$
$$\log_a p^r = r \log_a p$$

위에 쓴 것 중에 $\log_a pq = \log_a p + \log_a q$의 관계는 다음과 같이 총합과 총곱의 기호를 사용해 일반화할 수 있습니다.

$$\log_a \prod_{k=1}^{n} p_k = \sum_{k=1}^{n} \log_a p_k$$

5-6-4 자연로그와 도함수

자연로그의 도함수는 다음과 같이 x의 역수가 됩니다.

$$\frac{d}{dx}\log x = \frac{1}{x}$$

도함수가 간단한 형태로 되는 것도 자연로그의 장점입니다. 또한, $y = a^x$ (a는 임의의 실수)처럼 거듭제곱의 도함수는 자연로그를 사용해서 나타냅니다.

$$\frac{d}{dx}a^x = a^x \log a$$

위에 적은 식에서 특히 a가 네이피어수 e인 경우 다음과 같이 됩니다.

$$\frac{d}{dx}e^x = e^x$$

네이피어수의 거듭제곱은 미분해서도 원래의 모습 그대로입니다. 미분하는 것이 간단하므로 거듭제곱이 필요한 함수에서 네이피어수는 자주 이용합니다.

5-6-5 자연로그의 구현

자연로그는 NumPy의 **log()** 함수를 사용하여 구현할 수 있습니다(리스트5.6).

리스트5.6 log() 함수에 의해 자연로그를 계산한다

In

```
import numpy as np

print(np.log(np.e))  # 네이피어수의 자연로그
print(np.log(np.exp(2)))  # 네이피어수의 2제곱의 자연로그
print(np.log(np.exp(12)))  # 네이피어수의 12제곱의 자연로그
```

Out

```
1.0
2.0
12.0
```

네이피어수의 자연로그는 정의대로 1이 되는 것을 확인할 수 있습니다. 또한, 네이피어수의 거듭제곱의 자연로그는 오른쪽 위의 지수가 되는 것도 확인할 수 있습니다.

다음에 아래의 식으로 나타내는 자연로그를 그래프로 만듭니다(리스트5.7)

$$y = \log x$$

리스트5.7 자연로그를 그래프로 한다

In

```
import numpy as np
import matplotlib.pyplot as plt

x = np.linspace(0.01, 2)  # x를 0으로 할 수는 없다
y = np.log(x)  # 자연로그

plt.plot(x, y)

plt.xlabel("x", size=14)
plt.ylabel("y", size=14)
plt.grid()

plt.show()
```

Out

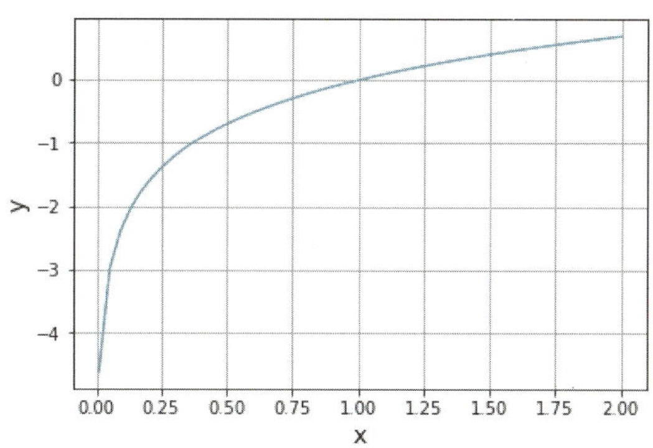

자연로그는 x가 1일 때 0이 됩니다. 또한, x가 0에 가까워지면 무한히 작아집니다. x가 커지면 단조증가하는데, 증가율은 점차 작아집니다.

5-6-6 시그모이드 함수

기계학습의 한 분야, 뉴럴네트워크(neural network)에서는 **시그모이드 함수**라고 하는 네이피어수를 이용한 함수가 자주 사용됩니다. 시그모이드 함수는 다음 수식으로 표현됩니다.

$$y = \frac{1}{1+\exp(-x)}$$

이 함수의 도함수를 구합니다. $u = 1+\exp(-x)$로 두면 다음과 같이 연쇄 법칙을 사용해 미분할 수 있습니다.

$$\begin{aligned}
\frac{dy}{dx} &= \frac{dy}{du}\frac{du}{dx} \\
&= \frac{d}{du}(u^{-1})\frac{d}{dx}(1+\exp(-x)) \\
&= (-u^{-2})(-\exp(-x)) \\
&= \frac{\exp(-x)}{(1+\exp(-x))^2} \\
&= \left(\frac{\exp(-x)}{1+\exp(-x)}\right)\left(\frac{1}{1+\exp(-x)}\right) \\
&= \left(\frac{1+\exp(-x)}{1+\exp(-x)} - \frac{1}{1+\exp(-x)}\right)\left(\frac{1}{1+\exp(-x)}\right) \\
&= (1-y)y
\end{aligned}$$

시그모이드 함수 y의 도함수는 $(1-y)y$가 됐습니다. 이처럼 도함수가 간단한 것도 시그모이드 함수의 장점입니다.

리스트5.8에서는 NumPy의 **exp()** 함수를 사용해서 시그모이드 함수와 그 도함수의 그래프를 그립니다.

리스트5.8 시그모이드 함수와 그 도함수의 그래프

In

```
import numpy as np
import matplotlib.pylab as plt

def sigmoid_function(x):  # 시그모이드 함수
    return 1/(1+np.exp(-x))
```

```python
def grad_sigmoid(x):  # 시그모이드 함수의 도함수
    y = sigmoid_function(x)
    return (1-y)*y

x = np.linspace(-5, 5)
y = sigmoid_function(x)
y_grad = grad_sigmoid(x)

plt.plot(x, y, label="y")
plt.plot(x, y_grad, label="y_grad")
plt.legend()

plt.xlabel("x", size=14)
plt.ylabel("y", size=14)
plt.grid()

plt.show()
```

Out

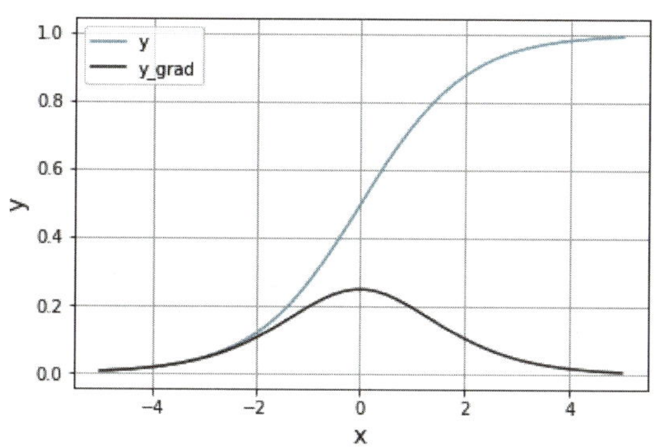

리스트5.8과 같이 시그모이드 함수는 x 값이 작아지면 0에 가까워지고, x의 값이 커지면 1에 가까워집니다. 또한, 도함수 쪽은 x가 0일 때 최댓값인 0.25를 취하고, 0으로부터 멀어짐에 따라 0에 가까워갑니다.

시그모이드 함수에 의해 입력을 0과 1 사이의 연속적인 출력으로 변환할 수 있습니다. 이 특성을 살려 인공지능에서는 인공적인 신경세포의 흥분 정도를 나타내는 **활성화함수**로서 시그모이드 함수가 사용됩니다. 또한, 시그모이드 함수의 도함수는 뉴럴 네트워크

를 최적화하는 **백프로퍼게이션(Backpropagation, 오차역전파법)** 알고리즘에서 사용됩니다.

5.6.7 연습

문제

다음의 수식에서 n 값을 조금씩 크게 해서 a_n 값이 네이피어수에 가까워지는 걸 코드로 확인합시다(리스트5.9).

$$a_n = \lim_{n\to\infty}\left(1+\frac{1}{n}\right)^n$$

리스트5.9 문제

In

```
# 네이피어수: e = 2.71828 18284 59045 23536 02874 71352 …

import numpy as np

def approach_napier(n):
    return (1 + 1/n)**n

n_list = [2, 4, 10]  # 이 리스트에 더욱 큰 값을 추가한다.
for n in n_list:
    print("a_"+ str(n) + " =", approach_napier(n))
```

정답 예

리스트5.10 정답 예

In

```
# 네이피어수: e = 2.71828 18284 59045 23536 02874 71352 …

import numpy as np

def approach_napier(n):
```

```
    return (1 + 1/n)**n

n_list = [2, 4, 10, 100, 1000, 10000]
# 이 리스트에 더욱 큰 값을 추가한다
for n in n_list:
    print("a_"+ str(n) + " =", approach_napier(n))
```

Out

```
a_2 = 2.25
a_4 = 2.44140625
a_10 = 2.5937424601000023
a_100 = 2.7048138294215285
a_1000 = 2.7169239322355936
a_10000 = 2.7181459268249255
```

5.7 최급강하법

최급강하법으로는 미분에 의해 구한 기울기를 바탕으로 함수의 최솟값을 구합니다. 인공지능에서는 학습을 위한 알고리즘에 자주 이용됩니다.

5-7-1 최급강하법

경사법은 함수의 미분값(기울기)을 바탕으로 최솟값 등의 탐색을 시행하는 알고리즘입니다.

최급강하법은 경사법의 일종으로 가장 급한 방향으로 강하하도록 해서 최솟값을 탐색합니다.

다음 최급강하법의 알고리즘을 설명합니다.

이쪽의 다변수함수, $f(\vec{x})$의 최솟값을 탐색합니다.

$$f(\vec{x}) = f(x_1, x_2, \cdots, x_i, \cdots, x_n)$$

이 때, $\vec{x}$의 초깃값을 적당히 정한 후에 다음 식에 의거한 모든 요소를 갱신합니다.

$$x_i \leftarrow x_i - \eta \frac{\partial f(\vec{x})}{\partial x_i} \quad \text{(식1)}$$

여기에서 η은 학습계수라 불리는 상수로 x_i의 갱신 속도를 정합니다.

이 식에 의해 기울기가 $\frac{\partial f(\vec{x})}{\partial x_i}$ 클수록(경사가 급할수록) x_i 값은 크게 변경되게 됩니다. 이것을 $f(\vec{x})$가 변화하지 않게 될 때까지(기울기가 0이 될 때까지) 반복함으로써 $f(\vec{x})$의 최솟값을 구합니다.

5

5-7-2 최급강하법의 구현

미분

다음의 간단한 일변수함수 $f(x)$의 최솟값을 최급강하법을 사용해서 구합니다.

$$f(x) = x^2 - 2x$$

이 함수는 x의 값이 1일 때에 최솟값 $f(1) = -1$을 취합니다. 또한, 이 함수를 x로 미분하면 다음과 같습니다.

$$\frac{df(x)}{dx} = 2x - 2$$

변수가 하나이므로 편미분이 아닌 상미분을 사용합니다.

리스트5.11의 코드는 위에 적은 함수의 최솟값을 최급강하법으로 구합니다. (식1)을 사용해서 x를 20회 갱신하고, 그 과정을 마지막에 그래프로 표시합니다.

리스트5.11 최급강하법으로 함수의 최솟값을 구한다

In

```
%matplotlib inline

import numpy as np
import matplotlib.pyplot as plt

def my_func(x):  # 최솟값을 구하는 함수
    return x**2 - 2*x
```

```
def grad_func(x):  # 도함수
    return 2*x - 2

eta = 0.1  # 학습계수
x = 4.0  # x에 초깃값을 설정
record_x = []  # x의 기록
record_y = []  # y의 기록
for i in range(20):  # 20회 x를 갱신한다
    y = my_func(x)
    record_x.append(x)
    record_y.append(y)
    x -= eta * grad_func(x)  # (식1)

x_f = np.linspace(-2, 4)  # 표시 범위
y_f = my_func(x_f)

plt.plot(x_f, y_f, linestyle="dashed")  # 함수를 점선으로 표시
plt.scatter(record_x, record_y)  # x와 y의 기록을 표시

plt.xlabel("x", size=14)
plt.ylabel("y", size=14)
plt.grid()

plt.show()
```

Out

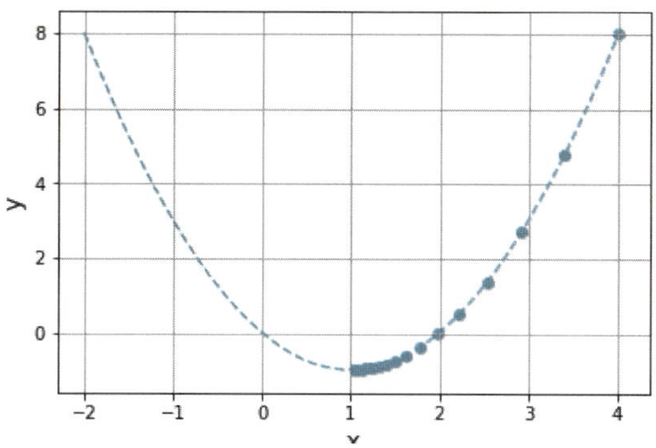

x의 초깃값은 4인데, 거기서부터 함수를 미끄러지게 해서 최솟값 부근에 도착했습니다. 점차 x의 간격은 좁아지고 있으며, 기울기가 작아지면서 함께 x의 갱신량이 작아지는 걸 확인할 수 있습니다. 최급강하법이 작용하고 있네요.

또한, 최급강하법으로 구할 수 있는 최솟값은 엄밀한 최솟값은 아닙니다. 그러나 현실의 문제를 다룰 때는 함수의 형상조차 알 수 없는 것이 많으므로 최급강하법으로 최솟값을 조금씩 탐색하는 접근이 유효합니다.

5.7.3 국소적인 최솟값

최솟값에는 전체의 최솟값과 국소적인 최솟값이 있습니다. 앞의 예에서는 함수가 비교적 단순하므로 전체의 최솟값에 가볍게 다다를 수 있었습니다.

그러나 인공지능에서 다루는 문제는 함수의 형상이 복잡한 것이 많기 때문에 국소적인 최솟값에 트랩돼 전체의 최솟값에 다다를 수 없는 경우가 있습니다.

다음에서는 국소적인 최솟값의 예를 살펴봅니다. 아래 함수 $f(x)$의 최솟값을 최급강하법을 사용해서 구합니다.

$$f(x) = x^4 + 2x^3 - 3x^2 - 2x$$

이 함수를 x로 미분하면 다음과 같습니다.

$$\frac{df(x)}{dx} = 4x^3 + 6x^2 - 6x - 2$$

리스트5.12의 코드에서는 위의 함수에 최급강하법을 적용하고 있습니다.

리스트5.12 국소적인 최솟값으로의 트랩

In

```
import numpy as np
import matplotlib.pyplot as plt

def my_func(x):  # 최솟값을 구하는 함수
    return x**4 + 2*x**3 - 3*x**2 - 2*x

def grad_func(x):  # 도함수
```

```
    return 4*x**3 + 6*x**2 - 6*x - 2

eta = 0.01  # 학습계수
x = 1.6  # x에 초깃값을 설정
record_x = []  # x의 기록
record_y = []  # y의 기록
for i in range(20):  # 20회 x를 갱신한다
    y = my_func(x)
    record_x.append(x)
    record_y.append(y)
    x -= eta * grad_func(x)  # (식1)

x_f = np.linspace(-2.8, 1.6)  # 표시 범위
y_f = my_func(x_f)

plt.plot(x_f, y_f, linestyle="dashed")  # 함수를 점선으로 표시
plt.scatter(record_x, record_y)  # x와 y의 기록을 표시

plt.xlabel("x", size=14)
plt.ylabel("y", size=14)
plt.grid()

plt.show()
```

Out

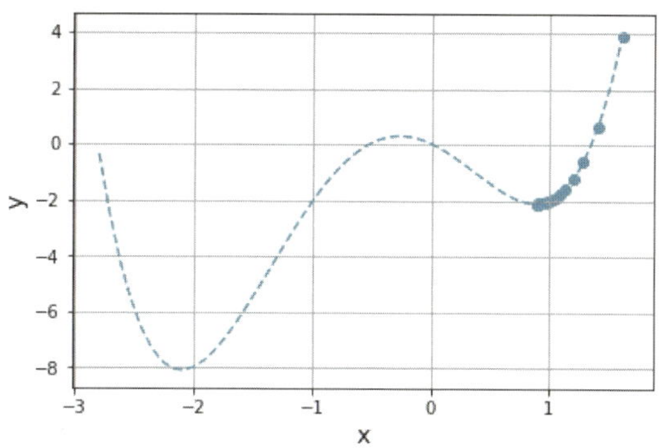

점선으로 표시되는 함수의 커브에는 왼쪽 오른쪽 두 개 움푹 들어간 곳이 있네요. 왼쪽이 전체의 최솟값, 오른쪽이 국소적인 최솟값입니다.

리스트5.12의 코드에서는 **x = 1.6**을 초깃값으로 했는데, 이 경우 오른쪽의 국소적인 최솟값에 트랩되어 빠져나올 수 없게 됩니다.

인공지능에서 이러한 국소적인 최솟값으로의 트랩은 심각한 문제입니다. 적절하게 초깃값을 설정하거나 혹은 랜덤성을 도입하거나 해서 이러한 문제로의 대책이 시행됩니다. 위에 적은 경우에도 적절하게 초깃값이 설정되면 전체의 최솟값에 다다를 수 있습니다.

5.7.4 연습

5

문제

리스트5.13의 최급강하법의 코드를 실행하면 국소적인 최솟값에 트랩되고 맙니다. **x**의 초깃값을 변경해서 전체의 최솟값에 다다르게 합시다.

리스트5.13 문제

In

```
import numpy as np
import matplotlib.pyplot as plt

def my_func(x):  # 최솟값을 구하는 함수
    return x**4 - 2*x**3 - 3*x**2 + 2*x

def grad_func(x):  # 도함수
    return 4*x**3 - 6*x**2 - 6*x + 2

eta = 0.01  # 상수
x = -1.6  # === 여기에서 x의 초깃값을 변경한다 ===
record_x = []  # x의 기록
record_y = []  # y의 기록
for i in range(20):  # 20회 x를 변경한다
    y = my_func(x)
    record_x.append(x)
    record_y.append(y)
    x -= eta * grad_func(x)  # (식1)

x_f = np.linspace(-1.6, 2.8)  # 표시 범위
```

```
y_f = my_func(x_f)

plt.plot(x_f, y_f, linestyle="dashed")  # 함수를 점선으로 표시
plt.scatter(record_x, record_y)  # x와 y의 기록을 표시

plt.xlabel("x", size=14)
plt.ylabel("y", size=14)
plt.grid()

plt.show()
```

정답 예

리스트5.14 정답 예

In

```
import numpy as np
import matplotlib.pyplot as plt

def my_func(x):  # 최솟값을 구하는 함수
    return x**4 - 2*x**3 - 3*x**2 + 2*x

def grad_func(x):  # 도함수
    return 4*x**3 - 6*x**2 - 6*x + 2

eta = 0.01  # 상수
x = 1.0  # === 여기에서 x의 초깃값을 변경한다 ===
record_x = []  # x의 기록
record_y = []  # y의 기록
for i in range(20):  # 20회 x를 갱신한다
    y = my_func(x)
    record_x.append(x)
    record_y.append(y)
    x -= eta * grad_func(x)  # (식1)

x_f = np.linspace(-1.6, 2.8)  # 표시 범위
```

```
y_f = my_func(x_f)

plt.plot(x_f, y_f, linestyle="dashed")  # 함수를 점선으로 표시
plt.scatter(record_x, record_y)  # x와 y의 기록을 표시

plt.xlabel("x", size=14)
plt.ylabel("y", size=14)
plt.grid()

plt.show()
```

Out

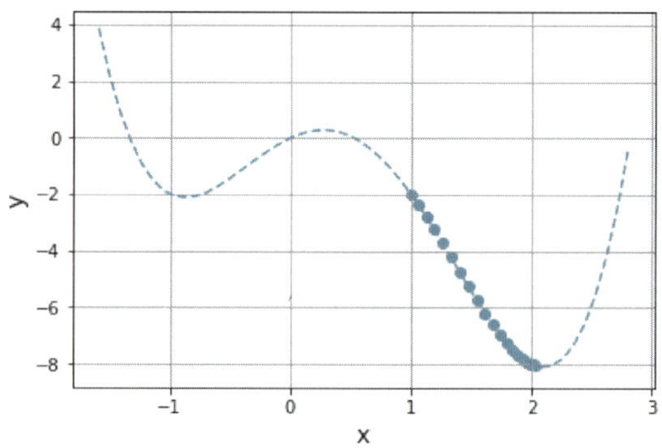

COLUMN

싱귤래리티와 지수함수

2005년, 미국의 미래학자 레이 커즈와일은 「지수함수적」으로 고도화하는 테크놀로지에 의해 인공지능이 2045년쯤에 사람을 능가한다는 싱귤래리티(기술적 특이점)라는 개념을 발표했습니다.

그렇다면 이 「지수함수」에는 어떤 특성이 있을까요? 지수함수는 다음과 같은 함수를 가리킵니다. a는 상수입니다.

$$y = a^x$$

위의 a에는 다음과 같은 네이피어수가 자주 사용됩니다.

$$y = e^x$$

여기서 x를 시간, y를 테크놀로지의 성능으로 합니다. 위의 도함수 y'는 다음과 같습니다.

$$y' = e^x$$

네이피어수를 사용하고 있으므로 함수의 형태는 바뀌지 않으나 위에 적은 y'는 테크놀로지가 향상하는 속도를 나타냅니다.

시간 x의 변화와 함께 테크놀로지의 향상 속도 y'는 다음과 같이 변화합니다.

$$x = 0\text{일 때 } y' = e^0 = 1$$

$$x = 1\text{일 때 } y' = e^1 \fallingdotseq 2.72$$

$$x = 2\text{일 때 } y' = e^2 \fallingdotseq 7.39$$

$$x = 3\text{일 때 } y' = e^3 \fallingdotseq 20.09$$

$$x = 4\text{일 때 } y' = e^4 \fallingdotseq 54.60$$

$$x = 5\text{일 때 } y' = e^5 \fallingdotseq 148.41$$

무려 $x = 5$의 시점에서의 테크놀로지의 향상 속도는 $x = 0$의 시점에 비해서 약 148배가 됐습니다.

서기 900년 무렵에서 기술의 진보는 매우 더딘 것이었습니다. 인구의 대부분은 농민들로 전쟁이나 역병 등에 시달리며 거의 바뀌지 않는 생활 환경 속에서 일상을 보냈습니다. 아마도 그 시대의 사람이 100년 후로 타임슬립했다고 해도 그다지 위화감이 느껴지진 않을 것입니다.

그러나, 서기 1920년 시대의 사람이 서기 2020년으로 타임슬립했다고 하면 놀라움은 그에 비할 바가 못됩니다. 분명 그 100년 동안에 등장한 TV, 컴퓨터, 인터넷, 스마트폰, 인공지능 등의 기술의 진보에 압도될 것입니다.

틀림없이 테크놀로지의 향상 속도는 지수함수적으로 변화하고 있다고 말할 수 있습니다.

미래는 그 누구도 알 수 없으나 지금까지의 기술 성능의 변천을 지수함수로 피팅하면 싱귤래리티는 반드시 꿈같은 이야기만은 아닐 거라 생각됩니다. 물론 싱귤래리티에 관해서는 다양한 반론도 있지만 이 책의 집필 시점에서는 가속이 멈출 조짐은 아직 보이지 않는 것 같습니다.

6장 확률 · 통계

이 장에서는 확률 · 통계를 학습합니다. 인공지능에서는 많은 데이터를 다루는데 확률 · 통계를 학습함으로써 데이터의 경향을 파악하거나 결과를 확률로 파악할 수 있습니다.
통계는 데이터의 경향이나 특징을 여러 가지 지표로 파악하고, 확률은 세계를 「일어나기 쉬운 정도」로서 파악합니다. 이것들을 잘 활용하면 데이터의 전체상을 파악해 미래를 예측할 수 있습니다.
이 장에서는 수식을 코드로 나타내는 그래프를 그려서 확률 · 통계를 논리, 이미지의 양쪽 측면으로 설명합니다.

6.1 확률의 개념

현실 세계의 현상을 표현하는 데 있어 확률의 개념은 매우 유용합니다. 인공지능에서는 결과를 확률로 출력하기도 합니다.

6-1-1 확률

6

확률 · 통계

확률(Probability)은 어떤 사건(일)이 일어날 것이 기대되는 정도를 말하며 다음 식으로 나타냅니다.

$$P(A) = \frac{a}{n}$$

이 식에서 $P(A)$는 사건 A가 일어날 확률, a는 사건 A가 일어날 경우의 수, n은 모든 경우의 수입니다.

예를 들어 동전을 던져 앞면이 위로 올라갈 확률을 생각해 봅시다.

동전을 던졌을 때에 위로 올라가는 면은 앞면과 뒷면 두 가지인데, 어느 쪽 면이 위가 될 것인지도 동일한 정도로 기대된다고 합시다. 이 때 전체 경우의 수는 2, 앞면이 나오는 사건 A의 경우의 수는 1입니다. 따라서 확률은 다음과 같습니다.

$$P(A) = \frac{a}{n} = \frac{1}{2}$$

앞면이 위가 되는 사건은 50%의 확률을 갖습니다. 마찬가지로 주사위에서 5가 나오는 사건 A가 일어날 확률은 사건 A의 경우의 수가 1로 모든 경우의 수가 6이므로 다음과 같습니다.

$$P(A) = \frac{a}{n} = \frac{1}{6}$$

$\frac{1}{6}$이므로 약 16.7%의 확률입니다.

다음으로 주사위 2개를 던져 눈의 합계가 5가 되는 확률을 구합니다. 눈의 합계가 5가 될 사건 A는 (1, 4), (2, 3), (3, 2), (4, 1) 4가지 경우가 있습니다.

모든 경우의 수는 6 × 6 = 36가지입니다. 따라서 이 경우의 확률은 다음과 같습니다.

$$P(A) = \frac{a}{n} = \frac{4}{36} = \frac{1}{9}$$

$\frac{1}{9}$이므로 약 11.1%네요.

주사위 2개를 던져 합계가 5가 되는 것은 11.1% 정도 기대할 수 있습니다.

6-1-2 여사건

사건 A에 대해서 「A가 일어나지 않는 사건」을 A의 **여사건**이라고 합니다. A의 여사건은 $\bar{A}$로 나타냅니다.

여사건 $\bar{A}$가 일어날 확률을 사건 A가 일어날 확률 $P(A)$를 이용해서 다음과 같이 나타냅니다.

$$P(\bar{A}) = 1 - P(A)$$

예를 들어, 주사위 2개를 던져 눈의 합계가 5가 될 확률은 $\frac{1}{9}$이므로 「주사위 2개를 던져 눈의 합계가 5 이외가 될 확률」은 다음과 같이 구할 수 있습니다.

$$P(\bar{A}) = 1 - \frac{1}{9} = \frac{8}{9}$$

$\frac{8}{9}$의 확률로 눈의 합계는 5 이외가 됩니다.

눈의 합계가 5 이외가 될 모든 경우를 리스트업하는 것은 힘들지만 여사건을 사용함으로써 비교적 간단하게 확률을 구할 수 있습니다.

6-1-3 확률로 수렴

많은 시행을 거듭하면 (사건의 발생 수/시행 수)가 확률로 수렴해 나갑니다.

리스트6.1은 주사위를 몇 번 던져서 5가 나온 횟수를 세서 (5가 나온 횟수/던진 횟수)의 변화를 표시하는 코드입니다. **np.random.randint(6)**으로 0에서 5까지의 정수를 랜덤으로 얻을 수 있습니다.

리스트6.1 확률로의 수렴

In

```
%matplotlib inline

import numpy as np
import matplotlib.pyplot as plt

x = []
y = []
total = 0  # 시행 수
num_5 = 0  # 5가 나온 횟수
n = 5000  # 주사위를 던진 횟수

for i in range(n):

    if np.random.randint(6)+1 == 5:
    # 0-5까지의 랜덤인 수에 1을 더해서 1-6으로
        num_5 += 1

    total += 1
    x.append(i)
    y.append(num_5/total)

plt.plot(x, y)
plt.plot(x, [1/6]*n, linestyle="dashed")
# y는 1/6이 n개 들어간 리스트

plt.xlabel("x", size=14)
plt.ylabel("y", size=14)
plt.grid()

plt.show()
```

Out

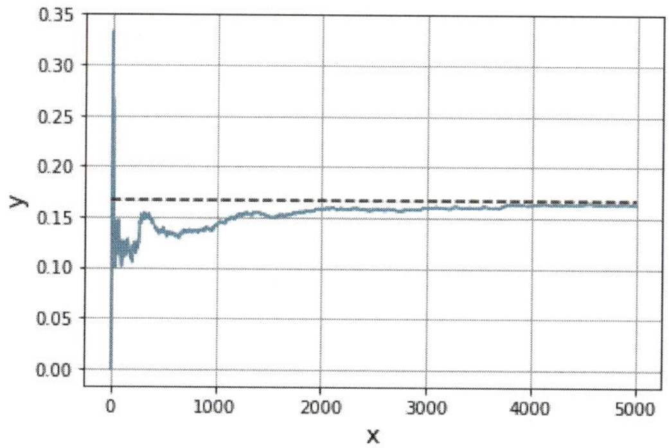

시행수가 커지면 (5가 나온 횟수/시행 수)는 확률(약 16.7%)로 수렴해 갑니다. 이처럼 확률은 어떤 사건이 일어나는 것이 기대되는 정도를 의미합니다.

6-1-4 연습

문제

리스트6.2의 코드를 보완해서 (동전에서 앞면이 위가 되는 횟수/동전을 던진 횟수)가 확률 $\frac{1}{2}$에 수렴하는 걸 확인합시다.

리스트6.2 문제

In

```
import numpy as np
import matplotlib.pyplot as plt

x = []
y = []
total = 0  # 시행 수
num_front = 0  # 앞면이 위가 된 횟수
n = 5000  # 동전을 던진 횟수

for i in range(n):
    # ↓여기서부터 코드를 적는다
```

```
    # ↑여기까지 코드를 적는다

plt.plot(x, y)
plt.plot(x, [1/2]*n, linestyle="dashed")

plt.xlabel("x", size=14)
plt.ylabel("y", size=14)
plt.grid()

plt.show()
```

6

확률·통계

정답 예

리스트6.3 정답 예

In

```
import numpy as np
import matplotlib.pyplot as plt

x = []
y = []
total = 0       # 시행 수
num_front = 0   # 앞면이 위가 된 횟수
n = 5000        # 동전을 던진 횟수

for i in range(n):
    # ↓여기서부터 코드를 적는다
    if np.random.randint(2) == 0:
        num_front += 1

    total += 1
    x.append(i)
```

```
    y.append(num_front/total)
    # ↑여기까지 코드를 적는다

plt.plot(x, y)
plt.plot(x, [1/2]*n, linestyle="dashed")

plt.xlabel("x", size=14)
plt.ylabel("y", size=14)
plt.grid()

plt.show()
```

Out

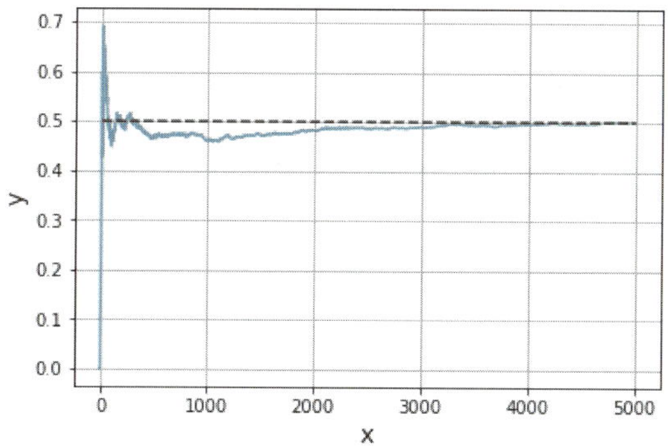

6.2 평균값과 기댓값

평균값과 기댓값은 각각 데이터의 특징을 파악하기 위해서 사용하는 값 중 하나입니다. 사실은 평균값과 기댓값은 같은 개념을 가리킵니다.

6-2-1 평균값

평균값은 여러 개의 값을 더해서 값의 수로 나눠 구합니다.

다음은 n개 값의 평균을 구하는 식입니다.

$$\mu = \frac{x_1 + x_2 + \cdots + x_n}{n} = \frac{1}{n}\sum_{k=1}^{n} x_k$$

예를 들어, A의 몸무게가 55kg, B는 45kg, C는 60kg, D가 40kg이면 4명의 평균 체중은 다음과 같습니다.

$$\frac{55+45+60+40}{4} = 50(kg)$$

평균값은 여러 개의 값으로 이뤄진 데이터를 대표하는 값의 하나입니다.

6-2-2 평균값을 구현

NumPy의 **average()** 함수로 평균값을 구할 수 있습니다(리스트6.4).

리스트6.4 average() 함수를 사용해서 평균값을 계산한다

In

```
import numpy as np

x = np.array([55, 45, 60, 40])  # 평균을 취하는 데이터

print(np.average(x))
```

Out

```
50.0
```

6 확률·통계

6-2-3 기댓값

시행에 의해 다음 값 중 어느 하나를 얻을 수 있다고 합시다.

$$x_1, x_2, \cdots, x_n$$

그리고 각각의 값은 다음의 확률로 얻을 수 있다고 합시다.

$$P_1, P_2, \cdots, P_n$$

이 때, 다음과 같이 값과 확률의 곱의 총합으로서 표현되는 값 E를 **기댓값**이라고 합니다.

$$E = \sum_{k=1}^{n} P_k x_k$$

기댓값은 대략적으로 말해서 얻을 수 있는 값의 「예상」입니다.

예를 들어 제비를 뽑아서 80%의 확률로 100원, 15%의 확률로 500원, 5%의 확률로 1000원이 당첨될 때 기댓값은 다음과 같습니다.

$$\begin{aligned} E &= 0.8 \times 100 + 0.15 \times 500 + 0.05 \times 1000 \\ &= 205 \end{aligned}$$

따라서 이 제비 뽑기의 기댓값은 205원이며, 제비를 뽑음으로써 205원 정도의 수익이 예상됩니다.

6-2-4 기댓값을 구현

기댓값은 NumPy의 **sum()** 함수를 사용해 확률과 값의 곱의 총합으로 계산할 수 있습니다(리스트6.5).

리스트6.5 sum() 함수를 사용해서 기댓값을 계산한다

In

```
import numpy as np

p = np.array([0.8, 0.15, 0.05])  # 확률
x = np.array([100, 500, 1000])  # 값
```

```
print(np.sum(p*x))  # 기댓값
```

Out

```
205.0
```

6-2-5 평균값과 기댓값의 관계

값이 중복될 경우의 평균값은 다음과 같이 나타낼 수 있습니다.

$$\frac{1}{n}\sum_{k=1}^{m} n_k x_k \qquad \text{(식1)}$$

이 식에서 n은 값의 총 수, n_k는 x_k의 개수, m은 값의 종류 수입니다.

n_k는 다음의 관계를 만족하고 있습니다.

$$\sum_{k=1}^{m} n_k = n$$

(식1)을 다음과 같이 변형합니다.

$$\sum_{k=1}^{m} \frac{n_k}{n} x_k$$

여기에서 $\frac{n_k}{n}$는 그 값이 선택될 확률이라고 생각할 수 있기 때문에 P_k로 둡니다.
이 때, 위의 식은 다음과 같습니다.

$$\sum_{k=1}^{m} P_k x_k$$

기댓값의 식과 같아졌습니다. 이처럼 사실은 평균값과 기댓값은 같은 개념을 의미하고 있습니다.

인공지능과 관련한 설명에서는 평균값과 기댓값이 같은 의미로 사용될 수 있으니 주의합시다.

6-2-6 연습

문제

리스트6.6에서 배열 p는 확률, 배열 x는 확률 p로 얻을 수 있는 값으로 합니다.

이 경우의 기댓값을 계산합시다.

리스트6.6 문제

In

```
import numpy as np
import matplotlib.pyplot as plt

p = np.array([0.75, 0.23, 0.02])  # 확률
x = np.array([100, 500, 10000])  # 값

# 기댓값
```

정답 예

리스트6.7 정답 예

In

```
import numpy as np
import matplotlib.pyplot as plt

p = np.array([0.75, 0.23, 0.02])  # 확률
x = np.array([100, 500, 10000])  # 값

# 기댓값
print(np.sum(p*x))
```

Out

```
390.0
```

6.3 분산과 표준편차

분산과 표준편차는 각각 데이터의 특징을 파악하기 위해서 사용하는 값 중 하나입니다. 모두 데이터의 흩어진 상태를 나타냅니다.

6-3-1 분산

분산은 다음 식의 V로 나타냅니다.

$$V = \frac{1}{n}\sum_{k=1}^{n}(x_k - \mu)^2$$

이 식에서 n은 값의 총 수, x_k는 값, μ는 평균값입니다.

각 값과 평균값의 차를 제곱하여 평균을 취하고 있습니다.

예를 들어 A의 몸무게가 55kg, B는 45kg, C는 60kg, D가 40kg이면 분산은 다음과 같이 구합니다.

$$\mu = \frac{55 + 45 + 60 + 40}{4} = 50(kg)$$

$$V = \frac{(55-50)^2 + (45-50)^2 + (60-50)^2 + (40-50)^2}{4} = 62.5(kg^2)$$

다음에 A의 체중이 51kg, B는 49kg, C는 52kg, D가 48kg인 케이스에서 분산을 구합니다.

이 경우에서는 앞과 비교해서 값의 흩어진 정도가 작아지고 있습니다.

$$\mu = \frac{51 + 49 + 52 + 48}{4} = 50(kg)$$

$$V = \frac{(51-50)^2 + (49-50)^2 + (52-50)^2 + (48-50)^2}{4} = 2.5(kg^2)$$

이 케이스의 분산이 더 작습니다.

이렇게 분산은 값의 흩어진 정도를 나타내는 지표입니다.

6.3.2 분산을 구현

NumPy의 **var()** 함수로 분산을 구할 수 있습니다(리스트6.8).

리스트6.8 var() 함수를 사용해서 분산을 계산한다

In

```
import numpy as np

# 분산을 취하는 데이터
x_1 = np.array([55, 45, 60, 40])
x_2 = np.array([51, 49, 52, 48])

# 분산의 계산
print(np.var(x_1))
print(np.var(x_2))
```

Out

```
62.5
2.5
```

6.3.3 표준편차

표준편차는 다음과 같이 분산의 제곱근으로 구합니다. 아래에 적은 σ가 표준편차입니다.

$$\sigma = \sqrt{V} = \sqrt{\frac{1}{n}\sum_{k=1}^{n}(x_k - \mu)^2}$$

예를 들어, A의 체중이 55kg, B는 45kg, C는 60kg, D이 40kg이면 표준편차는 다음과 같이 구합니다.

$$\mu = \frac{55 + 45 + 60 + 40}{4} = 50(kg)$$

$$\sigma = \sqrt{\frac{(55-50)^2 + (45-50)^2 + (60-50)^2 + (40-50)^2}{4}} \fallingdotseq 7.91(kg)$$

다음에 더욱 값의 흩어짐이 작은 케이스로 표준편차를 구합시다. A의 체중이 51kg, B는 49kg, C는 52kg, D가 48kg으로 합니다.

$$\mu = \frac{51+49+52+48}{4} = 50(kg)$$

$$\sigma = \sqrt{\frac{(51-50)^2+(49-50)^2+(52-50)^2+(48-50)^2}{4}} \fallingdotseq 1.58(kg)$$

이상과 같이 표준편차도 분산과 마찬가지로 값의 흩어진 상태의 지표가 됩니다.

표준편차는 단위의 차원이 원래의 값과 같으므로 값이 퍼진 상태를 직감적으로 표현할 때에는 표준편차가 적합합니다.

6-3-4 표준편차를 구현

표준편차는 NumPy의 **std()** 함수를 이용해서 구할 수 있습니다(리스트6.9).

리스트6.9 std() 함수를 사용해서 표준편차를 계산한다

In

```
import numpy as np

# 표준편차를 취하는 데이터
x_1 = np.array([55, 45, 60, 40])
x_2 = np.array([51, 49, 52, 48])

# 표준편차의 계산
print(np.std(x_1))
print(np.std(x_2))
```

Out

```
7.905694150420948
1.5811388300841898
```

6.3.5 연습

문제

리스트6.10에서 배열 x의 분산과 표준편차를 구합시다.

리스트6.10 문제

In

```
import numpy as np

x = np.array([51, 49, 52, 48])  # 분산과 표준편차를 취하는 데이터

# 분산과 표준편차
```

정답 예

리스트6.11 정답 예

In

```
import numpy as np

x = np.array([51, 49, 52, 48])  # 분산과 표준편차를 취하는 데이터

# 분산과 표준편차
print(np.var(x))
print(np.std(x))
```

Out

```
2.5
1.5811388300841898
```

6.4 정규분포와 거듭제곱 법칙

정규분포는 가장 자주 사용되는 데이터 분포이며, 인공지능에서도 여러 가지 장면에서 활약합니다. 거듭제곱 법칙에 따른 분포는 정규분포보다도 폭 넓은 분포가 됩니다.

6-4-1 정규분포

6

확률 · 통계

정규분포(normal distribution)는 가우스 분포(Gaussian distribution)라고도 불리며, 자연계나 사람의 행동 · 성질 등 여러 가지 현상에 대해서 잘 들어맞는 데이터의 분포입니다.

예를 들면, 제품의 크기와 사람의 키, 시험 성적 등은 대체로 정규분포에 따릅니다. 정규분포는 그림6.1과 같은 종모양의 그래프로 나타납니다.

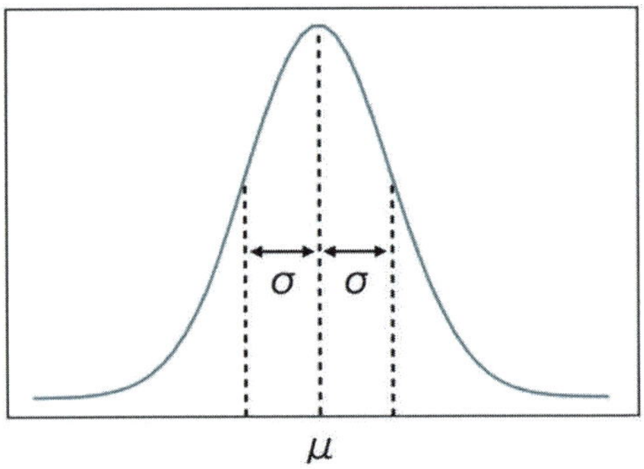

그림6.1 정규분포의 그래프

그림6.1의 그래프에서 가로축은 어떤 값, 세로축은 그 값의 빈도나 확률을 나타냅니다.

μ는 평균값으로 분포의 중앙이며, σ는 표준편차로 분포의 확대 상태를 나타냅니다.

정규분포의 곡선은 다음의 확률밀도함수라 불리는 함수로 나타냅니다.

$$f(x) = \frac{1}{\sigma\sqrt{2\pi}}\exp(-\frac{(x-\mu)^2}{2\sigma^2})$$

조금 복잡한 식이지만 평균이 0, 표준편차가 1이면 다음의 비교적 간단한 형태가 됩니다.

$$f(x) = \frac{1}{\sqrt{2\pi}} \exp(-\frac{x^2}{2})$$

6-4-2 정규분포곡선을 그린다

확률밀도함수를 사용하여 정규분포곡선을 그립시다. 표준편차를 바꿔서 3가지의 커브를 그립니다. 평균값은 0으로 합니다(리스트6.12).

리스트6.12 정규분포곡선을 그립니다.

In

```
%matplotlib inline

import numpy as np
import matplotlib.pyplot as plt

def pdf(x, mu, sigma):  # mu: 평균값  sigma: 표준편차
    return 1/(sigma*np.sqrt(2*np.pi))*np.exp(-(x-mu)**2 /
(2*sigma**2))  # 확률밀도함수

x = np.linspace(-5, 5)
y_1 = pdf(x, 0.0, 0.5)  # 평균값이 0으로 표준편차가 0.5
y_2 = pdf(x, 0.0, 1.0)  # 평균값이 0으로 표준편차가 1
y_3 = pdf(x, 0.0, 2.0)  # 평균값이 0으로 표준편차가 2

plt.plot(x, y_1, label="σ: 0.5", linestyle="dashed")
plt.plot(x, y_2, label="σ: 1.0", linestyle="solid")
plt.plot(x, y_3, label="σ: 2.0", linestyle="dashdot")
plt.legend()

plt.xlabel("x", size=14)
plt.ylabel("y", size=14)
plt.grid()

plt.show()
```

Out

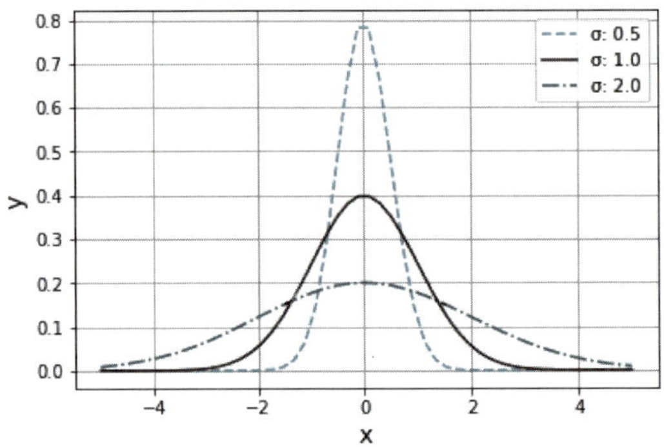

종모양의 정규분포곡선이 3가지 그려졌습니다. 표준편차가 작으면 폭이 좁아지고 크면 폭이 넓어집니다.

ATTENTION

그래프

리스트6.12의 그래프에서 정규분포곡선과 x축에 낀 영역의 면적은 1입니다. 이것은 확률의 총합이 1인 것에 대응합니다.

6-4-3 정규분포를 따른 난수

NumPy의 **random.normal()** 함수를 사용해서 정규분포를 따르는 난수를 생성합니다. 생성한 데이터는 matplotlib의 **hist()** 함수로 히스토그램으로서 표시합니다(리스트6.13).

리스트6.13 정규분포를 따르는 난수의 히스토그램

In

```
import numpy as np
import matplotlib.pyplot as plt

# 정규분포를 따르는 난수를 생성
s = np.random.normal(0, 1, 10000)  # 평균 0, 표준편차 1, 10000개

# 히스토그램
```

```
plt.hist(s, bins=25)  # bins는 막대의 수

plt.xlabel("x", size=14)
plt.grid()

plt.show()
```

Out

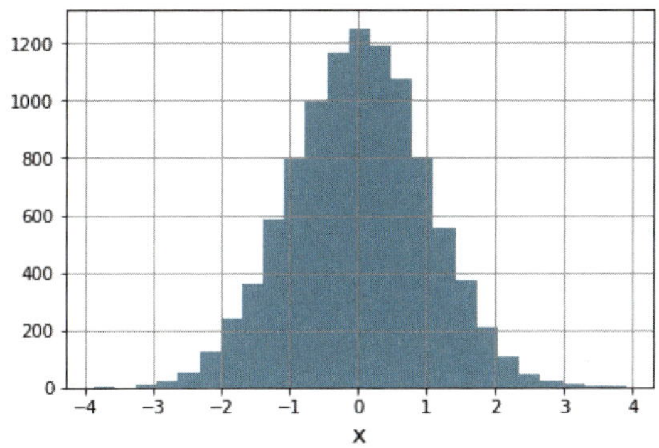

히스토그램은 확률밀도함수와 같은 형태의 종모양의 분포가 됐습니다.

인공지능에서는 매우 많이 변동하는 파라미터를 다루는데, 이러한 파라미터의 초깃값은 주로 정규분포를 따라서 랜덤으로 결정됩니다.

6-4-4 거듭제곱 법칙

거듭제곱 법칙을 따르는 분포는 정규분포와 마찬가지로 자연이나 사회 등의 여러 가지 현상에 잘 들어맞습니다. 정규분포보다도 폭이 넓고, 주식시장의 붕괴, 대규모 자연재해와 같은 극단적으로 드문 빈도의 현상을 다룰 수 있습니다.

거듭제곱 법칙은 다음과 같은 수식으로 나타냅니다. c와 k는 상수입니다.

$$f(x) = cx^{-k} \quad \text{(식1)}$$

위에 적은 식에서 $k = 1$일 때는 반비례 식이 됩니다. 반비례 그래프처럼 폭이 넓어지는 것이 특징입니다.

리스트6.14의 코드에서는 (식1)을 그래프로 그립니다.

리스트6.14 거듭제곱 법칙을 따르는 곡선을 그린다

In

```
import numpy as np
import matplotlib.pyplot as plt

def power_func(x, c, k):
    return c*x**(-k)  # (식1)

x =np.linspace(1, 5)
y_1 = power_func(x, 1.0, 1.0)  # c:1.0  k:1.5
y_2 = power_func(x, 1.0, 2.0)  # c:1.0  k:2.0
y_3 = power_func(x, 1.0, 4.0)  # c:1.0  k:4.0

plt.plot(x, y_1, label="k=1.0", linestyle="dashed")
plt.plot(x, y_2, label="k=2.0", linestyle="solid")
plt.plot(x, y_3, label="k=4.0", linestyle="dashdot")
plt.legend()

plt.xlabel("x", size=14)
plt.ylabel("y", size=14)
plt.grid()

plt.show()
```

Out

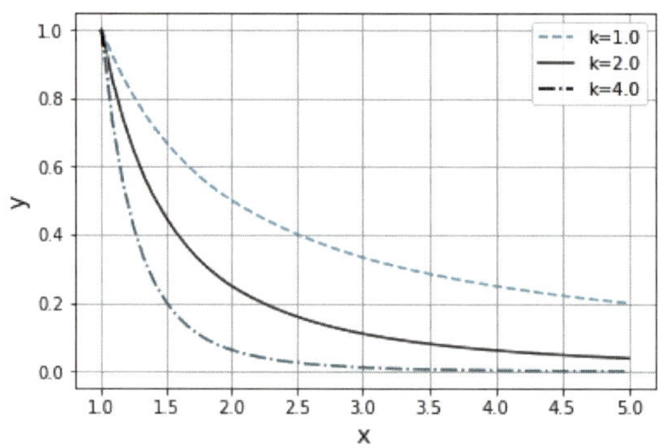

정규분포는 0을 떠나면 바로 확률이 거의 0으로 떨어지는데 거듭제곱법칙의 경우는 좀 처럼 0으로 떨어지지 않습니다. 이 폭의 넓이를 이용해서 확률적으로 드물게 일어나지 않는 현상을 취급할 수가 있습니다.

6-4-5 거듭제곱 법칙을 따르는 난수

거듭제곱 법칙을 따르는 분포에 **파레토 분포**라는 분포가 있습니다. 파레토 분포의 확률 밀도함수는 다음의 식으로 표현됩니다.

$$f(x) = a\frac{m^a}{x^{a+1}}$$

여기에서 m과 a는 상수입니다.

리스트6.15의 코드는 NumPy의 **random.pareto()** 함수를 사용해서 파레토 분포를 따르는 난수를 생성하고, 히스토그램으로서 표시합니다.

리스트6.15 파레토 분포를 따르는 난수의 히스토그램

In

```
import numpy as np
import matplotlib.pyplot as plt

# 파레토 분포를 따르는 난수를 생성
s = np.random.pareto(4, 1000)  # a=4, m=1, 1000개

# 히스토그램
plt.hist(s, bins=25)

plt.xlabel("x", size=14)
plt.grid()

plt.show()
```

Out

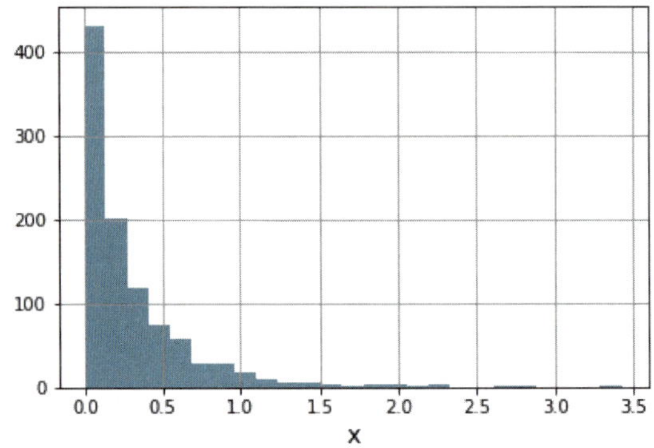

폭이 넓어지고 있으며, x가 큰 샘플도 낮은 빈도이지만 얻어지는 걸 알 수 있습니다.

현실의 데이터는 거듭제곱 법칙을 따르는 경우가 많으므로 인공지능에서 다룰 때는 주의해야 합니다.

6-4-6 연습

문제

리스트6.16을 보완해서 평균값이 0, 표준편차가 1인 정규분포를 따르는 난수를 1000개 작성하고, 히스토그램으로 분포를 그려봅시다.

리스트6.16 문제

In

```
import numpy as np
import matplotlib.pyplot as plt

# 평균 0, 표준편차 1의 정규분포를 따르는 난수를 1000개 만든다

# 히스토그램
plt.hist(x, bins=25)
plt.show()
```

정답 예

리스트6.17 정답 예

In

```
import numpy as np
import matplotlib.pyplot as plt

# 평균 0, 표준편차 1, 정규분포를 따르는 난수를 1000개 만든다

# 히스토그램
plt.hist(x, bins=25)
plt.show()
```

Out

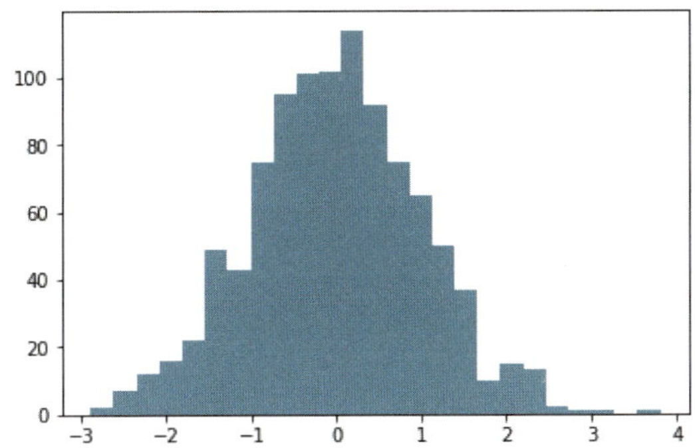

6.5 공분산

공분산은 데이터 두 개의 관계성을 나타내는 수치입니다. 인공지능에 사용하는 데이터의 전처리 등에서 자주 사용됩니다.

6-5-1 공분산

다음의 X, Y 데이터 두 개를 봅시다. 각각 데이터의 개수는 n으로 합니다.

$$X = x_1, x_2, \cdots, x_n$$

$$Y = y_1, y_2, \cdots, y_n$$

이러한 데이터의 공분산 $Cov(X, Y)$는 다음의 식으로 표현됩니다.

$$Cov(X, Y) = \frac{1}{n}\sum_{k=1}^{n}(x_k - \mu_x)(y_k - \mu_y) \qquad \text{(식1)}$$

여기서 μ_x는 X의 평균, μ_y는 Y의 평균입니다.

공분산의 의미는 다음과 같습니다.

- 공분산이 크다(양): X가 크면 Y도 크다, x가 작으면 Y도 작은 경향이 있다
- 공분산이 0에 가깝다: X와 Y에 그다지 관계는 없다
- 공분산이 작다(음): X가 크면 Y는 작다, X가 작으면 Y는 큰 경향이 있다

이 설명만으로 이해하기 어렵기 때문에 예를 들어서 생각해 봅시다.

6-5-2 공분산의 예

다음의 X를 학생 5명의 수학 점수, Y를 같은 학생의 영어 점수로 합니다.

$$X = 50, 70, 40, 60, 80$$

$$Y = 60, 80, 50, 50, 70$$

각각의 데이터의 개수는 5이므로 X와 Y의 평균값은 다음과 같습니다.

$$\mu_x = \frac{50 + 70 + 40 + 60 + 80}{5} = 60$$

$$\mu_y = \frac{60 + 80 + 50 + 50 + 70}{5} = 62$$

이 때, 공분산은 (식1)에 의해 다음과 같이 구할 수 있습니다.

$$
Cov(X,Y) = \frac{\begin{aligned}&(50-60)(60-62)+(70-60)(80-62)\\&+(40-60)(50-62)+(60-60)(50-62)\\&+(80-60)(70-62)\end{aligned}}{5} = 120
$$

이상으로 이 케이스에서의 공분산은 양의 값인 120이 됐습니다. 이것은 수학의 점수가 높으면 영어 점수도 높은 경향이 있다는 걸 의미합니다. 또 하나의 예를 생각해 봅시다. 다음의 X를 수학 점수, Z를 국어 점수로 합니다.

$$
X = 50, 70, 40, 60, 80
$$

$$
Z = 60, 40, 60, 40, 30
$$

각각의 데이터 개수는 5이므로 X와 Z의 평균값은 다음과 같습니다.

$$
\mu_x = \frac{50+70+40+60+80}{5} = 60
$$

$$
\mu_z = \frac{60+40+60+40+30}{5} = 46
$$

이 때, 공분산은 (식1)에 의해 다음과 같이 구할 수 있습니다.

$$
Cov(X,Z) = \frac{\begin{aligned}&(50-60)(60-46)+(70-60)(40-46)\\&+(40-60)(60-46)+(60-60)(40-46)\\&+(80-60)(30-46)\end{aligned}}{5} = -160
$$

이 케이스에서의 공분산은 음의 값 −160이 됐습니다.

이것은 수학 점수가 높으면 국어 점수가 낮은 경향이 있음을 의미합니다.

이로써 공분산은 데이터 두 개 사이의 관계를 나타내는 지표입니다.

6-5-3 공분산의 구현

공분산을 NumPy의 **average()** 함수를 사용해서 구합니다. 또한, 그래프를 사용해서 데이터 두 개의 관계를 가시화합니다(리스트6.18).

리스트6.18 공분산과 데이터의 경향

In

```
%matplotlib inline

import numpy as np
import matplotlib.pyplot as plt

x = np.array([50, 70, 40, 60, 80])  # 수학 점수
y = np.array([60, 80, 50, 50, 70])  # 영어 점수
z = np.array([60, 40, 60, 40, 30])  # 국어 점수

cov_xy = np.average((x-np.average(x))*(y-np.average(y)))
print("cov_xy", cov_xy)

cov_xz = np.average((x-np.average(x))*(z-np.average(z)))
print("cov_xz", cov_xz)

plt.scatter(x, y, marker="o", label="xy", s=40)  # s는 마커의 크기
plt.scatter(x, z, marker="x", label="xz", s=60)
plt.legend()

plt.xlabel("x", size=14)
plt.ylabel("y", size=14)
plt.grid()

plt.show()
```

Out

```
cov_xy -120.0
cov_xz -160.0
```

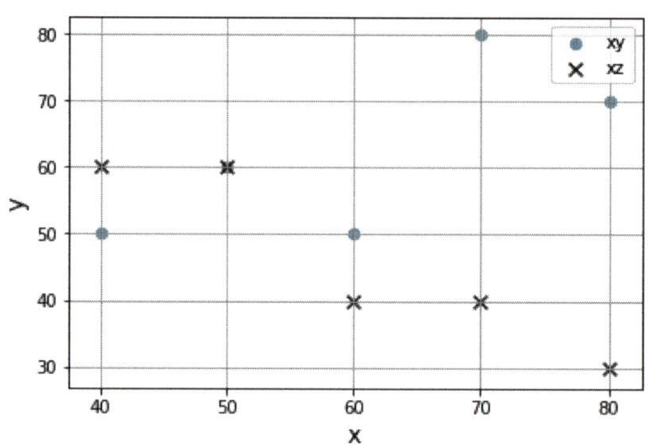

x와 y의 데이터는 모두 증가하는 경향이 있는데 이 경우 공분산은 양의 큰 값이 됩니다. 그에 반해 x와 z의 데이터는 한쪽이 증가하면 또 다른 쪽이 감소하는 경향이 있습니다. 이 경우, 공분산은 음의 작은 값이 됩니다.

6-5-4 공분산으로부터 데이터를 생성한다

random.multivariate_normal() 함수는 공분산과 정규분포를 사용해서 데이터를 생성합니다. 평균값과 공분산을 바탕으로 랜덤으로 페어 데이터를 생성합니다. 이 함수에서는 공분산을 행렬로 지정해야 합니다. 리스트6.19의 코드에서는 여러 가지 공분산의 값으로 페어 데이터를 생성하고, 그것을 산포도로 그립니다.

리스트6.19 공분산으로부터 데이터를 생성한다

In

```
import numpy as np
import matplotlib.pyplot as plt

def show_cov(cov):
    print("--- Covariance:", cov, " ---")
    average = np.array([0, 0])           # x와 y 각각의 평균
    cov_matrix = np.array([[1, cov],     # 공분산을 행렬로 지정
                           [cov, 1]])

    # 공분산으로부터 페어 데이터를 3000쌍을 생성.
    # data는 (3000, 2)의 형상의 행렬이 됩니다
    data = np.random.multivariate_normal(average, cov_matrix, 3000)
    x = data[:, 0]  # 처음 열을 x좌표로
    y = data[:, 1]  # 다음 열을 y좌표로

    plt.scatter(x, y, marker="x", s=20)

    plt.xlabel("x", size=14)
    plt.ylabel("y", size=14)
    plt.grid()

    plt.show()
```

```
show_cov(0.6)  # 공분산: 0.6
show_cov(0.0)  # 공분산: 0.0
show_cov(-0.6) # 공분산: -0.6
```

Out

```
--- Covariance: 0.6  ---
```

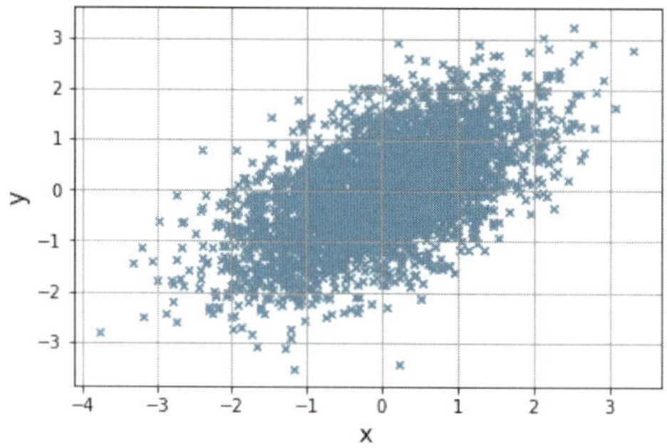

```
--- Covariance: 0.0  --
```

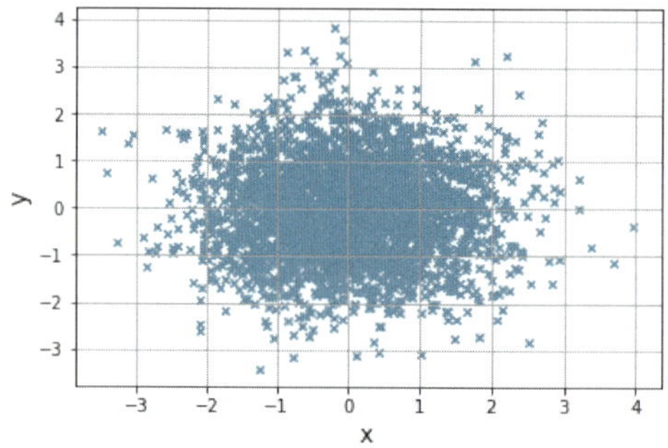

```
--- Covariance: -0.6  ---
```

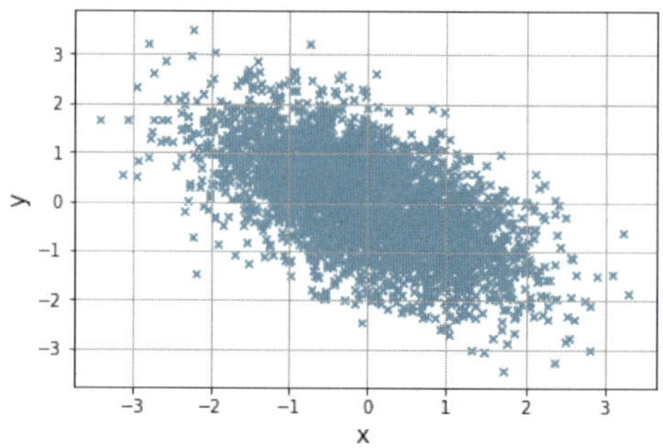

공분산의 크고 작음에 따라서 x와 y의 관계가 변화하는 걸 확인할 수 있습니다.

6.5.5 연습

문제

리스트6.20을 보완해서 세계사와 국사 점수의 공분산을 구합시다.

리스트6.20 문제

In

```
import numpy as np
import matplotlib.pyplot as plt

x = np.array([30, 70, 40, 60, 90])  # 세계사 점수
y = np.array([20, 60, 50, 40, 80])  # 국사 점수

cov_xy =      # (여기에 코드를 적는다)공분산
print("--- cov_xy ---", cov_xy)

plt.scatter(x, y, marker="o", label="xy", s=40)
plt.legend()

plt.xlabel("x", size=14)
plt.ylabel("y", size=14)
plt.grid()

plt.show()
```

정답 예

리스트6.21 정답 예

In

```
import numpy as np
import matplotlib.pyplot as plt

x = np.array([30, 70, 40, 60, 90])  # 세계사 점수
y = np.array([20, 60, 50, 40, 80])  # 국사 점수

cov_xy = np.average((x-np.average(x))*(y-np.average(y)))
# (여기에 코드를 적는다)공분산
print("cov_xy", cov_xy)

plt.scatter(x, y, marker="o", label="xy", s=40)
plt.legend()

plt.xlabel("x", size=14)
plt.ylabel("y", size=14)
plt.grid()

plt.show()
```

Out

```
cov_xy 380.0
```

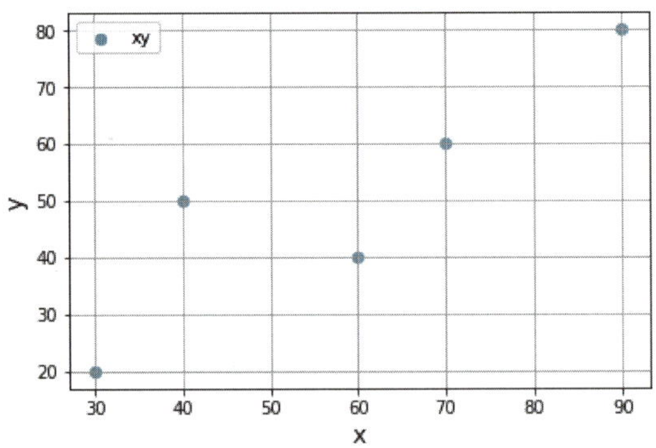

6.6 상관계수

상관계수는 두 그룹의 데이터 관계를 나타냅니다. 상관계수는 공분산보다도 관계의 크기를 비교하기 쉬운 지표입니다.

6-6-1 상관계수

다음의 X, Y 데이터 두 개를 봅시다. 각각 데이터의 개수는 n으로 합니다.

$$X = x_1, x_2, \cdots, x_n$$

$$Y = y_1, y_2, \cdots, y_n$$

이러한 데이터의 상관계수 p는 X와 Y의 공분산 $Cov(X, Y)$ 및 X와 Y 각각의 표준편차 σ_X, σ_Y를 이용해서 다음과 같이 나타냅니다.

$$\rho = \frac{Cov(X, Y)}{\sigma_X \sigma_Y} \quad \text{(식1)}$$

이 때, 상관계수 p는 $-1 \leqq \rho \leqq 1$의 값을 취합니다.

상관계수는 +1에 가까워지면 양의 상관관계가 강해지고, X가 커지면 Y가 커지는 경향이 강해집니다.

상관계수가 0인 경우, X와 Y에는 관계가 없습니다.

상관계수는 −1에 가까워지면 음의 상관관계가 강해지고, X가 커지면 Y가 작아지는 경향이 강해집니다.

상관계수는 공분산과 비슷하나, 어떠한 케이스에서도 범위가 $-1 \leqq \rho \leqq 1$에 들어가기 때문에 관계의 세기를 비교하기 쉬운 것이 장점입니다.

6-6-2 상관계수의 예

다음의 X를 수학 점수, Y를 영어 점수로 합니다.

$$X = 50, 70, 40, 60, 80$$

$$Y = 60, 80, 50, 50, 70$$

이 때, X와 Y의 공분산, 각각의 표준편차는 다음과 같이 계산할 수 있습니다.

$$Cov(X, Y) = 120$$

$$\sigma_X = 14.14...$$

$$\sigma_Y = 11.66...$$

이 때, 상관계수는 (식1)에 의해 다음과 같이 구할 수 있습니다.

$$\begin{aligned}\rho &= \frac{Cov(X, Y)}{\sigma_X \sigma_Y} \\ &= \frac{120}{14.14... \times 11.66...} \\ &= 0.7276...\end{aligned}$$

이상으로부터 이 케이스에서의 상관계수는 양의 값, 약 0.728이 됐습니다.

이것은 양의 상관관계이며, 수학 점수가 높으면 영어 점수도 높은 경향이 있다는 걸 의미합니다. 또 하나의 예를 생각해 봅시다. 다음의 X를 수학 점수, Z를 국어 점수로 합니다.

$$X = 50, 70, 40, 60, 80$$

$$Z = 60, 40, 60, 40, 30$$

이 때, X와 X의 공분산 및 각각의 표준편차는 다음과 같이 구할 수 있습니다.

$$Cov(X, Y) = -160$$

$$\sigma_X = 14.14...$$

$$\sigma_Z = 12.0$$

이 때, 상관계수는 (식1)에 의해 다음과 같이 구할 수 있습니다.

$$\begin{aligned}\rho &= \frac{Cov(X, Y)}{\sigma_X \sigma_Y} \\ &= \frac{-160}{14.14... \times 12.0} \\ &= -0.9428...\end{aligned}$$

이 경우에서의 상관계수는 음의 값, 약 −0.943이 됐습니다.

이것은 강한 음의 상관관계이며, 수학 점수가 높으면 국어 점수가 크게 내려가는 경향이 있는 걸 의미합니다.

이상과 같이 상관계수는 어떠한 케이스에서든 두 개 데이터 간 관계의 세기를 $-1 \leqq \rho \leqq 1$에서 나타낼 수 있습니다.

6.6.3 Python으로 상관계수를 구한다

상관계수는 NumPy의 **corrcoef()** 함수를 이용해서 구현할 수 있습니다. 공분산과 표준편차를 사용해서 계산한 값과 비교해 봅시다(리스트6.22).

리스트6.22 corrcoef() 함수를 사용해서 상관계수를 계산한다

In

```
%matplotlib inline

import numpy as np
import matplotlib.pyplot as plt

x = np.array([50, 70, 40, 60, 80])  # 수학 점수
y = np.array([60, 80, 50, 50, 70])  # 영어 점수

print("--- corrcoef() 함수를 사용 ---")
print(np.corrcoef(x, y))  # 상관계수

print()

print("--- 공분산과 표준편차로부터 구한다 ---")
cov_xy = np.average((x-np.average(x))*(y-np.average(y)))  # 공분산
print(cov_xy/(np.std(x)*np.std(y)))  # (식 1)

plt.scatter(x, y)

plt.xlabel("x", size=14)
plt.ylabel("y", size=14)
```

```
plt.grid()

plt.show()
```

Out

```
--- corrcoef() 함수를 사용 ---
[[1.         0.72760688]
 [0.72760688 1.        ]]

--- 공분산과 표준편차로부터 구한다 ---
0.7276068751089989
```

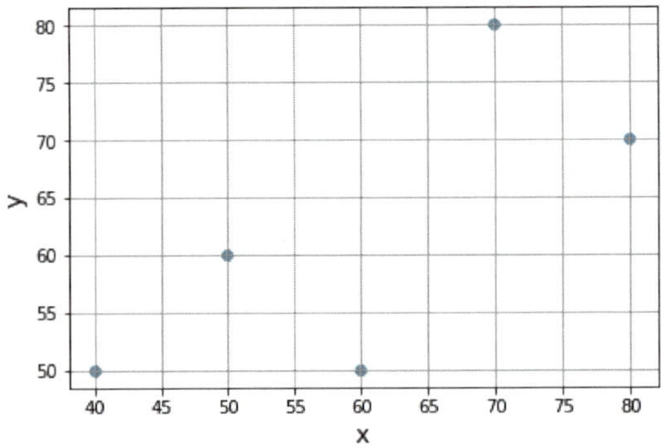

corrcoef() 함수를 사용한 경우, 결과는 2×2 행렬로서 얻을 수 있는데 오른쪽 위와 왼쪽 아래가 상관계수가 됩니다. 공분산과 표준편차로부터 구한 상관계수와 일치하고 있는 걸 확인할 수 있습니다.

6-6-4 연습

문제

리스트6.23을 보완해서 NumPy의 **corrcoef()** 함수를 이용해서 상관계수를 구합시다.

또한, 공분산과 표준편차를 사용해서 상관계수를 구하고, 전자와 비교해 봅시다.

리스트6.23 문제

In

```
import numpy as np
import matplotlib.pyplot as plt

x = np.array([30, 70, 40, 60, 90])  # 세계사 점수
y = np.array([20, 60, 50, 40, 80])  # 국사 점수

# 여기에서 corrcoef() 함수로 상관계수를 구해서 표시
print("--- corrcoef() 함수를 사용 ---")


print()

# 공분산과 표준편차로부터 상관계수를 구해서 표시
print("--- 공분산과 표준편차로부터 구한다 ---")



plt.scatter(x, y)

plt.xlabel("x", size=14)
plt.ylabel("y", size=14)
plt.grid()

plt.show()
```

정답 예

리스트6.24 정답 예

In

```
import numpy as np
import matplotlib.pyplot as plt

x = np.array([30, 70, 40, 60, 90])  # 세계사 점수
y = np.array([20, 60, 50, 40, 80])  # 국사 점수
```

```
# 여기에서 corrcoef() 함수로 상관계수를 구해서 표시
print("--- corrcoef() 함수를 사용 ---")
print(np.corrcoef(x, y))

print()

# 공분산과 표준편차로부터 상관계수를 구해서 표시
print("--- 공분산과 표준편차로부터 구한다 ---")
cov_xy = np.average((x-np.average(x))*(y-np.average(y)))
print(cov_xy/(np.std(x)*np.std(y)))

plt.scatter(x, y)

plt.xlabel("x", size=14)
plt.ylabel("y", size=14)
plt.grid()

plt.show()
```

Out

```
--- corrcoef() 함수를 사용 ---
[[1.         0.88975652]
 [0.88975652 1.        ]]

--- 공분산과 표준편차로부터 구한다 ---
0.8897565210026094
```

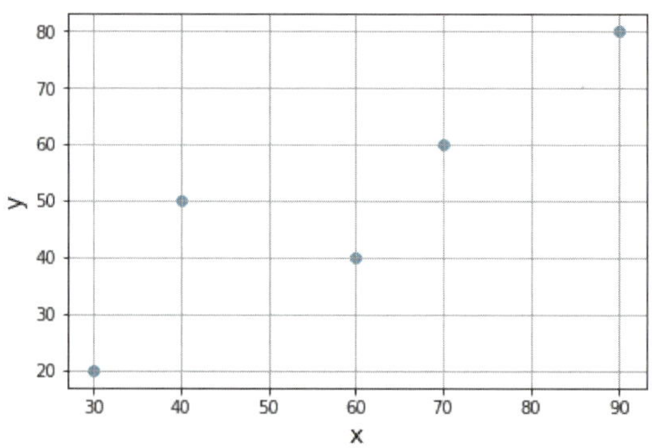

6.7 조건부 확률과 베이스 정리

베이스 정리는 인공지능뿐만 아니라 여러 가지 분야에서 이용되는 유용한 개념입니다. 이 절에서는 조건부 확률을 설명한 뒤 베이스 정리를 배웁니다.

6-7-1 조건부 확률

조건부 확률은 어떤 사건 B가 일어난 조건을 바탕으로 다른 사건 A가 일어날 확률을 말합니다.

조건부 확률은 다음과 같이 나타냅니다.

$$P(A|B)$$

이 값은 B가 일어났을 때의 A의 확률을 나타냅니다.

조건부 확률은 다음 식으로 구할 수 있습니다.

$$P(A|B) = \frac{P(A \cap B)}{P(B)} \quad \text{(식1)}$$

$P(B)$는 사건 B가 일어날 확률입니다.

$P(A \cap B)$는 A와 B가 동시에 일어날 확률입니다. 사건 B가 일어나면서 A가 일어난 것의 비율이라고 생각할 수 있습니다.

A와 B, $A \cap B$의 관계를 그림으로 나타내면 그림6.2와 같습니다.

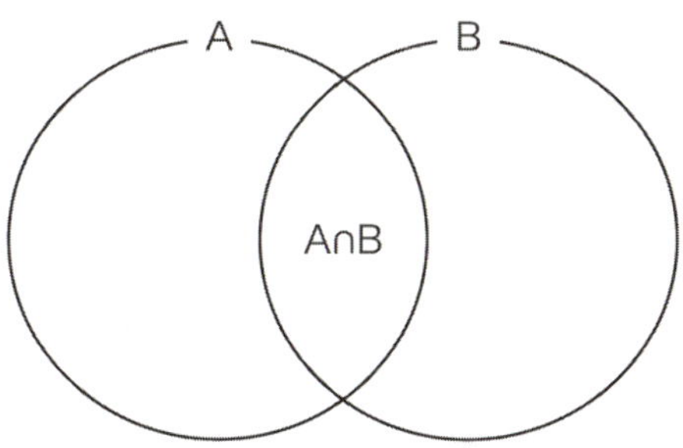

그림6.2 A와 B, A∩B의 관계

A와 B가 중복된 영역, 즉 사건 A와 사건 B가 함께 일어나는 영역입니다(식1)의 조건부 확률은 그림6.2의 영역 B 안의 영역 A∩B의 비율이라고 생각할 수 있습니다.

6-7-2 조건부 확률의 예

예6.1과 함께 조건부 확률을 설명합니다.

예6.1

```
주머니 속에 흰 공과 검은 공이 5개씩 들어있습니다.
흰 공 중 3개에는 숫자 0, 2개에는 숫자 1이 쓰여 있습니다.
검은 공 중 2개에는 숫자 0, 3개에는 숫자 1이 쓰여 있습니다.

이 주머니에서 공을 1개 꺼내니 흰 공이었습니다.
```

이 흰 공의 번호가 0일 확률을 구합시다. 이 경우, 공의 색은 이미 흰색이라는 걸 알고 있으므로 이 점을 고려해야 합니다.

P(A|B)에서 A와 B를 다음과 같이 설정합니다.

- A: 번호가 0이다
- B: 흰 공이다

여기에서 앞의 (식1)에 의한 조건부 확률을 구합니다.

$$P(A|B) = \frac{P(A \cap B)}{P(B)}$$

우변에서의 $P(B)$는 흰색일 확률이므로 다음과 같이 간단하게 구할 수 있습니다.

$$P(B) = \frac{5}{10} = \frac{1}{2}$$

또한, $P(A \cap B)$는 주머니 안에 10개의 공이 있으며, 흰색에 번호가 0인 공은 3개이므로 다음과 같이 구할 수 있습니다.

$$P(A \cap B) = \frac{3}{10}$$

따라서 조건부 확률은 (식1)을 사용해 다음과 같이 구할 수 있습니다.

$$P(A|B) = \frac{P(A \cap B)}{P(B)} = \frac{\frac{3}{10}}{\frac{1}{2}} = \frac{3}{5}$$

꺼낸 공이 흰색인 경우, 그 번호가 0일 확률은 $\frac{3}{5}$, 즉 60%가 됐습니다.

여기서는 간단한 케이스를 다뤘는데, 더욱 복잡한 조건에서는 조건부 확률의 식이 매우 유용합니다.

> **ATTENTION**
>
> **확률**
>
> $\frac{3}{5}$이라는 확률은 조건부 확률을 사용하지 않아도 직감적으로 알 수 있을지도 모르겠으나, 이번은 굳이 조건부 확률의 식을 사용해서 엄밀하게 확률을 구했습니다.

6-7-3 베이스 정리

베이스 정리는 다음 식으로 나타낼 수 있습니다.

$$P(B|A) = \frac{P(A|B)P(B)}{P(A)} \quad \text{(식2)}$$

조건부 확률 $P(B|A)$을 구하는 데에 $P(A|B)$와 $P(A)$, $P(B)$를 사용합니다. B가 일어날 확률 $P(B)$는 **사전확률**이라고 하며, A가 일어났다는 조건 하에 B가 일어날 확률 $P(B|A)$는 **사후확률**이라고 합니다. (식2)의 베이스 정리는 사전확률을 사후확률로 변환하는 식으로 생각할 수도 있습니다.

특히 $P(B|A)$는 간단하게 구할 수 있지만 $P(B|A)$를 구할 수 없는 경우, 베이스 정리가 유용합니다.

베이스의 정리는 조건부 확률의 식으로부터 도출해낼 수 있습니다.

(식1)의 A와 B를 바꾼 식은 다음과 같습니다.

$$P(B|A) = \frac{P(B \cap A)}{P(A)} \qquad \text{(식3)}$$

$P(A \cap B)$는 A와 B가 동시에 일어나는 확률이므로 다음의 관계가 성립됩니다.

$$P(A \cap B) = P(B \cap A)$$

따라서 (식3)의 양변을 (식1)으로 나누면 다음과 같이 베이스 정리를 도출해낼 수 있습니다.

$$\frac{P(B|A)}{P(A|B)} = \frac{P(B)}{P(A)}$$
$$P(B|A) = \frac{P(A|B)P(B)}{P(A)}$$

6-7-4 베이스 정리의 활용 예

한국인의 0.01%가 걸리는 어떤 질병이 있다고 합시다.

검사를 통해 실제로 질병에 걸린 사람이 양성으로 판정될 확률을 98%로 합니다.

또한, 걸리지 않은 사람이 음성으로 판정될 확률은 90%로 합니다.

어떤 사람이 검사로 양성 판정을 받은 경우 실제로 이 병에 걸렸을 가능성은 몇 %나 될까요?

검사에서 양성인 것을 A_1, 음성인 것을 A_2로 합니다.

이 때,

$$P(A_2) = 1 - P(A_1)$$

라는 관계가 성립됩니다.

또한, 실제로 걸린 것을 B_1, 걸리지 않은 것을 B_2로 합니다.

이 때,

$$P(B_2) = 1 - P(B_1)$$

라는 관계가 성립됩니다.

이상을 근거로 하여 (식2)의 베이스 정리를 다음과 같이 사용할 수 있습니다.

$$P(B_1|A_1) = \frac{P(A_1|B_1)P(B_1)}{P(A_1)}$$

$P(B_1|A_1)$이 양성이라고 판정됐을 때 실제로 걸리는 확률입니다.

우변을 구해 나갑시다.

$P(A_1|B_1)$는 걸린 사람이 양성이라고 판정될 확률이므로 문제의 전제로부터 다음과 같습니다.

$$P(A_1|B_1) = 0.98$$

또한, $P(B_1)$는 병에 걸린 확률이므로 문제의 전제로부터 다음과 같이 됩니다.

$$P(B_1) = 0.0001$$

$P(A_1)$은 양성이라고 판정되는 확률이므로, 걸린 사람이 양성이라 판정될 확률과 걸리지 않은 사람이 양성으로 판정될 확률의 합으로 구할 수 있습니다.

$$\begin{aligned} P(A_1) &= P(B_1)P(A_1|B_1) + P(B_2)P(A_1|B_2) \\ &= 0.0001 \times 0.98 + (1 - 0.0001) \times (1 - 0.9) = 0.100088 \end{aligned}$$

위의 내용에서, $P(A_1|B_2)$는 걸리지 않은 사람이 양성으로 판정될 확률로서 구했습니다. 따라서 양성이라 판정된 경우, 실제로 걸린 확률은 다음과 같이 구할 수 있습니다.

$$P(B_1|A_1) = \frac{P(A_1|B_1)P(B_1)}{P(A_1)} = \frac{0.98 \times 0.0001}{0.100088} = 0.00097914$$

검사에 양성이라고 해도 실제로 병일 확률은 0.1% 정도인 것 같습니다.

이 병으로 양성이라 판정을 받아도 그다지 걱정할 필요는 없을 것 같네요.

이 베이스 정리를 이용한 베이스 추정에 의해 불확실한 사건을 예측할 수 있는데, 이는 스팸 메일의 필터나 뉴스 기사의 카테고리 분류 등에 활용됩니다.

인공지능에서는 베이스 추정에 의해 파라미터 추정을 실시하는 경우가 있습니다.

6-7-5 연습

문제

예6.2

```
주머니 속에 흰 공과 검은 공이 3개씩 들어있습니다.
흰 공 중 2개에는 숫자 0, 1개에는 숫자 1이 쓰여 있습니다.
검은 공 중 1개에는 숫자 0, 2개에는 숫자 1이 쓰여 있습니다.

이 주머니에서 공을 1개 꺼내니 흰 공이었습니다.
```

이 공의 번호가 0일 확률을 구합시다. 정답은 종이에 적거나 Jupyter Notebook의 셀에 LaTeX으로 적어도 됩니다.

정답 예

$P(A \mid B)$에서 A와 B를 다음과 같이 설정합니다.

- A: 번호가 0이다
- B: 흰 공이다

여기에서 다음의 (식1)에 의한 조건부 확률을 구합니다.

$$P(A|B) = \frac{P(A \cap B)}{P(B)}$$

우변에서 $P(B)$은 흰색 공인 확률이므로 다음과 같이 계산됩니다.

$$P(B) = \frac{3}{6} = \frac{1}{2}$$

또한, $P(A \cap B)$는 주머니 안에 6개의 공이 있으며, 흰색이고 번호가 0인 공은 2개이므로 다음과 같이 계산됩니다.

$$P(A \cap B) = \frac{2}{6} = \frac{1}{3}$$

따라서 조건부 확률 $P(A|B)$는 다음과 같이 구할 수 있습니다.

$$P(A|B) = \frac{P(A \cap B)}{P(B)} = \frac{\frac{1}{3}}{\frac{1}{2}} = \frac{2}{3}$$

6.8 우도(가능도)

우도는 데이터의 타당성을 나타내는 데 사용합니다.

6-8-1 우도

다음의 n 개로 이루어진 데이터를 생각해 봅시다.

$$x_1, x_2, \cdots, x_n$$

이러한 값이 생길 확률을 다음과 같이 나타냅니다.

$$p(x_1), p(x_2), \cdots, p(x_n)$$

이 때, **우도**는 다음과 같이 나타냅니다.

$$p(x_1)p(x_2)\cdots p(x_n) = \prod_{k=1}^{n} p(x_k)$$

위와 같이 우도는 모든 확률의 곱이 됩니다.

여기에서 확률밀도함수를 복습해 봅시다. 정규분포를 따르는 확률은 다음의 확률밀도함수로 나타냅니다. μ는 평균값이고, σ는 표준편차입니다.

$$p(x) = \frac{1}{\sigma\sqrt{2\pi}} \exp\left(-\frac{(x-\mu)^2}{2\sigma^2}\right)$$

데이터가 어떤 평균값과 표준편차의 정규분포를 따른 경우, 이 확률밀도함수를 사용해서 우도를 다음과 같이 나타낼 수 있습니다.

$$L = \prod_{k=1}^{n} p(x_k) = \left(\frac{1}{\sigma\sqrt{2\pi}}\right)^n \prod_{k=1}^{n} \exp\left(-\frac{(x_k-\mu)^2}{2\sigma^2}\right)$$
$$= \left(\frac{1}{\sigma\sqrt{2\pi}}\right)^n \exp\left(-\sum_{k=1}^{n} \frac{(x_k-\mu)^2}{2\sigma^2}\right) \quad \text{(식1)}$$

우도는 확률의 곱이기 때문에 이대로는 0에 한없이 가까운 값이 됩니다. 또한, 식이 곱의 형태이기 때문에 미분으로 다루기 어렵다는 문제도 있습니다. 그래서 우도는 자주 로그의 형태로 취급됩니다. 로그면 값의 상하에 관한 경향은 변하지 않습니다.

이러한 대수우도는 정규분포를 상정하는 경우 다음의 식으로 표현됩니다.

$$\log L = \sum_{k=1}^{n} \log p(x_k) = n\log\left(\frac{1}{\sigma\sqrt{2\pi}}\right) - \sum_{k=1}^{n} \frac{(x_k-\mu)^2}{2\sigma^2} \quad \text{(식2)}$$

이상이 우도의 의미인데, 이후 코드의 실행 결과와 함께 설명해 나갑니다.

6.8.2 우도가 작은 케이스

리스트6.25의 코드는 데이터와 정규분포의 확률밀도함수를 겹쳐 그립니다. 확률밀도함수의 평균값은 0, 표준편차는 1로 합니다. 그리고 데이터가 이 확률밀도함수를 따른 경우의 우도, 로그우도를 구해서 표시합니다.

리스트6.25 우도가 작은 경우의 데이터와 확률밀도함수

In

```
%matplotlib inline

import numpy as np
import matplotlib.pyplot as plt

x_data = np.array([2.4, 1.2, 3.5, 2.1, 4.7])  # 데이터
y_data = np.zeros(5)  # x_data를 산포도로 표시하기 위한 편의적인 데이터
```

```
mu = 0     # 평균값
sigma = 1  # 표준편차

def pdf(x, mu, sigma):
    return 1/(sigma*np.sqrt(2*np.pi))*np.exp(-(x-mu)**2 /
(2*sigma**2))  # 확률밀도함수

x_pdf = np.linspace(-5, 5)
y_pdf = pdf(x_pdf, mu, sigma)

plt.scatter(x_data, y_data)
plt.plot(x_pdf, y_pdf)

plt.xlabel("x", size=14)
plt.ylabel("y", size=14)
plt.grid()

plt.show()

print("--- 우도 ----")
print(np.prod(pdf(x_data, mu, sigma)))  # 식(1)에 의한 우도를 계산

print("--- 로그우도 ----")
print(np.sum(np.log(pdf(x_data, mu, sigma))))
# 식(2)에 의한 로그우도를 계산
```

Out

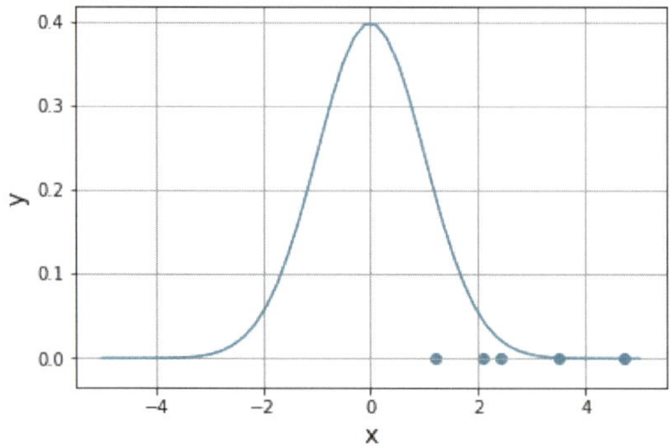


```
--- 우도 ----
1.0632480805734735e-12
--- 로그우도 ----
-27.569692666023364
```

데이터가 확률밀도함수로부터 벗어나 있네요. 이처럼 정규분포를 상정하는 경우, 이러한 데이터는 그다지 타당성 있지 않습니다. 실제로 우도와 로그우도는 작은 값이 됐습니다.

6-8-3 우도가 큰 케이스

다음으로 확률밀도함수의 표준편차와 평균값을 변경합니다. **x_data**로부터 표준편차와 평균값을 계산하고, 이것들을 사용합니다(리스트6.26).

리스트6.26 우도가 큰 경우의 데이터와 확률밀도함수

In

```
import numpy as np
import matplotlib.pyplot as plt

x_data = np.array([2.4, 1.2, 3.5, 2.1, 4.7])  # 데이터
y_data = np.zeros(5)

mu = np.average(x_data)  # 데이터의 평균값
sigma = np.std(x_data)   # 데이터의 표준편차

def pdf(x, mu, sigma):
```

```
    return 1/(sigma*np.sqrt(2*np.pi))*np.exp(-(x-mu)**2 /
(2*sigma**2))  # 확률밀도함수

x_pdf = np.linspace(-3, 7)
y_pdf = pdf(x_pdf, mu, sigma)

plt.scatter(x_data, y_data)
plt.plot(x_pdf, y_pdf)

plt.xlabel("x", size=14)
plt.ylabel("y", size=14)
plt.grid()

plt.show()

print("--- 우도 ----")
print(np.prod(pdf(x_data, mu, sigma)))  # 식(1)에 의한 우도를 계산

print("--- 로그우도 ----")
print(np.sum(np.log(pdf(x_data, mu, sigma))))
# 식(2)에 의한 로그우도를 계산
```

Out

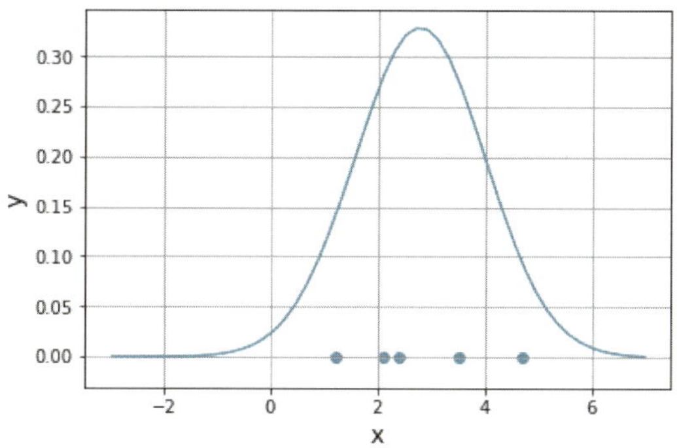


```
--- 우도 ----
0.0003211757807192693
--- 로그우도 ----
-8.043521981227514
```

정규분포의 커브가 데이터의 퍼진 상태에 딱 들어맞고 있네요. 이러한 확률밀도함수를 가정하는 경우, 이러한 데이터는 타당성 있게 보입니다.

실제로 이번 우도와 로그우도는 앞서 보다도 큰 폭으로 커졌습니다.

이상과 같이, 우도는 정규분포 등의 확률분포를 상정했을 때의 데이터의 타당성을 나타냅니다. 정규분포를 상정하는 경우, 확률밀도함수에 데이터의 표준편차와 평균값을 사용하면 우도는 최대가 되는데, 데이터로부터 우도가 최대가 되는 확률분포의 파라미터를 구하는 것을 **최우추정**이라고 합니다.

6-8-4 우도와 파라미터

편미분에 의한 최우추정을 실시할 수도 있는데 여기에서는 그래프를 사용해서 정규분포를 상정했을 때의 우도의 최댓값을 확인합니다. 리스트6.27의 코드에서는 평균값을 고정하고 나서 표준편차를 변경했을 때의 우도의 변화를 그래프로 표시합니다.

리스트6.27 가로축이 표준편차, 세로축이 로그우도 그래프. 점선은 데이터의 표준편차를 나타낸다

In

```
import numpy as np
import matplotlib.pyplot as plt

x_data = np.array([2.4, 1.2, 3.5, 2.1, 4.7])  # 데이터

mu = np.average(x_data)  # 데이터의 평균값
sigma = np.std(x_data)   # 데이터의 표준편차

def pdf(x, mu, sigma):
    return 1/(sigma*np.sqrt(2*np.pi))*np.exp(-(x-mu)**2 /
(2*sigma**2))  # 확률밀도함수

def log_likelihood(p):
    return np.sum(np.log(p))  # 로그우도

x_sigma = np.linspace(0.5, 8)   # 가로축에 사용하는 표준편차
y_loglike = []  # 세로축에 사용하는 로그우도
for s in x_sigma:
    log_like = log_likelihood(pdf(x_data, mu, s))
```

```
    y_loglike.append(log_like)  # 로그우도를 세로축에 추가

plt.plot(x_sigma, np.array(y_loglike))
plt.plot([sigma, sigma], [min(y_loglike), max(y_loglike)],
linestyle="dashed")  # 데이터의 표준편차의 위치에 세로선을 긋는다

plt.xlabel("x_sigma", size=14)
plt.ylabel("y_loglike", size=14)
plt.grid()

plt.show()
```

Out

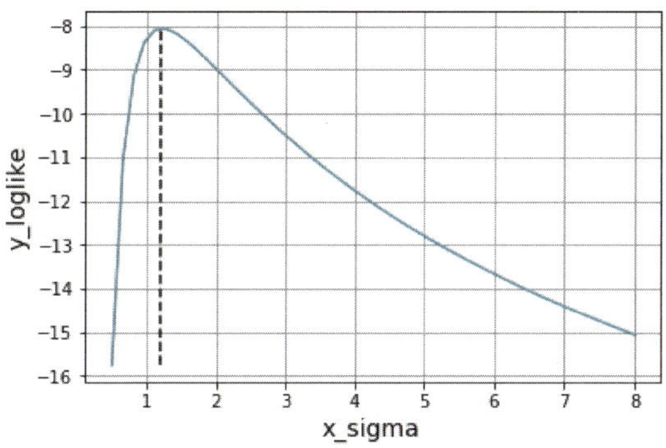

정규분포의 표준편차에 의해 로그우도가 매끄럽게 변화하는 모습을 볼 수 있습니다. 점선은 데이터의 표준편차를 나타내는데, 이 때 세로축의 로그우도는 최대로 된 것을 확인할 수 있습니다. 그리고 로그우도가 최대인 것은 우도가 최대라는 것을 의미합니다.

이상과 같은 최우추정을 통해 데이터로부터 가장 타당성이 높은 확률 분포를 추정할 수 있습니다.

6-8-5 연습

문제

리스트6.28을 보완해서 평균값이 4.0, 표준편차가 0.8인 정규분포를 상정했을 때 데이터의 우도와 로그우도를 계산합시다.

리스트6.28 문제

In

```
import numpy as np
import matplotlib.pyplot as plt

x_data = np.array([2.4, 1.2, 3.5, 2.1, 4.7])  # 데이터
y_data = np.zeros(5)

mu = 4.0      # 평균값
sigma = 0.8  # 표준편차

def pdf(x, mu, sigma):
    return 1/(sigma*np.sqrt(2*np.pi))*np.exp(-(x-mu)**2 /
(2*sigma**2))  # 확률밀도함수

x_pdf = np.linspace(-1, 9)
y_pdf = pdf(x_pdf, mu, sigma)

plt.scatter(x_data, y_data)
plt.plot(x_pdf, y_pdf)

plt.xlabel("x", size=14)
plt.ylabel("y", size=14)
plt.grid()

plt.show()

print("--- 우도 ----")
   # 여기에서 우도를 계산

print("--- 로그우도 ----")
  # 여기에서 로그우도를 계산
```

정답 예

리스트6.29 정답 예

In

```
import numpy as np
import matplotlib.pyplot as plt

x_data = np.array([2.4, 1.2, 3.5, 2.1, 4.7])  # 데이터
y_data = np.zeros(5)

mu = 4.0  # 평균값
sigma = 0.8  # 표준편차

def pdf(x, mu, sigma):
    return 1/(sigma*np.sqrt(2*np.pi))*np.exp(-(x-mu)**2 /
(2*sigma**2))  # 확률밀도함수

x_pdf = np.linspace(-1, 9)
y_pdf = pdf(x_pdf, mu, sigma)

plt.scatter(x_data, y_data)
plt.plot(x_pdf, y_pdf)

plt.xlabel("x", size=14)
plt.ylabel("y", size=14)
plt.grid()

plt.show()

print("--- 우도 ----")
print(np.prod(pdf(x_data, mu, sigma)))  # 여기에서 우도를 계산

print("--- 로그우도 ----")
print(np.sum(np.log(pdf(x_data, mu, sigma))))
# 여기에서 로그우도를 계산
```

Out

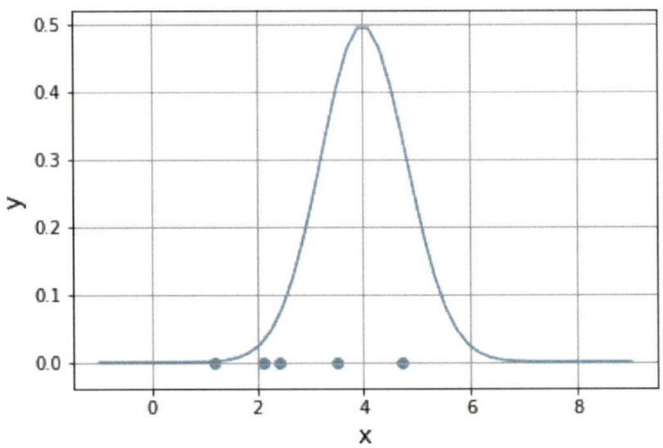


```
--- 우도 ----
3.0516524826983536e-07
--- 로그우도 ----
-15.002412409452313
```

6.9 정보량

정보량은 어떤 사건이 어느 정도의 정보를 갖는지를 나타내는 척도입니다.

6-9-1 정보량

정보량은 「정보이론」에서의 정보를 정량적으로 다루기 위해 정의된 개념입니다. 각각의 사건의 정보량뿐만 아니라 사건의 정보량의 평균값도 정보량이라 부르는 경우가 있습니다. 전자를 **선택정보량(자기 엔트로피)**, 후자를 **평균정보량(엔트로피)**이라고 부릅니다. 이에 더해서 이 절에서는 **교차 엔트로피**라는 기계학습에서 오차를 나타내기 위해서 자주 사용되는 개념도 설명합니다.

ATTENTION

엔트로피

엔트로피는 원래 물리학의 분야인 열역학과 통계과학에서의 개념입니다. 정보이론 분야의 통계 물리학에서 다루는 엔트로피와 수학적으로 거의 같은 계산식이 나타났기 때문에 이를 「엔트로피」 라고 부르게 됐습니다.

6-9-2 선택정보량(자기엔트로피)

사건 E가 일어나는 확률을 $P(E)$로 하면 이 때의 선택정보량 $I(E)$는 다음의 식으로 표현됩니다.

$$I(E) = -\log_2 P(E)$$

이처럼 선택정보량은 확률의 로그를 음으로 한 것으로서 나타냅니다. 로그의 밑에는 2를 사용하는 경우가 많은데 밑을 무엇으로 선택해도 본질적으로 차이는 없습니다.

예를 들어 양쪽이 모두 양면인 특수한 동전을 던질 경우, 「앞면이 위가 된다」는 사건이 일어날 확률은 1이므로 선택정보량은 $-\log_2 1$로 0입니다.

보통의 한쪽 면이 앞면, 한쪽 면이 뒷면인 동전을 던지는 경우 「앞면이 위가 된다」는 사건이 일어날 확률은 1/2이므로 선택정보량은 $-\log_2 \frac{1}{2}$로 1입니다.

이와 같이, 사건의 확률이 작을수록(드물수록) 선택정보량은 커집니다.

선택정보량은 어떤 사건이 얼마나 일어나기 어려운지를 나타내는 척도이나, 유용성을 나타내는 척도는 아닙니다. 예를 들어 1/100에 해당하는 룰렛의 상금이 1억이든 100원이든 당첨되는 것의 선택정보량에 차이는 없습니다.

6-9-3 선택정보량을 그래프화

선택정보량의 이미지를 파악하기 위해서 가로축을 확률, 세로축을 선택 정보량으로 한 그래프를 그립니다. 밑이 2인 로그는 NumPy()의 **log2()** 함수로 계산할 수 있습니다(리스트6.30).

리스트6.30 확률과 선택 정보량

In

```
%matplotlib inline

import numpy as np
import matplotlib.pyplot as plt

x = np.linspace(0.01, 1)  # 0의 로그는 취할 수 없으므로 0.01로
y = -np.log2(x)  # 선택정보량

plt.plot(x, y)

plt.xlabel("x", size=14)
plt.ylabel("y", size=14)
plt.grid()

plt.show()
```

Out

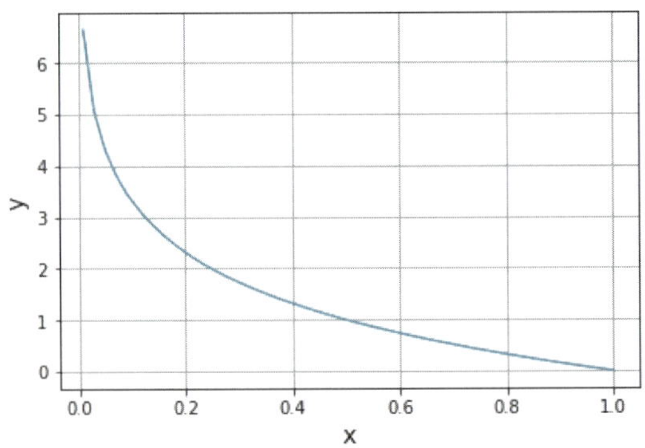

확률의 상승에 따라, 선택정보량은 단조감소합니다. 확률이 1이 되면 선택정보량은 0이 됩니다. 또한, 확률이 0에 가까워지면 선택정보량이 무한으로 늘어납니다. 선택정보량이 사건이 일어나기 어려운 정도를 나타내는 척도인 것을 알 수 있습니다.

또한, 선택정보량에는「합을 취한다」는 성질이 있습니다. 트럼프 카드를 생각해 봅시다.

조커를 뺀 52장에서 스페이드 에이스를 뽑을 확률은 1/52입니다. 따라서 선택정보량은 $-\log_2 \frac{1}{52} = \log_2 52$입니다. 이 때, $-\log \frac{1}{a} = \log a$라는 관계를 사용합니다.

또한, 스페이드를 뽑을 확률은 1/4이므로 선택정보량은 $-\log_2 \frac{1}{4} = \log_2 4$입니다. 1을 뽑을 확률은 1/13이므로 선택정보량은 $-\log_2 \frac{1}{13} = \log_2 13$입니다.

$\log_c a + \log_c b = \log_c ab$의 관계에 의해

$$\log_2 4 + \log_2 13 = \log_2 52$$

가 돼서, 「스페이드를 뽑는다.」의 선택정보량과 「1을 뽑는다.」의 선택정보량의 합은 「스페이드의 1을 뽑는다.」의 선택정보량과 같아집니다.

이처럼 선택정보량에는 합을 취하는 편리한 성질이 있습니다.

6-9-4 평균정보량(엔트로피)

평균정보량은 **엔트로피**로도 혹은 **섀넌 엔트로피**로도 불립니다. 평균정보량 H는 다음 식으로 정의됩니다.

$$H = -\sum_{k=1}^{n} P(E_k) \log_2 P(E_k)$$

여기에서 n은 사건의 총 수, E_k는 각 사건을 나타냅니다. 선택정보량에 확률을 곱해 총합을 취한 것입니다.

6-9-5 평균정보량의 의미

동전 던지기의 예를 생각해 봅시다. 어떤 동전의 앞면이 나올 확률이 P, 뒷면이 나올 확률을 $1-P$로 합니다. 이 때, 평균정보량은 위에서 적은 식에 의거해 다음과 같이 구할 수 있습니다.

$$H = -P \log_2 P - (1-P) \log_2 (1-P)$$

이것을 그래프로 그립시다. 리스트6.31의 코드는 가로축을 확률, 세로축을 평균정보량으로서 그래프를 그립니다.

리스트6.31 확률과 평균정보량의 그래프

In

```
import numpy as np
import matplotlib.pyplot as plt

x = np.linspace(0.01, 0.99)
# 0의 로그는 취하지 않으므로 0.01부터 0.99의 범위로
y = -x*np.log2(x) - (1-x)*np.log2(1-x)  # 평균정보량

plt.plot(x, y)

plt.xlabel("x", size=14)
plt.ylabel("y", size=14)
plt.grid()

plt.show()
```

Out

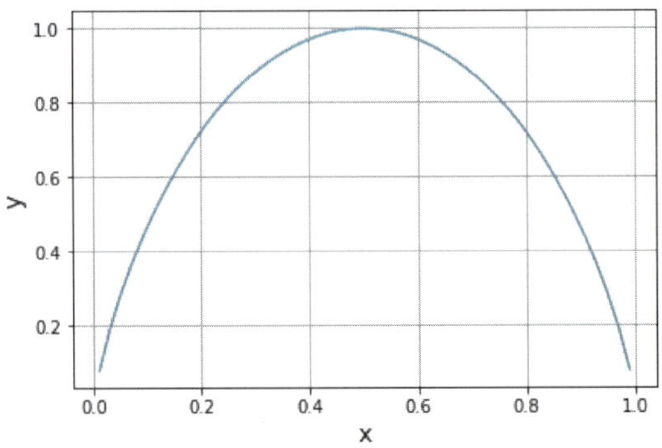

이 그래프에서는 평균정보량은 동전의 앞면이 나올 확률이 0과 1에 가까워질 때 0에 가까워지고 0.5에서 최댓값 1이 됐습니다.

이처럼 평균정보량은 결과를 예측하기 어려울 때에 커지고, 예측하기 쉬울 때에 작아집니다. 즉, 어떤 사건의 발생 확률이 모두 같을 때, 즉 무슨 일이 일어날지가 예측이 안될 때에 최대가 됩니다. 발생 확률의 편향이 클수록 평균정보량은 작아진다고 표현할 수도 있습니다. 평균정보량은 정보의 무질서함과 불확실성을 나타내는 척도이기도 합니다.

6-9-6 교차 엔트로피

교차 엔트로피(크로스 엔트로피)는 예측 확률 분포값과 실제 확률 분포값이 얼마만큼 떨어져 있는지를 나타내는 척도입니다. 아래는 교차 엔트로피를 활용하는 경우입니다.

일어나는가? 일어나지 않는가? 두 가지의 경우

사건이 일어나는 확률을 P로 하면 그 사건이 일어나지 않는 확률은 $1-P$로 나타낼 수 있습니다.

이 때, 「0이나 1 중 하나 밖에 취할 수 없다」 변수 t를 사용해 양쪽을 합쳐 다음과 같은 확률로 나타낼 수 있습니다.

$$P^t(1-P)^{1-t}$$

$t=0$일 때 위에 적은 식은 $1-P$가 되고, 사건이 일어나지 않을 확률을 나타냅니다. 또한, $t=1$일 때 위에 적은 식은 P가 되고, 사건이 일어날 확률을 나타냅니다.

여기에서 이전 절에서 설명한 우도를 도입합니다. 개별의 사건이 n개 존재하는 경우의 우도는 다음과 같습니다.

$$L=\prod_{k=1}^{n} P_k^{t_k}(1-P_k)^{1-t_k} \qquad \text{(식1)}$$

여기에서 P_k는 사건이 일어날 확률, t_k는 실제로 사건이 일어날지 여부를 나타냅니다. 그러면 (식1)의 값은 현실이 확률로 예측된 바였을 경우에 커집니다. 즉, (식1)은 확률 분포가 얼마나 타당한지를 나타내게 됩니다.

그러나 (식1)은 그대로는 곱의 형태이므로 미분으로 다루기 어렵습니다. 또한, 많은 확률의 곱을 취하므로 0에 매우 가까운 값이 되고 맙니다. 그래서 이것을 log를 사용해서 로그의 형태로 바꾼 뒤 최급강하법 등으로 최적화할 수 있도록 양, 음의 부호를 반전합니다. 그러면 (식1)은 다음의 형태가 됩니다.

$$\begin{aligned}E &= -\log L = -\log \prod_{k=1}^{n} P_k^{t_k}(1-P_k)^{1-t_k} \\ &= -\sum_{k=1}^{n}\Big(t_k \log P_k + (1-t_k)\log(1-P_k)\Big)\end{aligned} \qquad \text{(식2)}$$

(식2)의 E를 교차 엔트로피라고 부릅니다. 이 교차 엔트로피를 최소화하는 것은 (식1)의 우도를 최대화하는 것과 같습니다. 즉, 교차 엔트로피가 작으면 확률분포가 타당하게 됩니다.

인공지능의 한 종류, 뉴럴 네트워크에서 대상을 두 개의 그룹으로 분류하는 경우, 이 교차 엔트로피를 최소가 되게 학습이 시행되는 경우가 많습니다.

어떤 하나가 일어나는 경우

다음에 일어날지 일어나지 않을지의 두 가지가 아닌 m개의 사건 가운데 어느 1개가 일어나는 경우의 교차 엔트로피를 생각해 봅시다.

즉 P_j를 사건이 일어나는 확률로하여,

$$\sum_{j=1}^{m} P_j = 1$$

가 되는 경우입니다.

이 경우, 어느 사건이 일어날 확률은 다음과 같이 일반화할 수 있습니다.

$$\prod_{j=1}^{m} P_{kj}^{t_{kj}}$$

위에 적은 식에서는 $t_1, t_2, \cdots, t_m$ 중 하나만 1이고 나머지는 0입니다.

이 경우의 우도인데, 위에 적은 n회 일어나는 경우 다음과 같이 나타냅니다.

$$L = \prod_{k=1}^{n} \prod_{j=1}^{m} P_{kj}^{t_{kj}}$$

$t_{k1}, t_{k2}, \cdots, t_{km}$ 중 하나만 1로, 나머지는 0입니다. P_{kj}는 사건이 일어날 확률, t_{kj}는 실제로 사건이 일어났는지 여부를 나타냅니다. 이번은 각각 두 개의 첨자가 필요합니다.

이것의 로그를 취해 부호를 반전함으로써 이 경우의 교차 엔트로피는 다음과 같이 나타냅니다.

$$E = -\log L = -\log \prod_{k=1}^{n} \prod_{j=1}^{m} P_{kj}^{t_{kj}} = -\sum_{k=1}^{n} \sum_{j=1}^{m} \Big(t_{kj} \log P_{kj} \Big) \qquad \text{(식3)}$$

뉴럴 네트워크에서 대상을 3개 이상으로 분류할 경우 위에 적은 교차 엔트로피를 최소하도록 학습을 시행하는 경우가 많습니다.

(식2)(식3)은 예측(확률)과 정답(현실)의 오차를 나타낸다고 생각할 수도 있는데, 이러한 함수를 **오차함수** 또는 **손실함수**라고 합니다. 오차함수에는 7장에서 설명하는 오차제곱합 등 몇 가지 종류가 있습니다.

6-9-7 교차 엔트로피를 계산

리스트6.32에서는 (식2)를 사용해서 교차 엔트로피를 계산합니다. 예측과 정답이 떨어져 있는 경우 또는 예측과 정답이 가까운 경우 두 가지의 케이스로 계산을 실시합니다. **log()**의 안이 0이 되지 않도록 안의 값에는 미세한 값 **delta**를 더합니다.

리스트6.32 교차 엔트로피를 계산한다

In

```
import numpy as np

delta = 1e-7  # 미세한 값

def cross_entropy(p, t):
    return -np.sum(t*np.log(p+delta) + (1-t)*np.log(1-p+delta))
    # 교차 엔트로피

p_1 = np.array([0.2, 0.8, 0.1, 0.3, 0.9, 0.7])
# 정답으로부터 떨어져 있다
p_2 = np.array([0.7, 0.3, 0.9, 0.8, 0.1, 0.2])  # 정답에 가깝다
t = np.array([1, 0, 1, 1, 0, 0])  # 정답

print("--- 예측과 정답이 떨어져 있다 ----")
print(cross_entropy(p_1, t))
print("--- 예측과 정답이 가깝다 ----")
print(cross_entropy(p_2, t))
```

Out

```
--- 예측과 정답이 떨어져 있다 ----
10.231987952842859
--- 예측과 정답이 가깝다 ----
1.3703572638850776
```

예측과 정답이 떨어져 있는 경우, 즉 예측이 타당하지 않은 경우는 교차 엔트로피가 큰 값이 됐습니다. 그에 반해 예측과 정답이 가까운 경우, 즉 예측이 타당한 경우는 교차 엔트로피가 작아졌습니다.

이런 교차 엔트로피가 작아지도록 기계학습을 시행하면 점차 예측 정밀도가 향상돼 갑니다.

6-9-8 연습

문제

리스트6.33을 보완하고, 앞면이 위가 될 확률이 0.6, 뒷면이 위가 될 확률이 0.4인 동전을 던질 때의 평균정보량을 계산합시다.

리스트6.33 문제

In

```
import numpy as np

p = 0.6

# 평균정보량을 구해서 표시한다
```

정답 예

리스트6.34 정답 예

In

```
import numpy as np

p = 0.6
```

```
# 평균정보량을 구해서 표시한다
print(-p*np.log2(p) - (1-p)*np.log2(1-p))
```

Out

```
0.9709505944546686
```

COLUMN

자연언어처리

인공지능은 **자연언어처리**(Natural Language Processing, NLP)에 자주 사용됩니다. 자연언어는 한국어나 영어 등 우리가 평소에 쓰는 언어를 가리키는데, 자연언어처리란 이 자연언어를 컴퓨터로 처리하는 기술을 말합니다.

그렇다면 인공지능에서 자연언어처리는 어떠한 장면에서 사용되고 있을까요?

먼저 구글 등의 검색 엔진입니다. 검색 엔진을 구축하기 위해서는 키워드로부터 사용자의 의도를 정확하게 파악할 수 있도록 고도의 자연언어처리가 필요합니다.

최근에는 BERT와 같은 Transformer 기반 기술을 통해, 문맥을 고려한 보다 정교한 검색이 가능해졌습니다.

기계번역에서도 자연언어처리는 사용됩니다. 언어에 따라 단어의 뉘앙스가 다르기 때문에 어려운 분야이지만 새로운 기술의 등장으로 문맥을 이해한 높은 정밀도의 번역이 가능해지고 있습니다.

그리고 스팸 필터에서도 자연언어처리는 사용됩니다. 우리가 스팸 메일에 고민하지 않아도 되는 것도 자연언어처리 덕분입니다.

이외에도 자연언어처리는 예측 변환, 음성 어시스턴트, 소설 집필, 대화시스템 등 여러 분야에서 응용됩니다.

자연언어처리에서는 지금까지는 재귀형 신경망(Recurrent Neural Network, RNN) 자주 사용되었습니다.

RNN은 우리의 뇌처럼 「문맥」을 바탕으로 판단을 내릴 수 있습니다. 이 경우의 문맥이란 시간의 변화에 따른 복잡한 관계의 변화를 말합니다. 그러나 현재는 Transformer라는 한층 더 진화된 아키텍처가 주류를 이루고 있습니다. 이 기술은 문장 속 단어들 간의 관계성을 직접적으로 계산하는 「자기주의 매커니즘(Attention)을 가지고 있어, 더욱 긴 문맥을 이해할 수 있습니다.

이러한 새로운 기술을 바탕으로 한 대규모 언어 모델(LLM)은 ChatGPT와 같은 대화 시스템이나 문장 자동 생성, 코드 자동 생성 등 놀라울 정도로 폭넓은 작업을 해낼 수 있습니다.

머지않아 이 책과 같은 책은 자연언어처리 기술에 의해 인공지능이 자동으로 생성해 주는 시대가 올지도 모르겠습니다. 그리고 그것이 가능하다면 마찬가지로 컴퓨터 프로그램이나 프레젠테이션 자료 등도 자동 생성이 가능해질 것입니다. 실제로 현재의 AI는 이미 이러한 일들 중 많은 것을 실현하고 있습니다.

그런 시대에 인공지능에게 적절한 지시를 내리고, 목적에 맞는 결과를 이끌어내는「프롬프트 엔지니어링」이 중요한 기술이 될 것입니다. 또한, AI가 생성한 내용을 적절하게 평가하고 필요에 따라 수정할 수 있는 능력도 중요합니다.

7장 수학을 기계학습에 응용

이 장에서는 여기까지 배운 수학을 인공지능의 일종인 기계학습에 응용합니다.
기계학습에서 다루는 문제는 크게 회귀와 분류로 나눌 수 있는데 각각의 예를 처음에 하나씩 설명합니다. 그 후, 기계학습의 일종, 뉴럴 네트워크의 개요를 배우고 나서 단일 뉴런에 학습을 시킵니다. 최소한의 구현으로 기계학습을 시행, 수학을 어떻게 기계학습에 활용할 것인지를 조금씩 배웁니다.

7.1 회귀와 과학습

비교적 간단한 기계학습인 회귀 분석을 사용해서 데이터의 경향을 학습합니다.

7-1-1 회귀와 분류

데이터의 경향을 $Y = f(X)$ 모델(정량적인 룰을 수식 등으로 나타낸 것)로 파악하는 경우를 생각해 봅시다. 이 경우 X와 Y는 $Y = \{y_1, y_2, \cdots, y_m\}$, $X = \{x_1, x_2, \cdots, x_n\}$ 처럼 각각 m개, n개의 값으로 이뤄집니다.

이 때 Y의 각 값이 연속값이면 **회귀**, Y의 각 값이 0, 1 등의 이산적인 값이면 **분류**라고 합니다. 기계학습에서 다룰 문제는 크게 이「회귀」와「분류」로 나눌 수 있습니다.

7-1-2 회귀 분석과 다항식 회귀

회귀에 의한 분석을 실시하는 것을 **회귀 분석**이라고 합니다. 회귀 분석은 모델이 데이터의 경향을 학습하기 위한 기계학습의 일종이라고 생각할 수 있습니다. 가장 간단한 회귀 분석은 직선의 식 $y = ax + b$를 데이터에 적용합니다.

여기에서는 다항식을 데이터에 적용하는 **다항식 회귀**를 사용해서 기계학습을 실시합니다. 이전 장에서 설명했는데 n차의 다항식은 다음과 같이 총합의 형태로 나타낼 수 있습니다.

$$f(x) = \sum_{k=0}^{n} a_k x^k \qquad \text{(식1)}$$

이 경우, $a_0, a_1, \cdots, a_n$이 함수의 파라미터가 됩니다.

이 식을 데이터에 적용시킴으로써 데이터의 특징을 파악해 미지의 값 예측을 할 수 있습니다.

7-1-3 최소제곱법

최소제곱법은 다음에 나타내는 제곱합 J를 최소로 하는 함수 $f(x)$의 파라미터를 구하는 것입니다.

$$J = \sum_{j=1}^{m} \Big(f(x_j) - t_j \Big)^2$$

여기에서 t_j는 각 데이터를 나타냅니다. 이처럼 함수의 출력과 각 데이터의 차를 제곱하고 총합을 취함으로써 제곱합을 구합니다.

기계학습에서는 이것에 $\frac{1}{2}$을 곱해서 오차로 하는 다음의 오차제곱합이 자주 사용됩니다.

$$E = \frac{1}{2} \sum_{j=1}^{m} \Big(f(x_j) - t_j \Big)^2 \qquad \text{(식2)}$$

$\frac{1}{2}$을 곱하는 것은 미분할 때에 다루기 쉽게 하기 위함입니다.

이 오차를 최소가 되도록 함수의 파라미터를 조정하는 것은 함수가 데이터의 경향을 나타내도록 학습하는 것을 의미합니다.

7-1-4 최급강하법을 이용해서 오차를 최소화

(식1)에 나타낸 다항식을 이용한 다항식 회귀의 경우, (식2)의 오차제곱합을 최소로 하도록 각 파라미터를 조정합니다.

(식1)을 (식2)에 대입하면 다음과 같이 됩니다.

$$E = \frac{1}{2} \sum_{j=1}^{m} \Big(\sum_{k=0}^{n} a_k x_j^k - t_j \Big)^2 \qquad \text{(식3)}$$

여기에서는 이 오차를 최소화하기 위해서 이전의 장에서 설명한 최급강하법을 사용합니다.

(식3)의 E를 최소화하는 경우, 최급강하법은 다음의 식으로 표현됩니다. $0 \leqq i \leqq n$으로 합니다.

$$a_i \leftarrow a_i - \eta \frac{\partial E}{\partial a_i} \qquad (식4)$$

파라미터 $a_0, a_1, \cdots, a_n$을 위에 적은 식으로 갱신하는 것인데 그러기 위해서는 오차 E의 a_i에 의한 편미분 $\frac{\partial E}{\partial a_i}$를 구해야 합니다.

$\frac{\partial E}{\partial a_i}$는 다음과 같이 연쇄율을 이용해서 구할 수 있습니다.

먼저 다음과 같이 u_j를 설정합니다.

$$u_j = \sum_{k=0}^{n} a_k x_j^k - t_j \qquad (식5)$$

이 때, E는 다음과 같이 나타냅니다.

$$E = \frac{1}{2} \sum_{j=1}^{m} u_j^2$$

따라서 E를 a_i로 편미분하는데, 연쇄율을 이용해서 다음과 같이 전개할 수 있습니다.

$$\frac{\partial E}{\partial a_i} = \frac{1}{2} \sum_{j=1}^{m} \frac{\partial u_j^2}{\partial u_j} \frac{\partial u_j}{\partial a_i} \qquad (식6)$$

여기서 $\sum$의 내용은 각각 다음과 같이 구할 수 있습니다.

$$\frac{\partial u_j^2}{\partial u_j} = 2u_j$$

$$\frac{\partial u_j}{\partial a_i} = x_j^i$$

위에 적은 것은 (식5)의 편미분에 의해 구했습니다.

이상으로부터 (식6)은 다음의 형태가 됩니다.

7

수학을 기계학습에 응용

$$
\begin{aligned}
\frac{\partial E}{\partial a_i} &= \frac{1}{2}\sum_{j=1}^{m} 2u_j x_j^i \\
&= \sum_{j=1}^{m} u_j x_j^i \\
&= \sum_{j=1}^{m}\Big(\sum_{k=0}^{n} a_k x_j^k - t_j\Big) x_j^i \\
&= \sum_{j=1}^{m}\Big(f(x_j) - t_j\Big) x_j^i
\end{aligned}
\qquad \text{(식7)}
$$

이 식과 (식4)를 사용해서 각 파라미터 a_i를 몇 번이나 갱신함으로써 오차제곱합 E는 점차 작아집니다.

이상과 같은 오차의 파라미터에 의한 편미분은 **기울기**(경사, 그라디언트, 구배)라고 부릅니다. 특히 최근 주목을 끌고 있는 딥러닝에서는 기울기를 구하는 방법이 알고리즘의 핵심이 됩니다.

7-1-5 사용하는 데이터

이 절에서 다항식 회귀에 사용하는 데이터는 **sin()** 함수에 노이즈를 더한 것으로 리스트 7.1의 코드에서 생성됩니다. NumPy의 **random.randn()** 함수는 인수의 수만큼 정규분포를 따르는 난수를 반환합니다. 여기서는 이것에 0.4를 곱해서 노이즈로 합니다.

또한, 파라미터를 수렴하기 쉽게 하기 위해서 입력 **X**는 −1에서 1의 범위에 들어가게 합니다.

리스트7.1 sin() 함수에 노이즈를 더한 데이터

In

```
%matplotlib inline

import numpy as np
import matplotlib.pyplot as plt

X = np.linspace(-np.pi, np.pi)  # 입력
T = np.sin(X)  # 데이터
plt.plot(X, T)  # 노이즈의 추가 전
```

```
T += 0.4*np.random.randn(len(X))  # 정규분포를 따른 노이즈를 추가
plt.scatter(X, T)  # 노이즈 추가 후

plt.show()

X /= np.pi  # 수렴하기 쉽게 X의 범위를 -1부터 1 사이로 수렴한다
```

Out

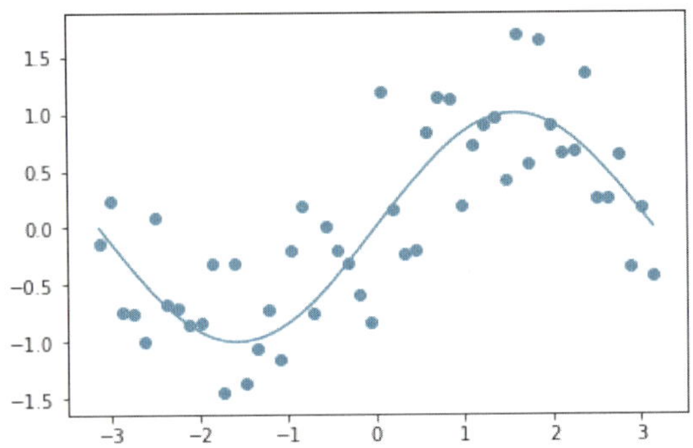

sin() 함수를 베이스로 하고 있는데 어느 정도 랜덤으로 흩어져 있는 데이터가 생성됐습니다. 이러한 데이터의 경향을 다항식 회귀에 의해 파악합니다.

7-1-6 다항식 회귀의 구현

리스트7.2의 코드에서 다항식 회귀를 구현합니다. 최급강하법에 의해 오차제곱합이 작아지도록 각 계수를 조정합니다. 각 파라미터에는 초깃값을 설정해야 하는데 입력 X의 각 값이 −1과 1사이에 있기 때문에 고차의 항일수록 큰 초깃값이 필요합니다.

1차, 3차, 6차 각각의 다항식에서 다항식 회귀를 실시, 결과를 표시합니다(리스트7.2).

리스트7.2 최급강하법에 의한 다항식 회귀

In

```
eta = 0.01  # 학습계수

# --- 다항식 ---
```

```
def polynomial(x, params):
    poly = 0
    for i in range(len(params)):
        poly += params[i]*x**i  #  (식1)
    return poly

# --- 각 파라미터의 기울기 ---
def grad_params(X, T, params):
    grad_ps = np.zeros(len(params))
    for i in range(len(params)):
        for j in range(len(X)):
            grad_ps[i] += ( polynomial(X[j], params) - T[j]
)*X[j]**i  # (식7)
    return grad_ps

# --- 학습 ---
def fit(X, T, degree, epoch):
# degree: 다항식의 차수 epoch: 반복하는 횟수

    # --- 파라미터의 초깃값을 설정 ---
    params = np.random.randn(degree+1)  # 파라미터의 초깃값
    for i in range(len(params)):
        params[i] *= 2**i
        # 고차의 항일수록 파라미터의 초깃값을 크게 한다

    # --- 파라미터의 갱신 ---
    for i in range(epoch):
        params -= eta * grad_params(X, T, params)  # (식4)

    return params

# --- 결과 표시 ---
degrees = [1, 3, 6]  # 다항식의 차수
for degree in degrees:
    print("--- " + str(degree) + "차 다항식 ---")
    # str로 문자열로 변환
    params = fit(X, T, degree, 1000)
```

```
    Y = polynomial(X, params)  # 학습 후의 파라미터를 사용한 다항식
    plt.scatter(X, T)
    plt.plot(X, Y, linestyle="dashed")
    plt.show()
```

Out

```
--- 1차 다항식 ---
```

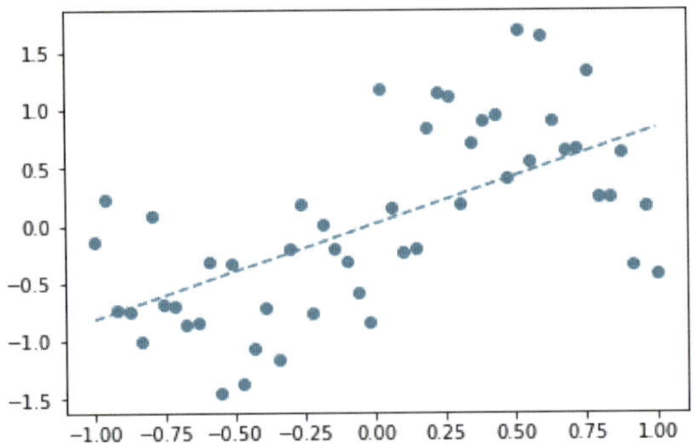

```
--- 3차 다항식 ---
```

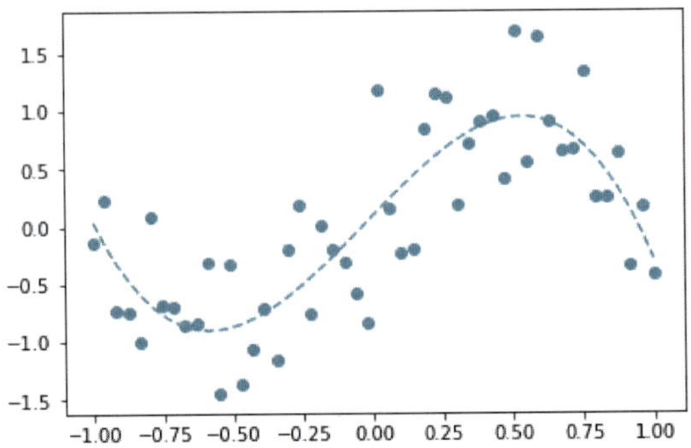

```
--- 6차 다항식 ---
```

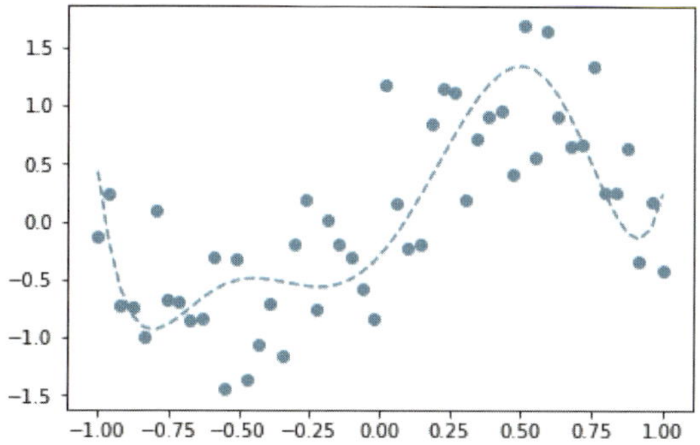

1차 다항식의 경우 함수의 형상은 직선이 됩니다. 이 경우 데이터의 경향은 매우 대략적으로밖에 파악할 수 없습니다. 3차 다항식의 경우 함수의 형상이 **sin()** 함수와 가까워지고, 데이터 경향을 잘 파악하고 있습니다. 6차 다항식의 경우 함수의 형상이 너무 복잡해서 데이터 경향을 제대로 파악하고 있지 않습니다.

이상과 같이, 차수가 너무 크거나 작아도 데이터의 경향을 제대로 파악할 수 없습니다. 특히 위에 적은 6차 다항식의 케이스처럼 모델이 너무 복잡한 이유 등으로 데이터에 과잉으로 피팅하는 것을 **과학습**이라고 합니다. 과학습은 모델이 데이터에 과잉으로 적합한 나머지 데이터의 본질을 훼손한 상태라고 생각할 수 있습니다.

이러한 과학습이 발생하면 모델의 미지의 데이터를 예측하는 성능이 저하되기 때문에 과학습은 기계학습 전반에서 피해야 할 문제입니다.

7-1-7 연습

문제

위에 적은 다항식 회귀의 코드에서 다항식의 차수를 변경해서 실행해 봅시다.

정답 예

스스로 예상한 결과대로 나왔는지 확인해 봅시다.

7.2 분류와 로지스틱 회귀

기계학습의 일종인 로지스틱 회귀에 의한 데이터의 분류를 실시합니다.

7-2-1 분류

이전 절에서 조금 접했는데 0, 1 등의 이산적인 값을 출력으로 하는 기계학습의 모델을 사용하여 데이터의 경향을 파악하는 것을 **분류**라고 합니다. 즉, 분류는 기계학습의 모델에 의해 입력을 그룹으로 나누는 걸 의미합니다.

예를 들어 꽃의 품종 분류나 문자 인식 등 이산적으로 입력을 그룹으로 나누는 기계학습의 태스크는 분류로 간주할 수 있습니다.

7-2-2 로지스틱 회귀

로지스틱 회귀에서는 입력을 0이나 1의 2값으로 분류합니다. 로지스틱 회귀에서 분류에 사용하는 식은 다음과 같습니다.

$$y = \frac{1}{1 + \exp\left(-(\sum_{k=1}^{n} a_k x_k + b)\right)} \quad \text{(식1)}$$

$x_1, x_2, \cdots, x_n$이 입력, $a_1, a_2, \cdots, a_n$ 및 b는 파라미터입니다. 입력으로서 여러 개의 변수가 있습니다.

$$u = \sum_{k=1}^{n} a_k x_k + b$$

로 두면 (식1)은 다음의 형태가 됩니다.

$$y = \frac{1}{1 + \exp(-u)}$$

이것은 이전 장에서 설명한 시그모이드 함수와 같습니다.

로지스틱 회귀에서는 0과 1의 사이를 연속적으로 출력하는 시그모이드 함수의 특성을 이용해서 출력이 0.5보다도 작을 때는 0의 그룹으로 분류하고, 출력이 0.5보다 클 때는 1 그룹으로 분류합니다.

(식1)의 출력은 0부터 1의 범위에 들어가므로 이것은 확률을 나타낸다고 해석할 수 있습니다. 또한, 이진 분류이므로 현실의 그룹은 0이나 1 둘 중 하나로 나타냅니다. 따라서 이전에 설명한 교차 엔트로피를 사용해서 오차를 나타낼 수 있습니다.

오차를 최소화되게 파라미터를 조정함으로써 (식1) 모델은 적절한 분류를 할 수 있도록 학습합니다.

7-2-3 파라미터의 최적화

여기에서도 다음 식으로 나타내는 최급강하법을 사용해 파라미터를 최적화합니다. $1 \leqq i \leqq n$로 합니다.

$$a_i \leftarrow a_i - \eta \frac{\partial E}{\partial a_i}$$
$$b \leftarrow b - \eta \frac{\partial E}{\partial b} \quad \text{(식2)}$$

먼저 오차인데, 다음의 교차 엔트로피를 사용합니다.

$$E = -\sum_{j=1}^{m} \Big(t_j \log y_j + (1 - t_j) \log (1 - y_j) \Big) \quad \text{(식3)}$$

여기에서 m은 학습에 사용하는 샘플의 수입니다. 또한, y_j는 다음과 같이 나타냅니다.

$$y_j = \frac{1}{1 + \exp\Big(-(\sum_{k=1}^{n} a_k x_{jk} + b) \Big)} \quad \text{(식4)}$$

x_{jk}에는 첨자가 2개 있는데 이 j는 출력 y_j와 대응한 입력인 것을 나타냅니다.

여기에서 연쇄율을 사용해서 오차 E를 a_i로 편미분하고 기울기를 구합니다.

$$\frac{\partial E}{\partial a_i} = -\sum_{j=1}^{m}\Big(t_j \frac{\partial}{\partial a_i}(\log y_j) + (1-t_j)\frac{\partial}{\partial a_i}(\log(1-y_j))\Big)$$

$$= -\sum_{j=1}^{m}\Big(t_j \frac{\partial(\log y_j)}{\partial y_j}\frac{\partial y_j}{\partial a_i} + (1-t_j)\frac{\partial(\log(1-y_j))}{\partial y_j}\frac{\partial y_j}{\partial a_i}\Big) \qquad \text{(식5)}$$

$$= -\sum_{j=1}^{m}\Big(\frac{t_j}{y_j}\frac{\partial y_j}{\partial a_i} - \frac{1-t_j}{1-y_j}\frac{\partial y_j}{\partial a_i}\Big)$$

여기에서 $\frac{\partial y_j}{\partial a_i}$를 구합니다. 이것은 $u_j = \sum_{k=1}^{n} a_k x_{jk} + b$로 두면 연쇄율에 의해 다음과 같이 나타낼 수 있습니다.

$$\frac{\partial y_j}{\partial a_i} = \frac{\partial y_j}{\partial u_j}\frac{\partial u_j}{\partial a_i} \qquad \text{(식6)}$$

여기에서 (식6)의 우변의 $\frac{\partial y_j}{\partial u_j}$는 시그모이드 함수의 편미분이 됩니다. 시그모이드 함수 $f(x)$의 도함수는

$$f'(x) = (1-f(x))f(x)$$

이므로 다음과 같이 나타낼 수 있습니다.

$$\frac{\partial y_j}{\partial u_j} = (1-y_j)y_j$$

또한, (식6)의 우변의 $\frac{\partial u_j}{\partial a_i}$는 다음과 같이 구할 수 있습니다.

$$\frac{\partial u_j}{\partial a_i} = x_{ji}$$

이것들에 의해 (식6)은 다음과 같이 나타냅니다.

$$\frac{\partial y_j}{\partial a_i} = (1-y_j)y_j x_{ji}$$

이것을 (식5)에 대입하면 다음과 같이 됩니다.

$$
\begin{aligned}
\frac{\partial E}{\partial a_i} &= -\sum_{j=1}^{m}\left(\frac{t_j}{y_j}\frac{\partial y_j}{\partial a_i} - \frac{1-t_j}{1-y_j}\frac{\partial y_j}{\partial a_i}\right) \\
&= -\sum_{j=1}^{m}\Big(t_j(1-y_j)x_{ji} - (1-t_j)y_j x_{ji}\Big) \\
&= -\sum_{j=1}^{m}(t_j - y_j)x_{ji} \\
&= \sum_{j=1}^{m}(y_j - t_j)x_{ji}
\end{aligned} \qquad \text{(식7)}
$$

결과로서 이전 절의 회귀의 경우(7.1.4의 식7)와 비슷한 식을 얻을 수 있었습니다.

다음으로 $\frac{\partial E}{\partial b}$를 구합니다. 이 기울기를 구하는 방법은 $\frac{\partial E}{\partial a_i}$의 구하는 방법과 거의 비슷한데 $\frac{\partial u_j}{\partial b}$만 다릅니다.

$$
\frac{\partial u_j}{\partial b} = 1
$$

(식5)의 a_i를 b로 바꾸고, 위에 적은 관계를 사용함으로써 $\frac{\partial E}{\partial b}$를 다음과 같이 구할 수 있습니다.

$$
\frac{\partial E}{\partial b} = \sum_{j=1}^{m}(y_j - t_j) \qquad \text{(식8)}
$$

(식2)(식7)(식8)에 의해 파라미터를 반복 갱신해서 최적화합니다.

7-2-4 사용하는 데이터

이 절에서 로지스틱 회귀에 사용하는 데이터는 (x, y) 좌표에 정답 라벨로서 0이나 1을 할당한 것으로 리스트7.3의 코드로 생성합니다. 좌표 평면에서 왼쪽 위 영역의 정답 라벨을 0, 오른쪽 아래 영역의 정답 라벨을 1로 했는데 영역의 경계는 일부러 불명료하게 합니다.

리스트7.3 경계가 불명료하면서도 두 개의 영역으로 나눠진 데이터

In

```
%matplotlib inline

import numpy as np
import matplotlib.pyplot as plt

n_data = 500  # 데이터 수
X = np.zeros((n_data, 2))  # 입력
T = np.zeros((n_data))  # 정답

for i in range(n_data):
    # x,y좌표를 랜덤으로 설정한다
    x_rand = np.random.rand()  # x 좌표
    y_rand = np.random.rand()  # y 좌표
    X[i, 0] = x_rand
    X[i, 1] = y_rand

    # x가 y보다 큰 영역에서는 정답 라벨을 1로 한다.
    # 경계는 정규분포를 사용해서 조금 불명료하게
    if x_rand > y_rand + 0.2*np.random.randn():
        T[i] = 1

plt.scatter(X[:, 0], X[:, 1], c=T)  # 정답 라벨을 색으로 나타낸다
plt.colorbar()
plt.show()
```

Out

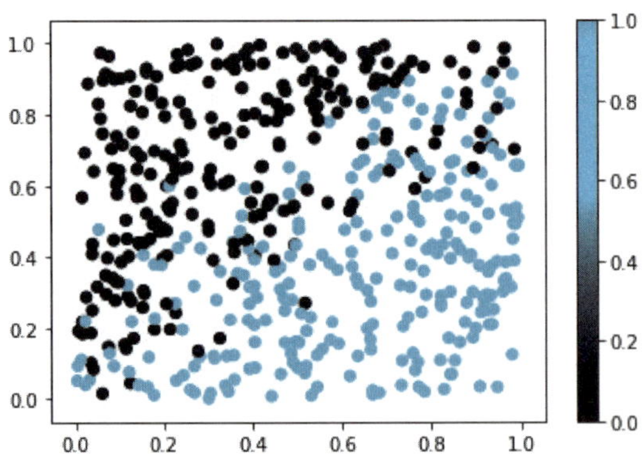

데이터는 정답 라벨에 의해 0과 1의 그룹으로 나뉘어 있습니다. 리스트7.3의 산포도에는 명확하게 어딘가의 그룹에 속하는 영역과 라벨이 뒤섞인 영역이 있습니다.

7-2-5 로지스틱 회귀의 구현

리스트7.4의 코드로 로지스틱 회귀를 구현합니다. 최급강하법으로 교차 엔트로피 오차가 작아지게 각 계수를 조정합니다. 결과로서 얻어진 확률의 분포, 오차의 추이를 그래프로 표시합니다.

리스트7.4 로지스틱 회귀에 의해 데이터를 분류한다

In

```
eta = 0.01  # 학습계수

# --- 출력을 계산(분류를 시행한다) ---
def classify(x, a_params, b_param):
    u = np.dot(x, a_params) + b_param  # (식4)
    return 1/(1+np.exp(-u))  #  (식4)

# --- 교차 엔트로피 오차 ---
def cross_entropy(Y, T):
    delta = 1e-7  # 미세한 값
    return -np.sum(T*np.log(Y+delta) + (1-T)*np.log(1-Y+delta))
    #  (식3)

# --- 각 파라미터의 기울기 ---
def grad_a_params(X, T, a_params, b_param):  # a1, a2, ...의 기울기
    grad_a = np.zeros(len(a_params))
    for i in range(len(a_params)):
        for j in range(len(X)):
            grad_a[i] += ( classify(X[j], a_params, b_param) -
T[j] )*X[j, i]  # (식7)
    return grad_a

def grad_b_param(X, T, a_params, b_param):  # b의 기울기
    grad_b = 0
    for i in range(len(X)):
```

```
        grad_b += ( classify(X[i], a_params, b_param) - T[i] )
        #  (식8)
    return grad_b

# --- 학습 ---
error_x = []  # 오차 기록용
error_y = []  # 오차 기록용
def fit(X, T, dim, epoch):  # dim: 입력의 차원 epoch: 반복하는 횟수

    # --- 파라미터의 초깃값을 설정 ---
    a_params = np.random.randn(dim)
    b_param = np.random.randn()

    # --- 파라미터 갱신 ---
    for i in range(epoch):
        grad_a = grad_a_params(X, T, a_params, b_param)
        grad_b = grad_b_param(X, T, a_params, b_param)
        a_params -= eta * grad_a  # (식2)
        b_param -= eta * grad_b  #(식2)

        Y = classify(X, a_params, b_param)
        error_x.append(i)  # 오차의 기록
        error_y.append(cross_entropy(Y, T))  # 오차의 기록

    return (a_params, b_param)

# --- 확률분포의 표시 ---
a_params, b_param = fit(X, T, 2, 200)  # 학습
Y = classify(X, a_params, b_param)  # 학습 후의 파라미터를 사용한 분류

result_x = []  # x좌표
result_y = []  # y좌표
result_z = []  # 확률
for i in range(len(Y)):
    result_x.append(X[i, 0])
    result_y.append(X[i, 1])
    result_z.append(Y[i])
```

```
print("--- 확률 분포 ---")
plt.scatter(result_x, result_y, c=result_z)  # 확률을 색으로 표시
plt.colorbar()
plt.show()

# --- 오차의 추이 ---
print("--- 오차의 추이 ---")
plt.plot(error_x, error_y)
plt.xlabel("Epoch", size=14)
plt.ylabel("Cross entropy", size=14)
plt.show()
```

Out

--- 확률 분포 ---

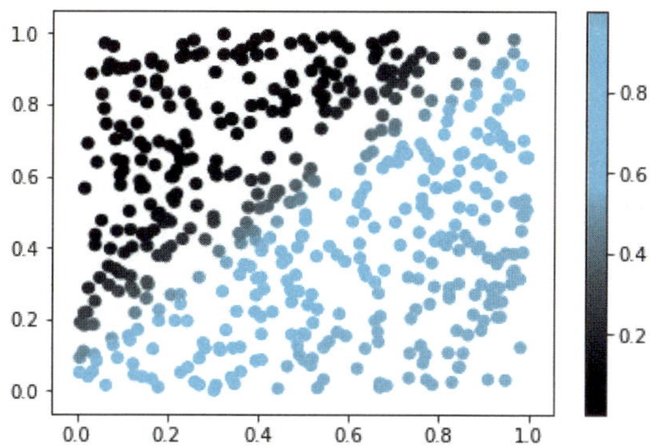

--- 오차의 추이 ---

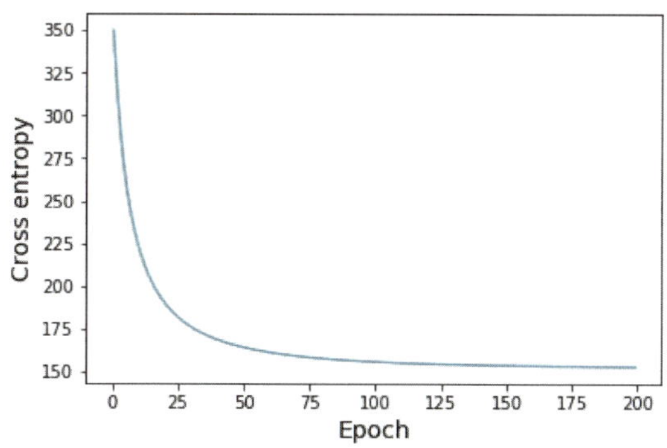

리스트7.4의 코드를 실행한 결과, 확률 분포와 오차의 추이가 그래프로 표시됐습니다.

로지스틱 회귀에서는 출력을 확률로 해석할 수 있으므로, 색은 정답 라벨1로 분류될 확률이라고 생각할 수 있습니다. 원본 데이터처럼 왼쪽 위의 영역과 오른쪽 아래의 영역에서의 확률은 일정하지만 원본 데이터에서 0과 1의 라벨이 뒤섞인 경계 영역에서는 확률은 0과 1의 중간값을 취하고 있습니다.

이처럼 로지스틱 회귀 모델을 학습시킴으로써 데이터의 경향을 확률 분포로서 파악할 수 있습니다. 결과를 두 값으로 분류할 때는 0.5를 경계로서 출력이 작은 영역과 큰 영역 두 가지로 분류합니다.

또한, 학습의 추이 그래프로부터는 학습이 진행 파라미터가 최적화됨과 동시에 교차 엔트로피 오차가 저하하는 모습을 확인할 수 있습니다. 오차의 저하는 점차 완만하게 됩니다. 이 경우에서는 정답 라벨이 뒤섞인 영역이 넓기 때문에 오차는 그다지 0에 가까워지지 않습니다.

7-2-6 연습

문제

정답 라벨의 경계를 변경한 뒤에 로지스틱 회귀의 코드를 실행해 봅시다.

정답 예

스스로 상정한 결과로 됐는지 확인해 봅시다.

7.3 뉴럴 네트워크의 개요

이 장에서는 수많은 기계학습 알고리즘 중에도 최근 특히 주목을 끌고 있는 뉴럴 네트워크에 대해서 설명합니다. 의사적인 신경세포를 프로그래밍으로 재현하고, 이것을 여러 개 모음으로써 고도의 표현력을 지닌 네트워크를 구축할 수 있습니다.

7-3-1 인공지능(AI), 기계학습, 뉴럴 네트워크

처음에 인공지능(AI), 기계학습, 뉴럴 네트워크에 대한 개념을 그림7.1에 정리합니다.

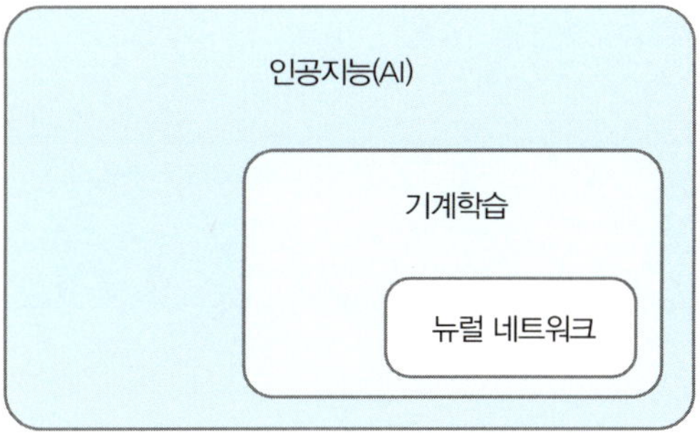

그림7.1 인공지능, 기계학습, 뉴럴 네트워크

그림7.1 안에서 가장 넓은 개념은 인공지능입니다. 그리고 이 인공지능은 기계학습을 포함합니다. 또 그 기계학습 안의 한 분야가 뉴럴 네트워크입니다.

그럼 이 중에서 인공지능에 대해서 설명합니다. 다음에 인공지능이라 불리는 것을 몇 가지 살펴봅니다.

- 기계학습

  컴퓨터 상의 알고리즘이 경험 · 학습하고, 판단을 시행합니다.

- 유전적 알고리즘

  생물의 유전자를 모방한 컴퓨터 상의 유전자가 돌연변이 및 교배를 시행합니다.

- 군지능

  간단한 규칙에 따라 행동하는 개체의 집합체가 집단으로서 고도의 행동을 합니다.

- 엑스퍼트 시스템

  사람 전문가의 사고를 모방함으로써 지식에 근거한 어드바이스를 할 수 있게 됩니다.

- 퍼지 제어

  애매함을 허용함으로써 사람의 경험칙에 가까운 제어를 할 수 있습니다. 주로 가전 등에 이용됩니다.

또한, 위에 적은 것 중의 기계학습에는 다음과 같은 알고리즘이 있습니다.

- 강화학습

  시행착오를 통해서 어떤 환경에서 가치를 최대화하는 행동을 「에이전트」가 학습합니다.

• 결정트리

트리 구조를 훈련하는 것으로, 가지가 갈라져 나온 형태로 데이터를 분류합니다. 이것에 의해 데이터의 적절한 예측을 할 수 있게 됩니다.

• 서포트 벡터머신

초평면(평면의 확장)을 훈련하여 데이터 분류를 시행합니다.

• k-NN(K-최근접 이웃 알고리즘)

최근접의 k개의 점을 이용한 다수결에 의한 분류를 실시하는 가장 간단한 기계학습 알고리즘입니다.

• 뉴럴 네트워크

뇌의 신경세포 네트워크로부터 착안한 모델로 최근 주목을 끌고 있는 딥러닝 기반입니다.

이상과 같이 뉴럴 네트워크는 기계학습 알고리즘입니다.

7-3-2 뉴런 모델

실제 뇌에는 약 1000억개의 신경세포가 있는데 컴퓨터 상의 뉴럴 네트워크는 이 신경세포 네트워크를 모델로 하고 있습니다.

컴퓨터 상의 뉴럴 네트워크는 인공 뉴럴 네트워크로도 불리는데, 이후 뉴럴 네트워크라고 기술할 때는 이 인공 뉴럴 네트워크를 가리키는 것으로 합니다.

뉴럴 네트워크에서는 뇌 속의 신경세포를 그림7.2와 같이 추상화합니다.

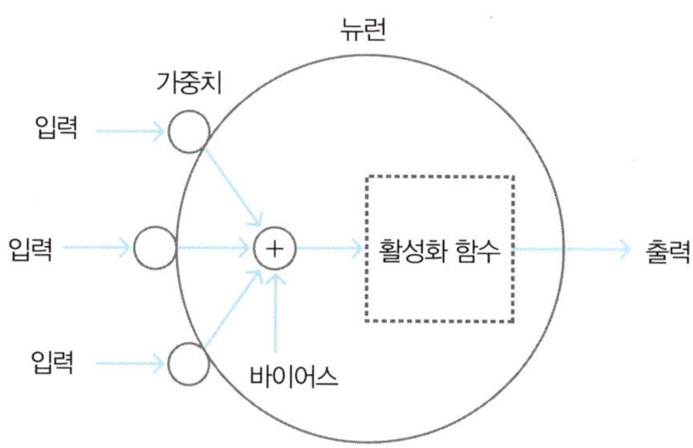

그림7.2 뉴런 모델

단일 뉴런에서는 여러 개의 입력에 각각 **가중치**를 곱해서 더합니다. 그리고 그것에 바이어스를 더해서 **활성화 함수**라는 함수로 처리를 합니다.

입력에 가중치를 곱함으로써 각 입력의 영향력이 조정됩니다. 또한, 입력과 가중치의 곱의 총합에 바이어스를 더함으로써 활성화 함수에 들어가는 값이 조정되는데 바이어스는 말하자면 뉴런의 감도를 나타내는 값입니다. 그리고 활성화 함수는 입력과 가중치의 곱의 총합에 바이어스를 더한 것을 출력으로 변환합니다. 활성화 함수는 말하자면 뉴런을 흥분시키기 위한 함수입니다. 이 함수로의 입력 크기로부터 뉴런의 흥분 정도가 결정되고, 이것이 출력이 됩니다.

7-3-3 뉴럴 네트워크

뉴럴 네트워크는 단일 뉴런을 여러 개 조합해서 구축됩니다. 그림7.3은 뉴럴 네트워크의 개념도입니다.

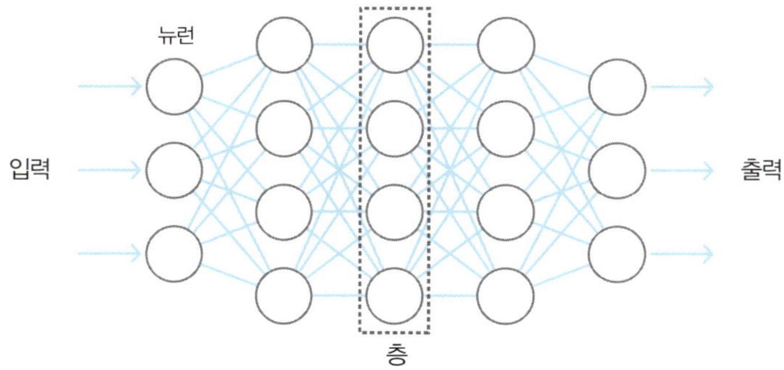

그림7.3 뉴럴 네트워크

뉴럴 네트워크는 여러 개의 뉴런으로 이뤄진 층을 나열해서 구성합니다. 1개의 뉴런은 인접층의 모든 뉴런과 연결되어 있는데 같은 층에서의 다른 뉴런과는 접속되지 않습니다. 어떤 뉴런의 출력은 다른 층의 뉴런으로의 입력이 됩니다. 뉴럴 네트워크 전체 입력에서 전체 출력을 향해서, 층에서 층으로 정보가 흐르게 됩니다.

또한, 뉴럴 네트워크에는 **순전파**, **역전파**라는 개념이 있습니다. 순전파에서는 정보가 입력에서 출력의 방향으로 흐르고, 역전파에서는 정보가 출력에서 입력으로 흐릅니다.

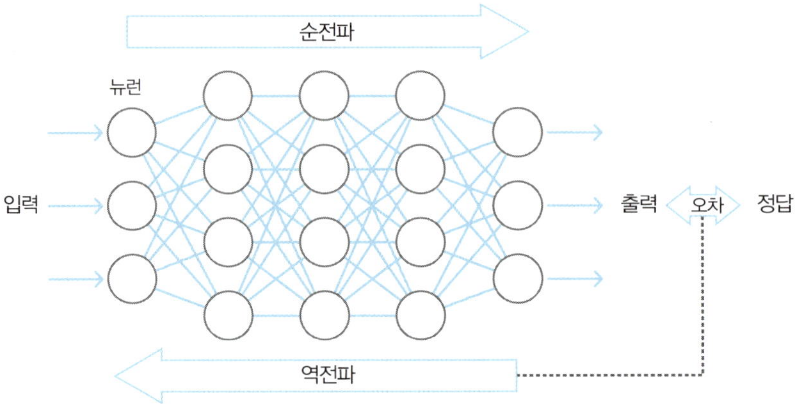

그림7.4 순전파와 역전파

그림7.4에서는 입력, 출력 외에 정답이 있습니다. 뉴럴 네트워크에 학습을 시킬 때에는 출력이 정답에 가까워지도록 각 뉴런의 가중치와 바이어스를 조정합니다.

순전파에서는 입력값에 근거해 출력값이 예측되며, 역전파에서는 출력과 정답 오차가 작아지도록 뉴럴 네트워크가 학습합니다. 순전파에서는 한 층씩 입력에 가까운 층에서부터 출력에 가까운 층으로 향해서 처리가 이루어지는데 역전파에서는 출력에 가까운 층에서부터 입력에 가까운 층을 향해 한 층씩 가중치와 바이어스의 갱신이 이뤄져 나갑니다. 이처럼 역전파에는 백프로퍼게이션(오차역전파법)이라는 알고리즘이 자주 이용됩니다.

또한, 층의 수가 많은 뉴럴 네트워크에서의 학습을 딥러닝(심층학습)이라고 부릅니다. 기본적으로 층의 수나 층 안의 뉴런 수가 증가하면 뉴럴 네트워크의 표현력은 향상됩니다. 딥러닝은 사람의 뇌에 부분적으로 육박하는 매우 고도의 학습을 실시할 수 있는 것이 특징입니다.

백프로퍼게이션의 알고리즘은 조금 복잡한데 이 장에서는 이를 대폭 간략화합니다. 뉴럴 네트워크에서의 뉴런의 수를 극한까지 줄여서 단일층, 단일 뉴런으로 합니다. 그리고 단일 뉴런이라도 학습할 수 있음을 보여줍니다.

7.4 학습의 메커니즘

뉴럴 네트워크의 첫 걸음으로서 단일 뉴런이 학습하는 구조를 설명합니다. 여러 개의 층, 다수의 뉴런을 가진 뉴럴 네트워크의 경우보다도 구조는 아주 간단합니다.

이 절에서 설명하는 학습의 구조는 이 절 다음에 코드로 나타냅니다.

7-4-1 단일 뉴런의 학습

보통 뉴럴 네트워크는 여러 개의 뉴런으로 이뤄진 층을 겹쳐 구성됩니다. 그러나 이 장에서는 간단하게 하기 위해 단일 뉴런을 이용하여 간단한 학습을 실시합니다.

그림7.5는 여기에서 학습에 이용하는 뉴런입니다.

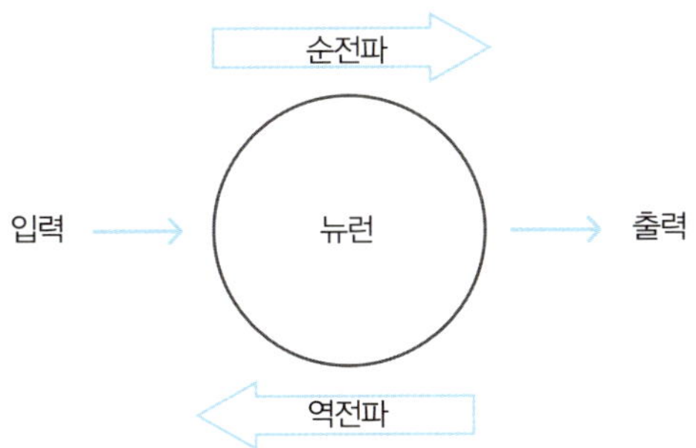

그림7.5 단일 뉴런에서의 정보의 전파

뉴런에는 보통 여러 개의 입력이 있는데 여기서는 입력은 하나만 합니다. 이 뉴런의 입력을 x 좌표, 출력을 y 좌표로서 출력이 정답에 가까워지도록 뉴런을 훈련합니다.

7-4-2 순전파 식

위에 적은 단일 뉴런에서의 순전파는 다음의 식으로 표현됩니다.

$$u = wx + b$$
$$y = f(u) \quad \text{(식1)}$$

x가 입력, y가 출력입니다.

w는 가중치라 불리는 파라미터, b는 바이어스라 불리는 파라미터입니다.

이러한 파라미터의 조정에 의해 설령 단일 뉴런이라도 학습을 실시할 수 있습니다.

입력과 가중치의 곱에 바이어스를 더하는 걸 u로 하고, u를 활성화 함수라고 불리는 함수에 넣습니다.

위에 적은 식에서는 f가 활성화 함수입니다. f에 의해 출력 y를 얻을 수 있습니다.

뉴럴 네트워크에서는 여러 활성화 함수가 사용되는데 이번은 시그모이드 함수를 활성화 함수로서 사용합니다.

이 경우, (식1)은 다음의 형태가 됩니다.

$$y = \frac{1}{1 + \exp\Big(-(wx + b)\Big)}$$

7-4-3 오차의 정의

출력과 정답의 오차를 정의합니다. 오차를 작게 하도록 가중치와 바이어스를 조정함으로써 학습이 이뤄집니다.

여기서는 회귀를 다루므로 오차함수에는 다음의 오차제곱합을 사용합니다.

$$E = \frac{1}{2}\sum_{j=1}^{m}\Big(y_j - t_j\Big)^2$$

단일 뉴런은 출력이 하나이므로 순전파 1회당 오차는 다음의 형태로 표현됩니다.

$$E = \frac{1}{2}(y - t)^2$$

E가 오차, t가 정답, y가 출력입니다.

여기서는 순전파 1회마다 오차를 구하는 파라미터를 갱신하는데 이러한 학습을 **온라인**

학습이라고 합니다. 그에 반해 사용하는 모든 데이터에서 순전파를 실시, 오차의 합계를 이용해서 파라미터를 갱신하는 학습을 **배치학습**이라고 합니다.

또한, 이번은 회귀이므로 오차제곱합을 사용했으나 분류의 경우는 교차 엔트로피 오차가 자주 이용됩니다.

7-4-4 정답 데이터의 준비

여기에서는 단일 뉴런 모델에 **sin()** 함수의 곡선을 학습시킵니다. 그러나 뉴런이 하나이므로 곡선의 일부밖에 학습할 수 없습니다. 여기서는 $-\frac{\pi}{2}$에서 $\frac{\pi}{2}$까지의 범위의 곡선을 사용합니다(리스트7.5). 시그모이드 함수는 0부터 1까지의 값 밖에 출력할 수 없으므로 이 범위에 들어가도록 정답의 값을 조정합니다.

리스트7.5 입력 데이터와 정답 데이터를 준비한다

In

```
%matplotlib inline

import numpy as np
import matplotlib.pyplot as plt

# -- 입력과 정답의 준비 --
X = np.linspace(-np.pi/2, np.pi/2)  # 입력: -π/2부터 π/2의 범위
T = (np.sin(X) + 1)/2  # 정답: 0부터 1의 범위
n_data = len(T)  # 데이터 수

# --- 그래프로 그려본다 ---
plt.plot(X, T)

plt.xlabel("x", size=14)
plt.ylabel("y", size=14)
plt.grid()

plt.show()
```

Out

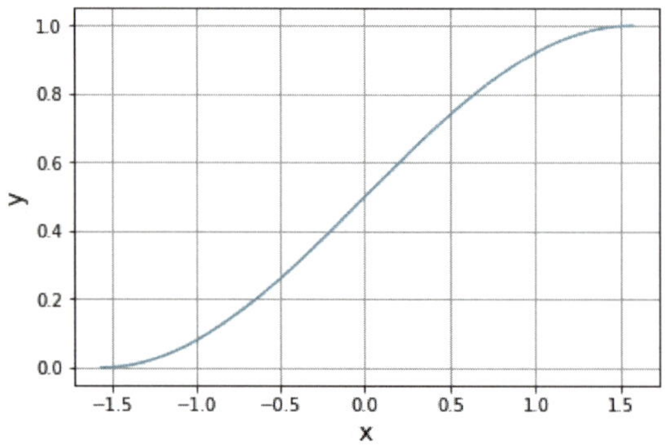

학습할 때는 출력이 이 곡선에 가까워지도록 가중치와 바이어스의 조정을 실시합니다. 또 복잡한 곡선을 학습할 때는 뉴런 수나 층의 수를 늘려야 합니다.

7-4-5 가중치와 바이어스의 갱신

다음의 최급강하법의 식을 이용해서 가중치와 바이어스를 갱신합니다.

$$w \leftarrow w - \eta\frac{\partial E}{\partial w}$$
$$b \leftarrow b - \eta\frac{\partial E}{\partial b} \quad \text{(식2)}$$

$\frac{\partial E}{\partial w}$는 가중치의 기울기, $\frac{\partial E}{\partial b}$는 바이어스의 기울기입니다. 위에 적은 식에 의해 가중치와 바이어스의 갱신을 하기 위해서는 이러한 기울기를 구해야 합니다.

여기서는 **확률적 경사하강법**(stochastic gradient descent, SGD)을 채용합니다. 확률적 경사하강법으로는 랜덤으로 샘플을 꺼내서 위에 적은 식에 의해 파라미터를 갱신합니다.

7-4-6 가중치의 기울기

가중치와 바이어스의 기울기를 각각 구합니다. 먼저 가중치의 기울기, 즉, $\frac{\partial E}{\partial w}$를 구합니다.

가중치의 기울기는 미분을 설명하는 장에서 설명한 연쇄율을 이용하여 다음과 같이 전개할 수 있습니다.

$$\frac{\partial E}{\partial w} = \frac{\partial E}{\partial u}\frac{\partial u}{\partial w} \quad \text{(식3)}$$

여기서는 이전에 (식1)에서 사용한 u를 사용합니다.

여기에서 우변의 $\frac{\partial u}{\partial w}$ 부분은 다음과 같이 나타낼 수 있습니다.

$$\begin{aligned}\frac{\partial u}{\partial w} &= \frac{\partial(wx+b)}{\partial w} \\ &= x\end{aligned} \quad \text{(식4)}$$

(식3)의 우변의 $\frac{\partial E}{\partial u}$ 부분은 출력 y를 이용한 연쇄율에 의해 다음과 같이 나타낼 수 있습니다.

$$\frac{\partial E}{\partial u} = \frac{\partial E}{\partial y}\frac{\partial y}{\partial u}$$

즉, 오차를 출력으로 편미분한 것과 출력을 u로 편미분한 것의 곱입니다.

전자는 다음과 같이 오차를 편미분함으로써 구할 수 있습니다.

$$\frac{\partial E}{\partial y} = \frac{\partial}{\partial y}(\frac{1}{2}(y-t)^2) = y-t$$

후자는 활성화 함수를 편미분함으로써 구할 수 있습니다. 활성화 함수에는 시그모이드 함수를 사용하는데 시그모이드 함수 $f(x)$의 도함수는

$$f'(x) = (1-f(x))f(x)$$

입니다. 따라서, $\frac{\partial y}{\partial u}$는 다음과 같습니다.

$$\frac{\partial y}{\partial u} = (1-y)y$$

여기에서 다음과 같이 δ를 설정해 둡니다.

$$\delta = \frac{\partial E}{\partial u} = \frac{\partial E}{\partial y}\frac{\partial y}{\partial u} = (y-t)(1-y)y \quad \text{(식5)}$$

이 δ는 바이어스의 기울기를 구할 때에도 사용합니다.

(식4)와 (식5)에 의해 (식3)은 다음의 형태가 됩니다.

$$\frac{\partial E}{\partial w} = x\delta$$

가중치의 기울기 $\frac{\partial E}{\partial w}$를 x와 δ의 곱으로서 나타낼 수 있었습니다.

7-4-7 바이어스의 기울기

바이어스의 기울기도 마찬가지로 구할 수 있습니다.

바이어스의 경우 연쇄율에 의해 다음의 관계가 성립됩니다.

$$\frac{\partial E}{\partial b} = \frac{\partial E}{\partial u}\frac{\partial u}{\partial b} \quad \text{(식6)}$$

이 때, 우변의 $\frac{\partial u}{\partial b}$ 부분은 다음과 같습니다.

$$\begin{aligned}\frac{\partial u}{\partial b} &= \frac{\partial(wx+b)}{\partial b} \\ &= 1\end{aligned}$$

(식6)에서의 $\frac{\partial E}{\partial u}$ 부분은 가중치의 기울기인 경우와 다르지 않으므로 마찬가지로 δ로 합니다.

이상을 바탕으로 (식6)은 다음의 형태가 됩니다.

$$\frac{\partial E}{\partial b} = \delta$$

이처럼 바이어스의 기울기는 δ와 같아집니다.

이상으로부터 가중치와 바이어스의 기울기를 각각 δ를 이용한 간단한 식으로 나타낼 수 있었습니다. 이것들과 (식2)를 사용해서 가중치와 바이어스를 갱신함으로써 학습이 이뤄집니다.

7.5 단일 뉴런에 의한 학습의 구현

이전 절에서 도출한 식을 이용해서 학습하는 단일 뉴런의 코드를 구현합니다.

7-5-1 베이스의 수식

이전 절에서 설명한 다음의 수식을 베이스로 코드를 기술합니다.

- x : 입력, y : 출력, f : 활성화 함수, w : 가중치, b : 바이어스, η : 학습 계수, E : 오차, t : 정답

$$u = xw + b \quad \text{(식1)}$$

$$y = f(u) \quad \text{(식2)}$$

$$w \leftarrow w - \eta\frac{\partial E}{\partial w} \quad \text{(식3)}$$

$$b \leftarrow b - \eta\frac{\partial E}{\partial b} \quad \text{(식4)}$$

$$\delta = (y - t)(1 - y)y \quad \text{(식5)}$$

$$\frac{\partial E}{\partial w} = x\delta \quad \text{(식6)}$$

$$\frac{\partial E}{\partial b} = \delta \quad \text{(식7)}$$

7-5-2 입력과 정답

학습에 이용하는 입력과 정답을 준비합니다. 이전 절에서 설명한대로 사인 커브의 일부를 정답 데이터로서 사용합니다(리스트7.6).

리스트7.6 입력 데이터와 정답 데이터를 준비한다

In

```
%matplotlib inline

import numpy as np
import matplotlib.pyplot as plt

X = np.linspace(-np.pi/2, np.pi/2)  # 입력
T = (np.sin(X) + 1)/2  # 정답
n_data = len(T)  # 데이터 수
```


7-5-3 순전파와 역전파

순전파와 역전파를 함수로서 구현합니다. 함수 내에서는 각 수식을 차례대로 구현합니다(리스트7.7).

리스트7.7 순전파와 역전파를 함수로서 구현한다

In

```
# --- 순전파 ---
def forward(x, w, b):
    u = x*w + b  # (식1)
    y = 1/(1+np.exp(-u))  # (식2)
    return y

# --- 역전파 ---
def backward(x, y, t):
    delta = (y - t)*(1-y)*y  # (식5)
    grad_w = x * delta  # (식6) 가중치의 기울기
    grad_b = delta  # (식7) 바이어스의 기울기
    return (grad_w, grad_b)
```

7.5.4 출력의 표시

출력 또는 정답을 그래프로서 표시하는 함수를 구현합니다. 그래프 아래에는 에포크 수와 오차제곱합을 표시합니다(리스트7.8).

리스트7.8 출력을 표시하기 위한 함수를 구현한다

In

```
def show_output(X, Y, T, epoch):
    plt.plot(X, T, linestyle="dashed")  # 정답을 점선으로
    plt.scatter(X, Y, marker="+")  # 출력을 산포도로

    plt.xlabel("x", size=14)
    plt.ylabel("y", size=14)
    plt.grid()
    plt.show()

    print("Epoch:", epoch)
    print("Error:", 1/2*np.sum((Y-T)**2))  # 오차제곱합을 표시
```

7.5.5 학습

확률적 경사하강법을 사용해서 단일 뉴런을 학습시킵니다. 데이터로부터 랜덤으로 샘플을 꺼내, 순전파, 역전파, 파라미터의 갱신을 반복합니다.

학습 도중 경과 및 결과는 그래프로서 표시합니다(리스트7.9).

리스트7.9 단일 뉴런의 학습

In

```
# --- 고정값 ---
eta = 0.1  # 학습계수
epoch = 100  # 에포크 수

# --- 초깃값 ---
w = 0.2  # 가중치
b = -0.2  # 바이어스
```

```
# --- 학습 --
for i in range(epoch):

    if i < 10: # 경과를 최초의 10 에포크만큼 표시
        Y = forward(X, w, b)
        show_output(X, Y, T, i)

    idx_rand = np.arange(n_data) # 0부터 n_data-1까지의 정수
    np.random.shuffle(idx_rand)  # 섞는다

    for j in idx_rand: # 랜덤인 샘플

        x = X[j]    # 입력
        t = T[j]    # 정답

        y = forward(x, w, b) # 순전파
        grad_w, grad_b = backward(x, y, t) # 역전파
        w -= eta * grad_w # (식3) 가중치의 갱신
        b -= eta * grad_b # (식4) 바이어스의 갱신

# --- 마지막에 결과를 표시 ---
Y = forward(X, w, b)
show_output(X, Y, T, epoch)
```

Out

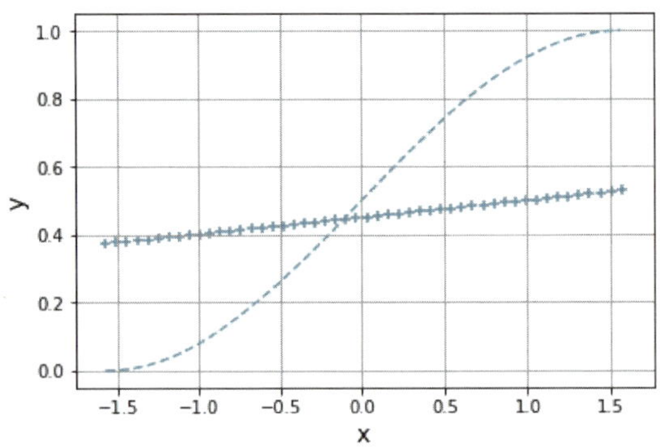


```
Epoch: 0
Error: 2.4930145826202508
```

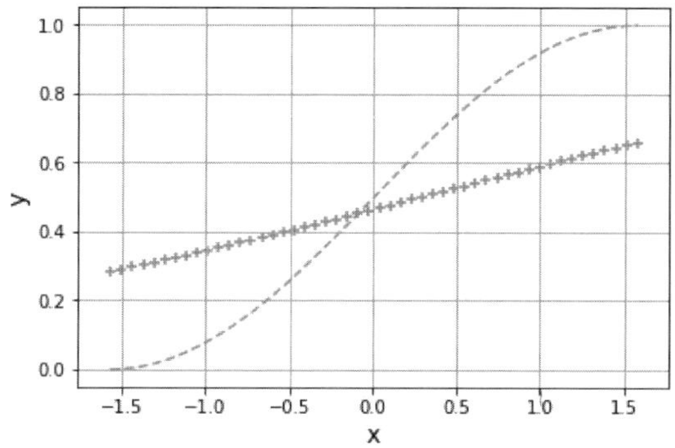

```
Epoch: 1
Error: 1.5371660301488528
```

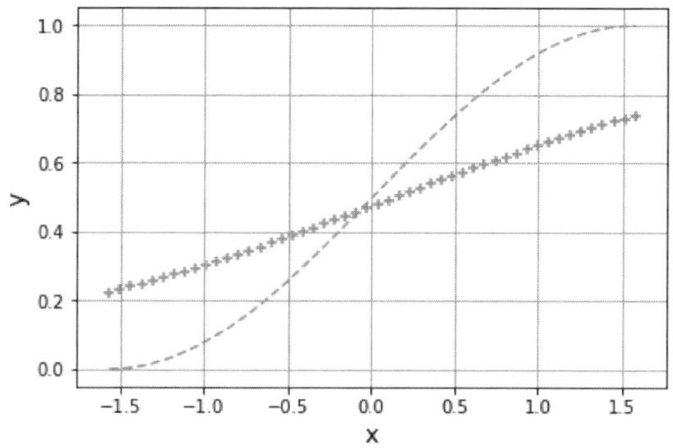

```
Epoch: 2
Error: 1.021171264140759
```

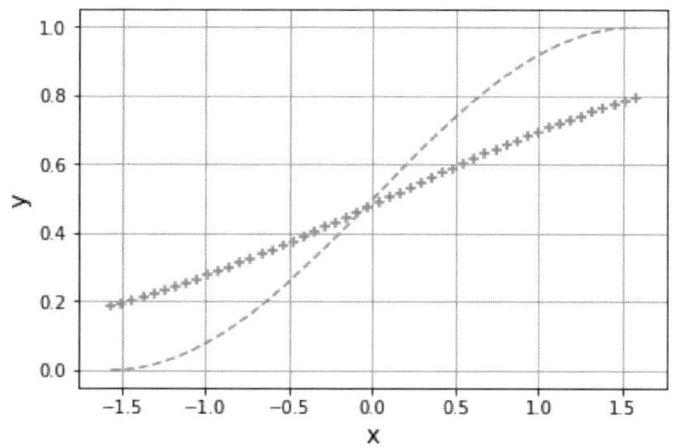

```
Epoch: 3
Error: 0.7258933156707209
```

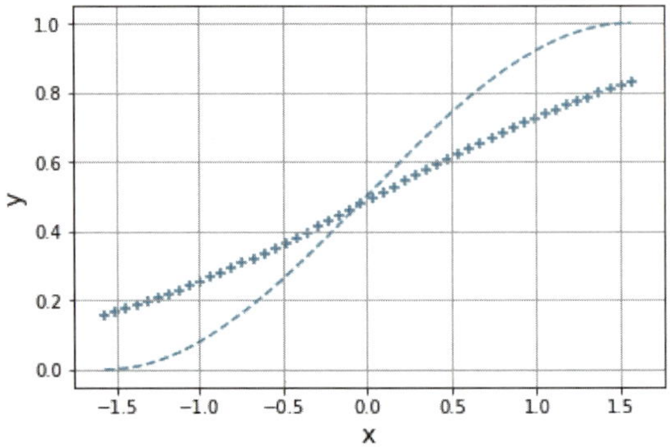


```
Epoch: 4
Error: 0.5442389354075363
```

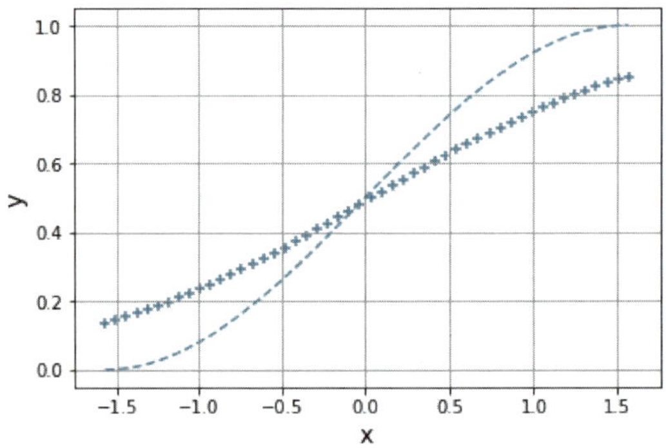


```
Epoch: 5
Error: 0.4242833509813842
```

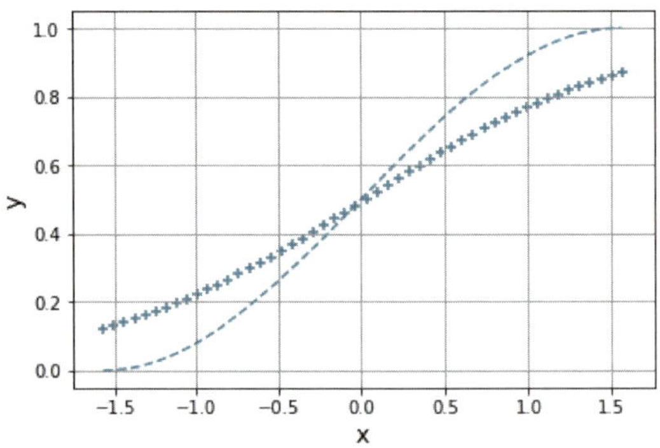


```
Epoch: 6
Error: 0.34022528006053454
```

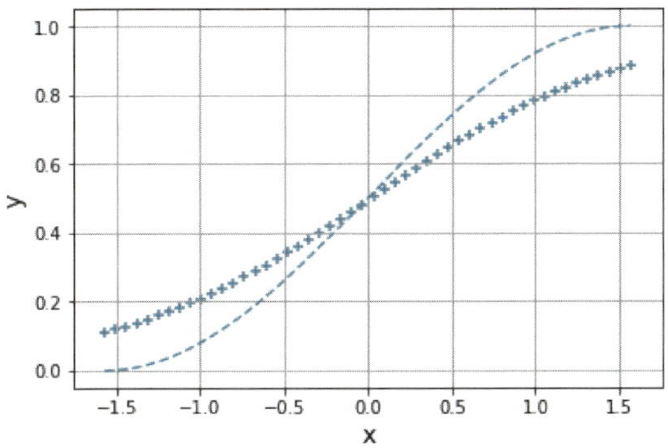


```
Epoch: 7
Error: 0.27939209854374475
```

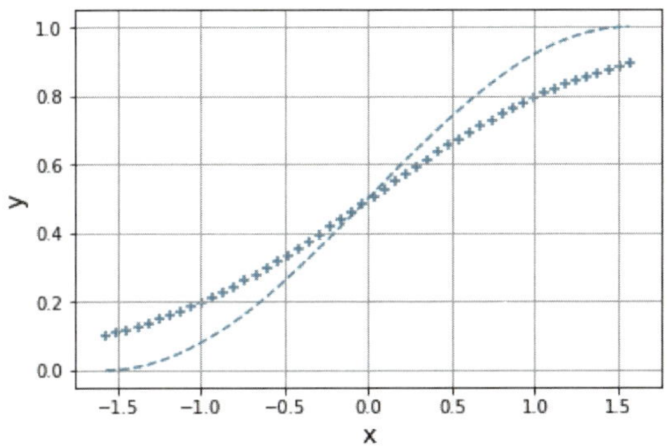


```
Epoch: 8
Error: 0.23353294551245102
```

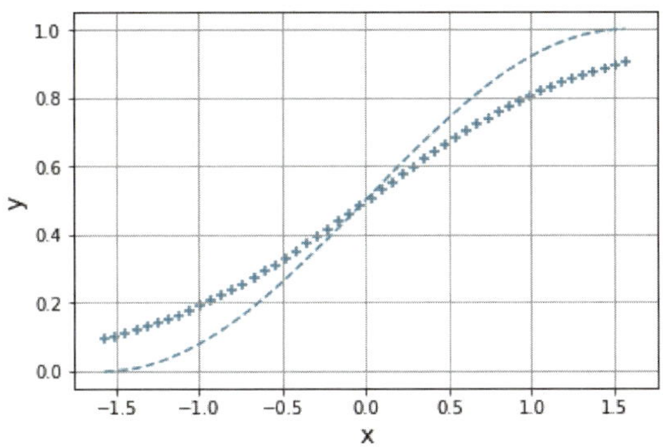


```
Epoch: 9
Error: 0.19812601707486588
```

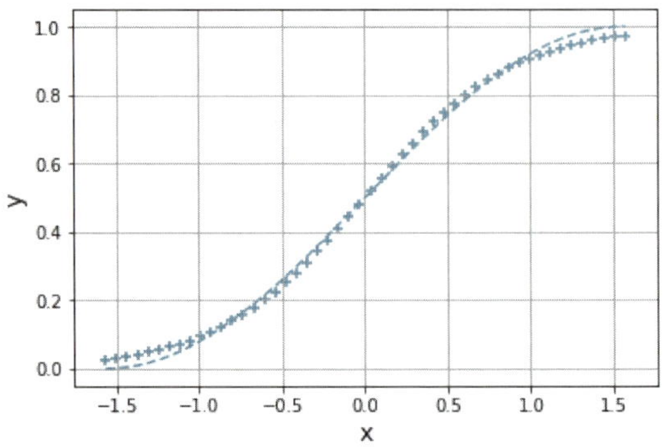


```
Epoch: 100
Error: 0.0096042424848388
```


리스트7.9의 그림에서는 점선이 정답이고 마커가 출력인데, 출력의 곡선이 점차 정답의 곡선에 가까워지며, 단일 뉴런이 사인 커브를 학습하고 있는 걸 알 수 있습니다. 마커 나열이 점선에 가까워지면서 오차는 작아지고 있습니다.

설령 입력이 1개밖에 없는 단일의 뉴런이라 하더라도 학습 능력을 가지고 있다는 걸 알았습니다. 뉴런을 여러 개 모아서 층으로 하고, 거기에 층을 여러 개 겹침으로써 뉴럴 네트워크는 이번 예보다도 훨씬 고도의 학습 능력을 발휘하게 됩니다.

7.6 딥러닝으로

이 장의 내용을 딥러닝에 연결하는 코스를 나타냅니다.

7-6-1 다층 뉴럴 네트워크의 학습

단일 뉴런으로부터 다층의 뉴럴 네트워크로 이행합시다. 그림7.6과 같은 뉴럴 네트워크를 상정합니다.

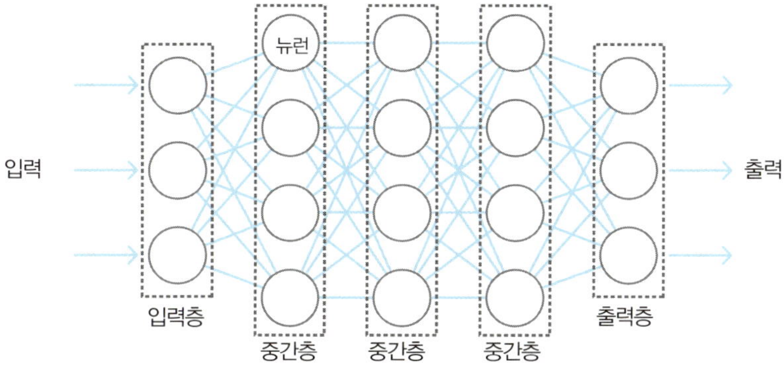

그림7.6 다층 뉴럴 네트워크

하나의 층에는 여러 개 뉴런이 포함되어 있습니다. 입력층에서 받은 입력은 여러 개의 중간층에서 처리되고 출력층에서 출력됩니다.

이러한 뉴럴 네트워크에서의 순전파와 역전파를 수식으로 나타냅니다. 입력층은 입력을 받을 뿐이므로 중간층과 출력층에서의 처리만 설명합니다.

먼저 순전파인데, 중간층, 출력층과 함께 다음의 식으로 표현됩니다. 하나의 뉴런에 여러 개의 입력이 있으므로 이전 절까지의 단일 뉴런에서의 순전파 식을 여러 개의 입력에 대응시킨 형태입니다.

$$u = \sum_{k=1}^{n} w_k x_k + b$$

$$y = f(u)$$

위에 적은 식에서 n은 하나의 뉴런으로의 입력 수, x_k와 w_k는 입력과 그것에 대응하는 가중치, b는 바이어스, f는 활성화 함수, y는 뉴런의 출력입니다.

다음으로 역전파인데 다음의 식까지는 중간층, 출력층과 함께 같은 식을 사용합니다.

$1 \leqq i \leqq n$로 합니다.

$$\delta = \frac{\partial E}{\partial u} = \frac{\partial E}{\partial y}\frac{\partial y}{\partial u} \quad \text{(식1)}$$

$$\frac{\partial E}{\partial w_i} = x\delta \quad \text{(식2)}$$

$$\frac{\partial E}{\partial b} = \delta \quad \text{(식3)}$$

여러 개의 입력에 대응하기 위해 w에 첨자가 있는데, 그 외에는 (식1)(식2)(식3)과 함께 이전 절까지의 단일 뉴런의 식과 같은 형태를 하고 있습니다.

(식1)의 우변 $\frac{\partial y}{\partial u}$은 그 층의 활성화 함수를 편미분해서 구할 수 있는데 $\frac{\partial E}{\partial y}$에 관해서는 중간층과 출력층에서 구하는 방법이 다릅니다.

출력층에서는 이전 절까지와 마찬가지로 오차함수를 출력으로 편미분함으로써 $\frac{\partial E}{\partial y}$를 구할 수 있습니다.

중간층에서는 $\frac{\partial E}{\partial y}$를 구하는 데에 다음 층(이 층보다도 한 개만 출력에 가까운 층)의 정보가 필요합니다.

다변수 합성함수의 연쇄율 및 다음 층의 변수를 사용해서 중간층에서의 $\frac{\partial E}{\partial y}$를 다음과 같이 구할 수 있습니다. 다음 층에서의 변수에는 표시로서 오른쪽 지수에 (nl)을 붙입니다. nl은 next layer의 약자입니다.

$$\frac{\partial E}{\partial y} = \sum_{j=1}^{m} \frac{\partial E}{\partial u_j^{(nl)}} \frac{\partial u_j^{(nl)}}{\partial y} \quad \text{(식4)}$$

여기에서 m은 다음 층의 뉴런 수입니다. $u_j^{(nl)}$는 다음 층의 각 뉴런에서의 u 값입니다. 다음 층의 모든 뉴런에서

$$\frac{\partial E}{\partial u_j^{(nl)}} \frac{\partial u_j^{(nl)}}{\partial y}$$

를 계산하고 모두 더함으로써 $\frac{\partial E}{\partial y}$를 구할 수 있습니다.

위에 적은 $\frac{\partial E}{\partial u_j^{(nl)}}$에 관련하여, (식1)의 δ로 나타날 수 있습니다.

$$\delta_j^{(nl)} = \frac{\partial E}{\partial u_j^{(nl)}} \quad \text{(식5)}$$

또한, $\frac{\partial u_j^{(nl)}}{\partial y}$인데, y는 이 뉴런으로의 입력 중 하나이며, 편미분의 결과 이 입력에 곱하는 가중치만 남습니다. 따라서 이 y에 곱하는 가중치를 $w_j^{(nl)}$로 하면 $\frac{\partial u_j^{(nl)}}{\partial y}$는 다음과 같습니다.

$$\frac{\partial u_j^{(nl)}}{\partial y} = w_j^{(nl)} \quad \text{(식6)}$$

(식5)(식6)에 의해 (식4)는 다음의 형태가 됩니다.

$$\frac{\partial E}{\partial y} = \sum_{j=1}^{m} \delta_j^{(nl)} w_j^{(nl)}$$

중간층에서도 $\frac{\partial E}{\partial y}$를 구할 수 있었습니다. 여기에서 $w_j^{(nl)}$는 다음 층에서 y에 곱하는 가중치입니다.

이상과 같이 중간층에서의 뉴런 δ를 구하기 위해서는 다음 층에서의 $\delta^{(nl)}$ 및 y에 곱하는 가중치를 이용합니다. 이것은 역전파에서는 정보가 출력에서 입력을 향해 거슬러 올라가는 걸 의미합니다.

이상의 역전파 알고리즘은 **백프로퍼게이션(오차역전파법)**이라 불립니다. 오차역전파법을 사용하면 층의 수가 증가해도 출력층 → 중간층 → 중간층 → ...과 같이 층을 거슬러 올라가서 파라미터를 적절하게 갱신할 수 있습니다.

또한, 위에 적은 식은 다층 뉴럴네트워크의 하나의 뉴런에서의 처리를 나타내는데, 행렬을 사용함으로써 층 내의 모든 뉴런에서의 처리를 한 번에 실행할 수 있습니다.

7-6-2 딥러닝으로

다층 뉴럴 네트워크에 의한 학습을 딥러닝이라고 하는데 딥러닝은 기본적으로 앞에서 설명한 알고리즘으로 실현할 수 있습니다.

보통의 뉴럴 네트워크를 기반으로 한 합성곱 뉴럴 네트워크(convolutional neural network, CNN), 재귀형 뉴럴 네트워크(recurrent neural network, RNN) 등도 기본적으로는 앞에서 나온 오차역전파법으로 학습할 수 있습니다.

딥러닝을 Python으로 구현할 때는 각 층을 「클래스」로서 구현하면 편리합니다. 클래스는 오브젝트 지향의 구조이지만 클래스를 이용하면 함수보다도 추상화, 구조화된 코드를 작성할 수 있습니다.

이 책은 클래스를 사용하지 않고 인공지능용 수학을 설명해 왔는데 실용적인 딥러닝 코드를 작성하려면 클래스를 사용하는 편이 좋겠죠? 실제로 TensorFlow나 Chainer 같은 유명한 프레임워크에서 여러 기능이 클래스로 구현되어 있습니다.

마치며

이 책을 읽어주셔서 감사합니다.

AI를 배우는 것은 실무, 교양을 포함해 여러 시점에서 매우 의의가 있는 일이나, 많은 분들에게 있어서 수학이나 프로그래밍이 학습의 장벽이 되는 현상이 있습니다. 이 책을 통해 이러한 장벽이 조금이라도 낮아졌다면 저자로서 더없이 기쁠 것입니다.

이 책은 온라인 교육 플랫폼 「Udemy」에서 저자가 강사로 일하는 「AI를 위한 수학 강좌: 조금씩 차근차근 배우는 인공지능을 위한 선형대수/확률 · 통계/미분」을 기반으로 하고 있습니다. 이 강좌 운용의 경험이 없었다면이 이 책을 집필하는 것은 매우 어려웠을 것 같습니다. 강좌를 밑받침 해주고 있는 Udemy 제작진 여러분께 이 자리를 빌려 감사드립니다. 또한, 수강생 여러분에게 받은 많은 피드백은 이 책을 집필하는데 있어서 큰 도움이 됐습니다. 강좌의 수강생 여러분께도 감사드립니다.

여러분의 앞으로의 인생에서 이 책의 내용이 어떤 형태로든 도움이 된다면 저자로서 더할 나위 없이 기쁠 것입니다.

아즈마 유키나가

처음 만나는 AI 수학 with 파이썬_2ND

1판 1쇄 발행 2026년 1월 27일

저 자 아즈마 유키나가
번 역 유세라
발행인 김길수
발행처 (주)영진닷컴
주 소 (우)08512 서울특별시 금천구 디지털로9길 32 갑을그레이트밸리 B동 10층
(주)영진닷컴 기획1팀
등 록 2007. 4. 27. 제16-4189호

ISBN 978-89-314-8227-0

YoungJin.com Y. 영진닷컴

'그림으로 배우는' 시리즈

"그림으로 배우는" 시리즈는 다양한 그림과 자세한 설명으로
쉽게 배울 수 있는 IT 입문서 시리즈 입니다.

그림으로 배우는
C++ 프로그래밍
2nd Edition
Mana Takahashi 저
592쪽 | 18,000원

그림으로 배우는
자바 프로그래밍
2nd Edition
Mana Takahashi 저
600쪽 | 18,000원

그림으로 배우는
C 프로그래밍
Mana Takahashi 저
504쪽 | 18,000원

그림으로 배우는
서버 구조
니시무라 야스히로 저
240쪽 | 16,000원

그림으로 배우는
데이터 과학
히사노 료헤이, 키와키 타이치 저
240쪽 | 16,000원

그림으로 배우는
HTTP&Network
우에노 센 저
320쪽 | 15,000원

그림으로 배우는
클라우드 2nd Edition
하야시 마사유키 저
192쪽 | 16,000원

그림으로 배우는
알고리즘
스기우라 켄 저
176쪽 | 15,000원

그림으로 배우는
네트워크 원리
Gene 저
224쪽 | 16,000원

그림으로 배우는
보안 구조
마스이 토시카츠 저
208쪽 | 16,000원